예제로 배우는
웹 프로그래밍

조혁현 · 정희택 共著

 21세기사

PREFACE

인터넷과 웹 기술의 발달로 웹 서비스가 보편화되고 사용자가 폭발적으로 증가함에 따라 다양한 웹 서비스를 제공하는 많은 웹사이트들이 구축되어 운영되고 있다.

웹 사이트 구축을 위한 웹 프로그래밍 언어로는 PHP, JSP, ASP.Net 등이 널리 사용되고 있다. 이들 언어마다 각각 장·단점을 가지고 있지만 특히 PHP는 누구나 관심만 가지면 쉽게 배우고 활용할 수 있으며 데이터베이스와의 연동도 다른 언어와 비교하면 쉽게 할 수 있는 장점을 가지고 있다. 그리고 PHP는 C언어에 기반을 두고 있기 때문에 문법과 코딩 스타일이 C와 유사하여 PHP를 학습하고 나면 C, Java, Python 등의 고급 언어뿐만 아니라 JSP, ASP 웹 프로그래밍을 공부하는데 많은 도움이 될 수 있다.

이 책은 웹 프로그래밍을 처음 접하는 초보자도 PHP에 대해 흥미를 가지고 쉽게 따라할 수 있도록 고려하였다. 이를 위해 자동으로 통합 개발 환경을 구축해 주는 비트나미 WAMP(Windows, Apache, MySQL, PHP)를 사용한다. 그리고 PHP 기본 문법에 대한 설명과 함께 이와 관련된 예제를 통해 독자 스스로 실습하면서 프로그래밍 기법과 활용 능력을 습득하도록 구성하였으며 주요 관련 용어와 개념은 참고에 따로 요약 정리하였다. 또한 PHP 프로그램을 배우는 과정에서 선행 학습이 필요한 HTML, CSS, Java Script에 대한 기본 문법과 사용법에 대한 내용도 추가해 놓았다.

이 책의 내용은 PHP 프로그램의 기초에서부터 실전 프로젝트까지 10개의 장으로 구성되었다. 1장은 PHP의 개요와 웹 프로그램 개발을 위한 개발 환경을 구축하는 방법에 대해 소개한다. 2장은 PHP의 기본 문법과 사용법에 대해 학습한다. 그리고 3장은 선택문, 4장은 반복문, 5장은 배열에 대해 설명한다. 6장은 프로그램 모듈화와 함께 사용자 정의 함수와 내장 함수의 사용법을 설명한다. 7장은 클라이언트의 요청과 서버의 응답 정보

처리에 대해 학습한다. 그리고 선행 학습이 필요한 HTML, CSS, Java Script에 대해 요약 정리한다. 8장에서는 클라이언트와 서버 간의 상태 정보를 관리하는 기법인 쿠키와 세션에 대해 설명한다. 9장은 데이터베이스 개발 환경인 MySQL을 사용한 SQL 질의문과 MySQL과 연동한 PHP 프로그래밍에 대해 학습한다.

마지막 10장은 지금까지 학습한 내용을 종합하는 실전 프로젝트로 요구 분석, 시스템 설계, 구현 과정을 단계별로 상세히 설명한다. 그리고 일반 웹 사이트에서 사용되고 있는 페이지 제어와 세션을 이용한 로그인과 로그아웃 및 메뉴 관리 기법을 포함한다. 특히 이 장은 개인 홈 페이지, 게시판, 쇼핑몰등과 같은 특정 응용 분야에 대한 웹 사이트 구축과 운영을 위한 기초 자료로 활용될 수 있다.

끝으로 본 교재가 웹 응용 프로그램 개발에 관심을 가지고 배우려는 독자에게 조금이라도 도움이 되는 길잡이가 되었으면 하는 바램을 가져본다. 어려운 집필 과정을 함께해 주신 동료 교수님 그리고 이 책이 출판되기 까지 도움을 주신 21세기사 사장님과 출판사 관계자분들께 감사의 마음을 전한다.

저자 드림

CONTENTS

CHAPTER 1

PHP 개요와 개발 환경

1.1 PHP 개요

1.1.1 World Wide Web

웹(World Wide Web, Web, WWW, W3)은 인터넷에 연결된 컴퓨터 또는 이동 단말기를 이용하여 인터넷 상에 분산되어 존재하는 다양하고 풍부한 정보를 사용자가 가장 쉽고 간편하게 그리고 통일된 방법으로 찾아볼 수 있게 하는 인터넷 기반의 정보 공유 서비스이다.

웹은 인터넷상의 클라이언트/서버 시스템(client/server system)으로 클라이언트는 서버에게 서비스를 요청하고 서버는 클라이언트의 요청에 따라 서비스를 제공한다.

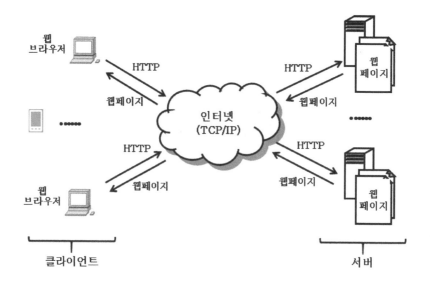

(1) 클라이언트

클라이언트는 URL(Uniform Resource Locator)을 통해 웹 서버에게 HTTP 서비스를 요청(request)한다. 이때 클라이언트는 서비스를 요청하는 사용자 또는 웹 브라우저를 의미한다.

표준 URL 형식은 접근 프로토콜, 컴퓨터 이름(도메인 이름 또는 IP 주소), 정보자원(웹페이지 경로와 이름) 등으로 구성된다.

```
http     :     //www.korea.ac.kr /  index.jsp
프로토콜                서버 이름      정보자원(웹 페이지 경로와 이름)
```

클라이언트에 설치된 웹 브라우저는 서버로부터 전송받은 HTML 형식의 웹 페이지를 해석하고 실행한 후 결과를 화면에 출력한다.

웹 브라우저의 종류에는 마이크로소프트의 익스플로러(Internet Explorer), 엣지(Edge), 구글의 크롬(Chrome), 애플의 사파리(Safari), 모질라의 파이어폭스(Firefox), 오페라(Opera), 넷스케이프(Netscape), 링스(Lynx), 핫자바(Hotjava) 등이 있다. 현재의 HTML5를 완벽하게 지원하는 브라우저는 없다.

(2) 웹 서버

웹 서버는 클라이언트의 HTTP 서비스 요청에 응답(response)으로 서비스를 제공하는 컴퓨터 시스템이다.

웹 서버는 제공하고자 하는 웹 페이지들을 보유하고 있으며 클라이언트의 서비스 요구에 대한 해당 웹 페이지를 단순히 찾아서 전송하거나 또는 서버 스크립트를 포함하고 있는 경우에는 스크립트를 실행한 후 결과를 전송한다. 이때 서버의 실행 결과는 반드시 클라이언트의 웹 브라우저가 해석하고 실행할 수 있는 HTML 형식의 웹 페이지를 클라이언트에게 전송한다.

대표적인 웹 서버에는 아파치(Apache), 톰캣(tomcat), 인터넷정보서버(IIS : Internet Information Server), 웹로직(WebLogic), 엔진엑스(Nginx), 몽구스(Mongoose) 등이 있다.

아파치는 유닉스, 리눅스, 윈도우즈, 매킨토시(MAC OS X) 등 대부분의 운영체제를 지원하며 무료인 프리웨어(freeware)라는 장점을 가지고 있으며 전 세계적으로 가장 널리 사용되고 있다. IIS는 윈도우즈 환경에서만 사용 가능하다는 단점이 있다.

(3) 데이터베이스 서버

다양한 웹 서비스를 지원하기 위해 데이터베이스 서버를 사용한다. 방대한 양의 정보를 통합 저장하고 효율적인 이용을 지원하는 데이터베이스 관리 시스템(DBMS : Database

Management System)으로 오라클(Oracle), 인포믹스(Informix), 사이베이스(Sybase), DB2, MS SQL, 엑세스(Access), MySQL, MariaDB 등이 사용되고 있다.

(4) HTTP

HTTP(HyperText Transfer Protocol)는 인터넷 공간에 존재하는 다양한 정보 자원들에 접근하기 위해 TCP/IP 기반 위에서 실행되며 웹 서버와 웹 브라우저 사이에서 HTML 과 같은 하이퍼텍스트 문서를 전송하는 통신 규약이다.

HTTP는 한 번의 클라이언트 요청에 대한 한 번의 서버 응답으로 연결을 자동으로 종료 하는 비 연결(connectionless) 특성을 갖는다. 그러므로 매번 클라이언트의 서비스 요청 을 새로운 서비스 요청으로 인식한다. 이러한 비 연결 특성은 클라이언트와 웹 서버 사 이에 1:1 접속 상태를 계속 유지하지 않고 종료함으로써 웹 서버의 부담을 줄이고 여러 클라이언트에게 효율적인 서비스를 제공할 수 있는 장점을 갖는다.

또한 HTTP는 비 연결 특성과 함께 클라이언트의 상태 정보를 유지하지 않는 비 상태유 지(stateless) 특성을 갖는다. 이 특성은 클라이언트의 이전 접속에 대한 정보가 서버에 유지되지 않기 때문에 다수의 클라이언트로부터의 요청들 중 어떤 요청들이 특정 클라 이언트로부터 발생한 일련의 요청인지 인지하지 못하는 단점이 있다.

이러한 HTTP의 비 연결과 비 상태유지 문제는 8장의 쿠키(cookies)와 세션(session) 정 보를 이용하여 해결한다.

(5) TCP/IP

TCP/IP(Transmission Control Protocol/Internet Protocol)는 미국 ARPANET에서 개발 한 인터넷을 위한 국제 표준 프로토콜이다. HTTP, 파일 전송(FTP: File Transfer Protocol), 전자우편(SMTP: Simple Mail Transfer Protocol) 등 많은 응용 서비스들이 TCT/IP 기반 위에서 실행된다.

1.1.2 웹 프로그래밍 언어

사람들은 서로 원활한 의사소통을 하기 위해 한글, 영어, 중국어, 일본어, 독일어 등과 같은 문법적 체계를 갖는 언어(자연언어)라는 도구를 사용한다. 마찬가지로 사람과 컴퓨터 사이에 정보 교환을 위한 문법적 체계를 갖는 매개체 또는 대화 수단을 프로그래밍 언어(PL : Programming Language)라 한다.

프로그래밍 언어에는 역사적으로 기계어(machine language), 어셈블리어(assembly language)를 비롯하여 자연언어와 유사한 FORTRAN, COBOL, BASIC, PASCAL, C, C++, C#, Java, python 등 많은 고급 언어들이 개발되어 사용되고 있다.

프로그램(program)은 프로그래밍 언어를 사용하여 사람이 처리하려고 하는 일의 방법이나 절차를 기술한 일련의 명령문들의 집합이라고 정의한다. 그러나 컴퓨터는 이러한 고급 언어로 작성된 프로그램을 곧바로 실행하지 못한다. 정상적으로 동작되기 위해서는 먼저 언어 번역 프로그램인 컴파일러(complier)나 인터프리터(interpreter)에 의해 컴퓨터가 이해하고 실행할 수 있는 기계어 프로그램으로 번역되어야 한다. 이때 언어 번역 프로그램의 기능은 서로 다른 언어를 사용하는 사람간의 통역관 역할과 동일하다.

웹 프로그래밍 언어는 웹에서 사용하는 프로그래밍 언어를 총칭하는 개념으로 대표적인 웹 표준 언어인 HTML을 비롯하여 CSS, Java Script, JSP, PHP, ASP, Perl, XML (eXtensible Markup Language), jQuery, Ajax, JSON 등 다양한 종류의 언어들이 사용되고 있다.

이들 웹 프로그래밍 언어는 웹 서비스를 제공하는 프로그램이 어디에서 실행되느냐에 따라서 클라이언트 측 프로그래밍 언어(client-side programming language)와 서버 측 프로그래밍 인이(server-side programming language)로 구분한다.

클라이언트 측 프로그래밍 언어는 정적 웹 서비스를 제공하는 프로그램이 클라이언트에서 해석되고 실행되는 언어로 HTML, CSS, Java Script 등이 있다. 그리고 서버 측 프로그래밍 언어는 동적 웹 서비스를 제공하는 프로그램이 서버에서 해석되고 실행되는 언어로 현재 많이 사용되는 대표적인 서버 측 스크립트 언어에는 PHP(PHP : Hypertext Preprocessor), JSP(Java Server Pages), ASP(Active Server Page)가 있다.

1.1.3 PHP 소개

대표적인 동적 웹 프로그래밍 언어에는 PHP, JSP, ASP가 있다. JSP는 썬 마이크로시스템즈(현재 오라클)에서 개발한 자바를 기반으로 하기 때문에 자바의 풍부한 라이브러리를 사용할 수 있다는 장점이 있지만 초보자에게는 어려움이 있다. 주로 대기업이나 금융권, 관공서 등 규모가 크고 안정적인 서비스가 중요한 대규모 기업용 시스템 구축에 사용된다. ASP는 윈도우즈 환경의 인터넷정보서버와 같이 특정 플랫폼에 종속적이라는 약점을 가지고 있다.

PHP는 웹 프로그램에 대한 관심을 가지고 자신만의 홈 페이지 또는 웹 사이트를 구축하여 운영해 보려는 초보자에게 적합한 언어이다. 주로 중·소규모 사이트 구축에 주로 사용되며 PHP를 지원하는 호스팅 업체들도 많이 존재한다.

PHP는 1994년 Rasmus Lerdorf에 의해 홈 페이지 개발 용도로 고안된 언어로 초기에는 "Personal Home Page"의 약자로 불리었다. 현재는 하이퍼텍스트 전처리기 의미인 "PHP : Hypertext Preprocessor"의 약자로 동적 웹 프로그램 개발을 위한 언어로 널리 사용되고 있다.

PHP 웹 페이지는 그림과 같이 일반 텍스트, CSS, Java Script 등을 포함하는 HTML 내부에 PHP 코드를 삽입하여 동적 웹 페이지를 구성하는 스크립트 언어(script language)이다. 이 절에서는 PHP 프로그램의 구성 요소에 대해 간단히 살펴보기로 한다.

PHP 웹 페이지의 구성 요소 중 HTML, CSS, Java Script는 선행 학습이 요구되는 부분이다. 처음 웹 프로그램에 접하는 독자를 위해 PHP 프로그래밍을 학습하는 과정에서 필요한 이들과 관련된 기초 지식을 빠른 시간에 습득할 수 있도록 7장에 추가해 놓았다.

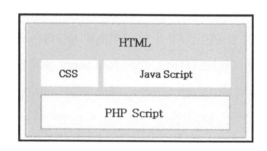

PHP 웹 페이지 구성 요소

(1) HTML

HTML(현재 HTML5 표준화)은 Hyper Text Markup Language의 약자로 하이퍼텍스트 기능을 갖는 웹 페이지 내용(contents, '무엇을 보여 줄 것인가')을 작성하는 언어이다.

HTML로 작성한 정적 웹 페이지에 의한 정적 웹 서비스 만이 가능하며 클라이언트 측의 사용자와 상호 작용이 불가능하다는 단점이 있다.

W3C는 2014년 10월 28일 HTML5의 최종 권고안을 표준으로 지정하였고 현재에도 표준화 작업을 계속 추진하고 있다.

```html
<!DOCTYPE html>
<html>
<head>
 <meta charset="UTF-8">
 <title>HTML</title>
</head>
<body>

</body>
</html>
```

🔍 **참고** HTML 표준화

- W3C(World Wide Web Consortium) : 1994년 미국 MIT 컴퓨터과학연구소와 프랑스 INRIA 등 주도로 창립한 국제 컨소시엄, HTML 표준화 추진
- WHATWG(Web Hypertext Application Technology Working Group) : 2004년 애플, 구글, 모질라 재단, 오페라 소프트웨어 등 주도로 설립한 단체, 독자적인 새로운 웹 표준 추진

(2) CSS

CSS(현재 CSS3 표준화)는 Cascading Style Sheet의 약자로 HTML과 같은 마크업 언어가 실제 화면에 표시되는 방법(style, '어떻게 보여 줄 것인가')을 기술하는 언어이다. HTML과 CSS를 혼합하여 사용하였던 기존 형식에서 분리하여 주로 웹 페이지의 화면 레이아웃을 정의할 때 사용한다.

```html
<!DOCTYPE html>
<html>
<head>
 <meta charset="UTF-8">
 <title>CSS</title>
 <style>
  /* 내부 CSS */
 </style>

 <!-- 외부  CSS -->
 <link rel="stylesheet" href="../../common/CSS/.css">
</head>
<body>

</body>
</html>
```

(3) Java script

자바 스크립트는 자바와 다른 넷스케이프 커뮤니케이션즈(Netscape Communication)사가 동적 웹 페이지 구현을 위해 개발한 객체 기반의 스크립트 언어이다. 클라이언트의 웹 페이지에 대한 추가적인 동작(event)이나 행위(action)에 동적으로 반응함으로써 HTML의 단점을 보완하여 사용자와의 상호작용을 가능하게 한다.

자바 스크립트를 포함하는 HTML 웹 페이지는 클라이언트로 전송되고 브라우저에 의해 해석되고 실행된다. 자바 스크립트 소스 코드의 노출 문제와 재사용을 목적으로 외부 자바 스크립트(확장자 .js)를 사용하는 경우도 있다.

```html
<!DOCTYPE html>
<html>
<head>
 <meta charset="UTF-8">
 <title>HTML_CSS_js(HTML_CSS_js.html)</title>
 <script>
   // 내부 java script
 </script>

 <!-- 외부  java script -->
 <script src="../../common/js/.js"></script>
</head>
<body>

</body>
</html>
```

(4) PHP의 특징 및 장점을 간단히 요약 정리하면 다음과 같다.

■ 프리웨어이며 소스코드 공개 소프트웨어이다.

무료이면서 소스 코드를 공개(open source)한 소프트웨어이기 때문에 학습하거나 개발하는데 경제적 부담을 감소시킬 수 있다. 그리고 언제든지 최신 버전을 다운받아 사용할 수 있다.

■ 언어의 문법 체계가 배우기 쉽고 사용하기 쉽다.

C와 Perl을 기반으로 개발되었기 때문에 이들 언어와 문법 체계가 매우 유사하다. 그러므로 프로그래밍 언어에 대한 기초 지식만 가지고 있다면 초보자도 동적 웹 페이지를 아주 쉽고 빠르게 개발할 수 있다.

■ 플랫폼 독립이다.

유닉스, 리눅스, 윈도우즈, 매킨토시 등 대부분의 운영체제를 지원하며 아파치를 비롯한 여러 웹 서버들을 지원한다. 따라서 서버 플랫폼 환경 구축이 용이하다.

■ 다양한 데이터베이스와의 연동을 지원한다.

오라클, 인포믹스, 사이베이스, DB2, MS SQL, 엑세스, MySQL, MariaDB 등 다양한
데이터베이스들과 연동하여 사용할 수 있는 인터페이스를 제공하고 있다.

■ 완벽한 객체지향 프로그래밍을 지원한다.

PHP 4버전에서 객체지향 언어 개념을 도입한 이후 최근 PHP 7버전에서는 완벽한 객
체지향 프로그래밍을 지원한다. PHP는 절차적 프로그래밍과 객체지향 프로그래밍을
모두 지원한다.

■ 활용 예

PHP를 기반으로 하는 프로그램 중 대표적인 예로 워드프레스(WordPress), 위키백과
를 구동시키는 미디어위키(MediaWiki), 제로보드(Zeroboaed), 그누보드(gnuboard),
ExpressionEngine, 드루팔(Drupal), 태터툴즈(Tattertools) 등을 들 수 있다. 그리고 기
업 경영을 위한 고객 관계 관리(CRM), 전사적 자원 관리(ERP) 등의 상용 프로그램이
출시되어 실용화되고 있다.

1.2 PHP의 동작 원리

웹 서비스는 클라이언트가 URL을 통해 웹 서버에게 웹 페이지를 요청하면 웹 서버는
클라이언트의 서비스 요구에 대한 해당 웹 페이지를 단순히 찾아서 전송하거나 또는 요
청하는 웹 페이지가 서버 스크립트를 포함하고 있을 경우에는 스크립트를 실행한 후 결
과를 클라이언트에게 전송한다. 이때 클라이언트에게 전송되는 실행 결과는 웹 브라우
저가 해석하고 실행할 수 있는 HTML 형식의 웹 페이지이어야 한다.

1.2.1 정적 웹 서비스

초창기 웹 서비스 형태로 클라이언트가 요청하는 웹 페이지가 HTML 웹 페이지인 경우
이다. 따라서 클라이언트가 서비스를 요청할 때마다 웹 서버는 클라이언트의 서비스 요
구에 대한 해당 웹 페이지를 단순히 찾아서 전송하기 때문에 전달되는 웹 페이지의 내용

은 항상 바뀌지 않는다. 그러므로 어떤 클라이언트가 요청하더라도 항상 동일한 웹 페이지를 전송하게 된다. 이를 정적 웹 페이지(static web page)에 의한 정적 웹 서비스(static web service)라 한다.

정적 웹 서비스는 소스코드의 공개와 사용자와 상호작용을 할 수 없다는 단점이 있다.

다음은 클라이언트가 요청하는 웹 페이지(HTML, CSS, Java Script 등 포함)에 대한 정적 웹 서비스의 동작 원리에 대한 설명이다.

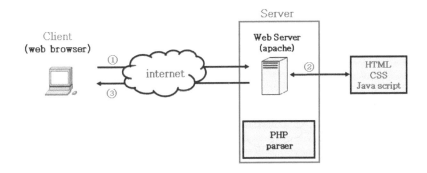

① 클라이언트가 웹 브라우저(URL)를 통해 웹 페이지(HTML)를 요청한다.

② 웹 서버는 자신이 관리하는 웹 페이지(HTML)를 확인한다. 만일 존재하지 않는 경우에는 오류 메시지(404)를 클라이언트에게 전송한다.

③ 웹 서버는 웹 페이지(HTML)를 클라이언트에게 전송한다. 그리고 사용자는 웹 브라우저를 통해 요청 결과를 확인한다.

실행 결과를 확인한 후 웹 브라우저 메뉴의 [새로고침]을 클릭해 보자. 실행을 반복하여도 같은 결과가 출력될 것이다. 정적 웹 서비스는 어떤 사용자의 요청에도 항상 동일한 웹 페이지가 전송되기 때문이다.

1.2.2 동적 웹 서비스

사용자와 상호작용이 가능한 웹 서비스 형태로 클라이언트가 요청하는 웹 페이지가 서버 스크립트를 포함하고 있는 경우이다. 따라서 클라이언트가 서비스를 요청할 때마다 서버에서 해석되고 실행된 결과가 클라이언트로 전송되기 때문에 전달되는 웹 페이지의 내용이 바뀌게 된다. 그러므로 어떤 클라이언트가 요청하더라도 항상 서로 다른 웹 페이지를 전송하게 된다. 이를 동적 웹 페이지(dynamic web page)에 의한 동적 웹 서비스(dynamic web service)라 한다.

동적 웹 서비스는 스크립트를 실행한 결과가 전송되기 때문에 소스코드의 확인이 불가능하지만 접속자 증가에 따라 서버의 부하 증가로 처리 속도가 늦어지는 단점이 있다.

다음은 클라이언트가 요청하는 웹 페이지(PHP 스크립트 포함)에 대한 동적 웹 서비스의 동작 원리에 대한 설명이다.

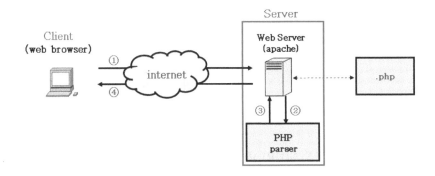

① 클라이언트가 웹 브라우저(URL)를 통해 웹 서버에게 웹 페이지(.php) 서비스를 요청한다.

② 웹 서버는 PHP 스크립트 페이지인 것을 확인하고 PHP 파서에게 스크립트 실행을 요청한다. 만일 존재하지 않는 경우에는 오류 메시지(404)를 클라이언트에게 전송한다.

③ PHP 파서는 PHP 스크립트를 해석하고 실행한 후 결과(HTML 페이지)를 웹 서버에게 전송한다.

④ 웹 서버는 웹 페이지(HTML)를 클라이언트에게 전송한다. 그리고 사용자는 웹 브라우저를 통해 요청 결과를 확인한다.

실행 결과를 확인한 후 웹 브라우저 메뉴의 [새로고침]을 클릭해 보자. 실행을 반복할 때마다 서로 다른 결과가 출력될 것이다. 동적 웹 서비스는 클라이언트가 서비스를 요청할 때마다 서버에서 해석되고 실행된 후 전송되기 때문이다.

1.3 PHP 개발환경 구축

이 책에서는 PHP를 이용한 동적 웹 프로그램을 개발하기 위해 통합 개발 도구인 WAMP (Windows, Apache, MySQL, PHP)를 사용한다.

WAMP는 윈도우즈 환경에서 사용자가 쉽고 편리하게 프로그래밍 할 수 있도록 설치 및 모든 환경 설정을 자동으로 처리해 준다.

• 운영체제 : Windows 10

• 웹 서버 : Apache

• 데이터베이스 : MySQL

• PHP interpreter

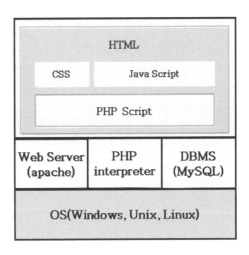

PHP 프로그램 개발환경

그리고 그래픽 사용자 인터페이스(GUI : Graphic User Interface) 환경에서 서버 관리 기능과 데이터베이스 관리 기능을 제공한다.

• GUI 서버 관리 기능 : 아파치 웹 서버와 MySQL 서버의 구동과 종료를 지원한다.

• GUI phpMyAdmin 기능 : 사용자 계정 관리와 권한 부여 및 취소, 데이터베이스 생성 과 삭제, 질의어 처리, 데이터베이스 백업과 회복 등 다양한 기능을 제공한다.

1.3.1 WAMP 다운로드 및 설치

<u>**01**</u> 사이트(https://bitnami.com/stack/wamp) 접속 → [Win/Mac/Linux] 클릭

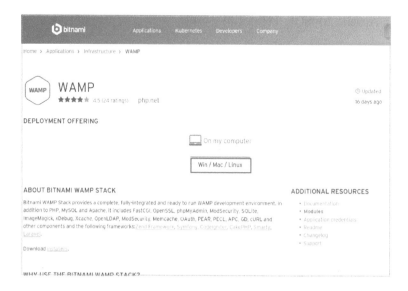

<u>**02**</u> 다운로드 클릭

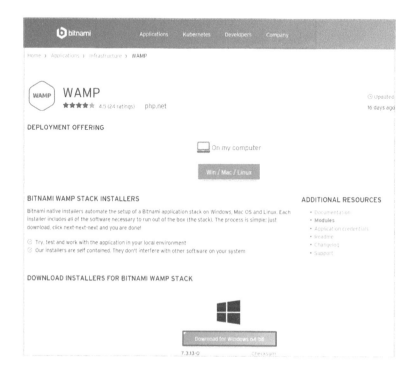

03 [Next] 클릭

04 [Next] 클릭

05 설치 폴더 확인 후 [Next] 클릭

06 비밀번호 입력 후 [Next] 클릭

- MySQL 데이터베이스 사용자 아이디(root)에 대한 비밀번호 6자리 이상을 입력한다.

- 아이디와 비밀번호(adminpw)를 반드시 기억해 두기 바란다.

07 체크박스 해제 후 [Next] 클릭

08 [Next] 클릭

09 설치 도중 방화벽 [액세스 허용] 클릭

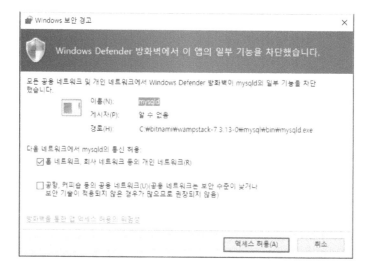

10 [Finish] 클릭

11 설치 완료

12 설치 후 폴더 구조와 설치 모듈(README.txt) 확인

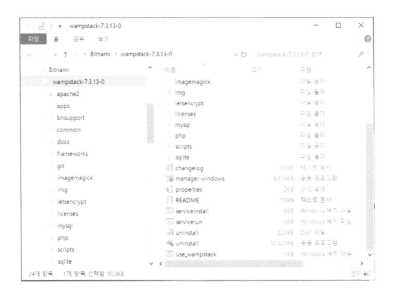

1.3.2 PHP 프로그램 처음 만들기

PHP 프로그램 작성을 위한 편집기는 운영체제(윈도우즈 또는 유닉스)나 프로그램 개발 환경에 따라 여러 종류의 다양한 기능을 가지고 있는 편집기들이 사용되고 있다.

대표적인 편집기로 메모장, 에디트플러스(EditPlus), Brackets, 울트라에디트(UltraEdit), 드림위버(dreamweaver) 등이 널리 사용되고 있지만 평소 익숙하게 사용하고 있는 편집 기 중에서 선택하여 사용하면 된다.

이 책에서는 윈도우즈의 보조 프로그램으로 제공되는 가장 단순한 편집기인 메모장과 국내 소프트웨어인 에디트플러스 평가판(www.editplus.com/kr)을 다운로드하여 사용 한다.

에디트플러스는 인터넷 환경에서 편리하게 사용할 수 있는 윈도우즈용 문서 편집기로서 HTML, CSS, PHP, Java, JSP, Python 등의 코딩뿐만 아니라 웹문서나 프로그램 개발을 쉽게 할 수 있도록 도와주는 다양한 기능을 지원한다.

(1) PHP 프로그램 코딩

■ start.php

```
1   <!DOCTYPE html>
2   <html>
3   <head>
4    <meta data="utf-8">
5    <title>PHP 동적 웹 페이지(start.php)</title>
6    <style>
7     h1 {color:blue;}
8     span {color:red;}
9    </style>
10  </head>
11
12  <body>
13   <h1>PHP와의 첫 만남을 환영합니다!</h1></p>
14
15   <?PHP
16   echo "<span>".date("방문 시간은 Y년 n월 d일 A H시 i분 s초입니다!")."</span>";
17   ?>
18
19  </body>
20  </html>
```

(2) PHP 프로그램 저장

작성한 프로그램은 아파치 웹 서버의 루트 폴더인 c:\Bitnami\wampstack-7.3.13-0\apache2\htdocs 폴더에 저장해야 한다.

앞으로 작성할 많은 프로그램 파일들을 손쉽게 관리하기 위해서 루트 폴더 아래에 적절한 이름의 새로운 폴더를 만들어 따로 저장 관리하기를 권장한다.

특히 메모장을 편집기로 사용할 경우에 파일 형식과 인코딩 설정에 주의 하여야 한다.

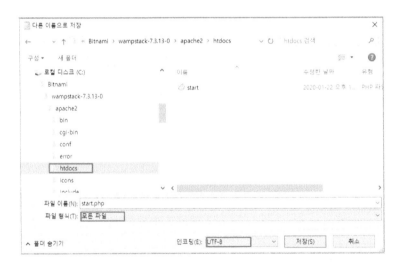

(3) PHP 프로그램 실행

웹 브라우저의 주소 텍스트 박스에 http://localhost/start.php 또는 http://127.0.0.1/start.php 를 입력한다. URL의 로컬호스트(localhost)는 자신의 컴퓨터를 의미하며 127.0.0.1은 IP 주소 형식의 표현이다.

만일 인터넷 환경에서 원격 서버의 서비스를 요청할 경우에는 서버 컴퓨터의 도메인 이름 또는 IP 주소를 입력하면 된다. 예를 들면 도메인 이름을 사용하는 경우에는 http://www.

korea.ac.kr/start.php, IP를 사용하는 경우에는 http://xxx.xxx.xxx.xxx/start.php 라고 입력한다.

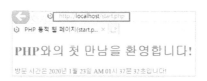

실행 결과를 확인한 후 웹 브라우저 메뉴의 [새로고침]을 클릭해 보자. 실행을 반복할 때마다 서로 다른 결과가 출력될 것이다. PHP 스크립트를 포함하고 있는 동적 웹 페이지에 대한 동적 웹 서비스는 클라이언트가 서비스를 요청할 때마다 서버에서 해석되고 실행된 후 전송되기 때문이다.

웹 브라우저의 실행 결과를 자세히 살펴보면 시간이 잘못되었음을 발견할 수 있다. 이 문제는 다음 절에서 설명하도록 한다.

(4) 웹 브라우저 확인

우리가 작성한 프로그램과 웹 브라우저의 소스 보기([보기] → [소스] 또는 [페이지 소스 보기])를 비교해 보자. start.php 프로그램의 HTML 안에 포함되어 있는 PHP 코드블록 (15~17행)이 HTML 페이지로 변환(15행)되었음을 알 수 있다.

클라이언트와 웹 서버 사이에 어떻게 동적 웹 서비스가 제공되는지 PHP 프로그램의 동작 원리에 대해 살펴보도록 하자.

```
1
2  <html>
3  <head>
4    <meta data="utf-8">
5    <title>PHP 동적 웹 페이지(start.php)</title>
6    <style>
7      h1 {color:blue;}
8      span {color:red;}
9    </style>
10 </head>
11
12 <body>
13   <h1>PHP와의 첫 만남을 환영합니다!</h1></p>
14
15   <span>방문 시간은 2020년 1월 23일 AM 10시 38분 42초입니다!</span>
16 </body>
17 </html>
```

1.3.3 WAMP 설치 후 환경 설정

(1) PHP 구성설정 파일(c:\Bitnami\wampstack-7.3.13-0\php\php.ini) 변경

구성설정 파일의 내용을 변경하였을 경우에 변경 사항을 반영하기 위해 반드시 아파치 웹 서버를 재 구동시켜 주어야 한다.

■ display_errors

  • 변경 전

```
403  ;;;;;;;;;;;;;;;;;;;;;;;;;;;;;;;;;
404  ; Error handling and logging ;
405  ;;;;;;;;;;;;;;;;;;;;;;;;;;;;;;;;;

474  display_errors = Off
```

  • 변경 후

```
474  display_errors = On
```

■ date.timezone

  • 변경 전(협정세계시 UTC(Coordinated Universal Time))

```
956  [Date]
957  ; Defines the default timezone used by the date functions
958  ; http://php.net/date.timezone
959  date.timezone = "UTC"
```

  • 변경 후(대한민국 표준시)

```
956  [Date]
957  ; Defines the default timezone used by the date functions
958  ; http://php.net/date.timezone
959  ; date.timezone = "UTC"
960  date.timezone = "Asia/Seoul"
```

▪ opcache.enable

- 변경 전

```
1796  [opcache]
1797  zend_extension=php_opcache.dll
1798  ; Determines if Zend OPCache is enabled
1799  opcache.enable=1
```

- 변경 후

```
1797  [opcache]
1798  zend_extension=php_opcache.dll
1799  ; Determines if Zend OPCache is enabled
1800  opcache.enable=0
```

(2) 아파치 웹 서버 재 구동

<u>01</u> WAMP 설치 폴더의 [manager-windows] 응용 프로그램 더블 클릭

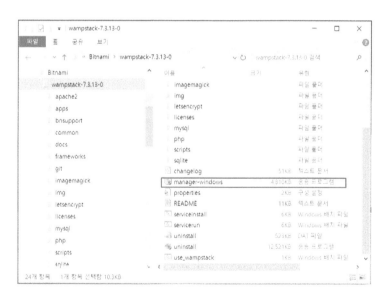

<u>02</u> [Manage Servers] 탭 클릭

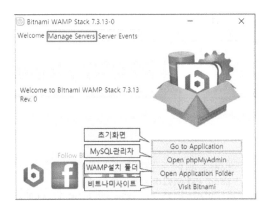

<u>03</u> 아파치 웹 서버 선택 후 [Restart] 클릭

아파치 웹 서버를 재 구동시킴으로써 변경 내용을 반영한 상태로 동작하게 된다. 서버 관리 탭에서 웹 서버와 데이터베이스 서버의 구동과 다운을 선택적으로 실행시킬 수 있다.

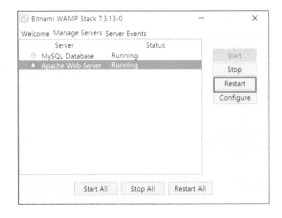

<u>04</u> PHP 프로그램 테스트

우리의 첫 프로그램인 start.php를 다시 실행해 보고 정상적으로 동작하는지 살펴보자.

(3) 시스템 환경 변수(Path) 설정

<u>01</u> [제어판] → [시스템 및 보안] → [시스템] 또는 [내 PC/컴퓨터] → [속성]

<u>02</u> [고급 시스템 설정] → [시스템 속성] → [고급] → [환경변수]

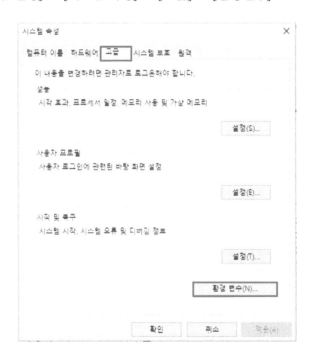

03 Path 환경변수 설정(c:\Bitnami\wampstack-7.3.13-0\mysql\bin)

Path변수 선택 → [편집] → [새로 만들기] → [찾아보기] → [위로/아래로 이동] → [확인]

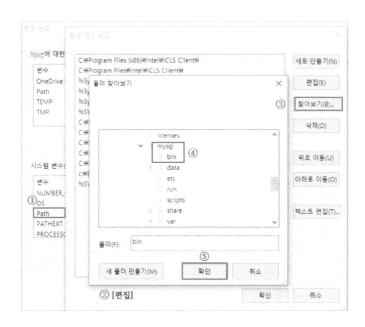

04 명령 프롬프트 창에서 MySQL 로그인

시스템 환경 변수(Path)를 설정해 주었기 때문에 폴더이동 없이 명령 프롬프트 창에서 편리하게 사용할 수 있다.

MySQL 로그인은 WAMP를 설치할 때 설정해 주었던 아이디(root)와 비밀번호(adminpw)를 입력한다. 9장에서 사용할 예정으로 반드시 기억해 두기 바란다.

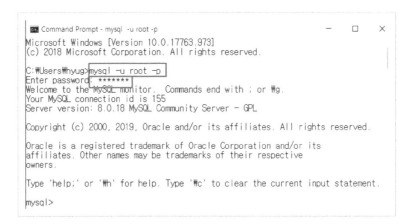

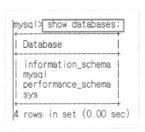

<u>05</u> 종료(exit 또는 quit)

참고 환경변수(사용자 변수, 시스템 변수) 설정

- 사용자 변수 : 해당 사용자 이름으로 로그인 하였을 경우에만 적용
- 시스템 변수 : 어느 사용자 이름으로 로그인하든 상관없이 모두 적용
  - 시스템 변수 설정하는 것을 권장
  - 환경변수 존재하는 경우 [편집], 없는 경우 [새로 만들기] 버튼 클릭
- Path : 데이터베이스 관련 명령어의 설치 위치를 운영체제에게 알려줌으로써 폴더이동 없이 명령 프롬프트 창에서 편리하게 사용
  - Path변수 더블클릭-[새로 만들기]-[위/아래 이동]-[확인]
  예 c:\Bitnami\wampstack-7.3.13-0\mysql\bin

연습문제

1. 다음 용어에 대한 개념을 간단히 정의하시오.

   ① 인터넷(internet)

   ② 웹(world wide web)

   ③ 프로토콜(protocol)

   ④ 클라이언트(client)

   ⑤ 웹서버(web server)

   ⑥ URL(uniform resource locator)

   ⑦ 하이퍼텍스트(hypertext)

   ⑧ 프로그래밍 언어(programming language)

   ⑨ 프로그램(program)

   ⑩ 컴파일러(compiler)

2. 클라이언트 측 프로그래밍 언어(client–side programming language)와 서버 측 프로그래밍 언어(server–side programming language)를 비교 설명하시오.

3. 정적 웹 서비스(static web service)와 동적 웹 서비스(dynamic web service)를 비교 설명하시오.

4. PHP의 특징 및 장점에 대해 설명하시오.

5. PHP를 사용한 동적 웹 프로그램의 동작 원리에 대해 설명하시오.

CHAPTER 2

PHP 기초 문법

2.1 PHP 웹 페이지의 기본 구조

PHP 스크립트를 포함하는 웹 페이지의 기본 구조는 다음과 같이 HTML 내부에 PHP 코드, 텍스트, CSS, Java Script 등을 혼용하여 사용할 수 있다. PHP 코드는 서버에서 실행되며 그 결과는 일반 HTML 형식의 웹 페이지로 클라이언트의 웹 브라우저에게 전송된다.

```
<?PHP
// PHP code
?>

<!DOCTYPE html>
<html>
<head>
<meta charset="UTF-8">
<title>PHP 페이지 기본 구조</title>

<style>
/* CSS */
</style>

<script>
// Java Script
</script>

</head>
<body>
<h3>PHP 페이지 기본 구조</h3>
<?PHP
// PHP code
?>

</body>
</html>
```

PHP 웹 페이지 기본 구조

PHP 스크립트 코딩은 반드시 다음의 규칙에 따라 코딩하여야 한다. 만일 문법이 맞지 않았을 경우에 PHP 파서는 오류 메시지(error message)를 출력한다.

- PHP 스크립트는 "<?PHP"로 시작하고 "?>"로 종료한다.
- 스크립트는 위치에 관계없이 웹 페이지에서 반복하여 사용할 수 있다.
- PHP 코드블럭 내의 명령문은 세미콜론(";")으로 끝난다.
- PHP 명령문(예약어), 클래스명, 함수 이름은 대·소문자 구분이 없다.
- 저장 프로그램의 파일 확장자는 ".php"를 사용한다.

PHP 웹 페이지의 기본 구조와 코딩 규칙을 바탕으로 앞으로 학습할 프로그램 개발과 실습을 위해 다음과 같은 자신만의 표준 코딩 폼을 작성하고 재사용하기를 권장한다.

① 표준 코딩 폼 불러오기

② 표준 코딩 폼 수정(5행, 8행, 11~14행)

③ 다름 이름으로 저장

④ 새로운 프로그램 코딩 및 저장(16~17행)

⑤ 프로그램 실행 – 디버깅(debugging)

예제 2-1

PHP 코딩 규칙에 따라 자신만의 코딩 폼 프로그램을 작성하고 재사용하자.

- coding.php

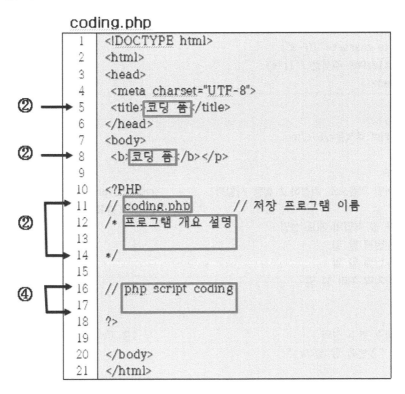

```
coding.php
1  <!DOCTYPE html>
2  <html>
3  <head>
4   <meta charset="UTF-8">
5   <title>코딩 폼</title>        ②
6  </head>
7  <body>
8   <b>코딩 폼</b></p>           ②
9
10 <?PHP
11 // coding.php        // 저장 프로그램 이름
12 /* 프로그램 개요 설명                        ②
13
14 */
15
16 // php script coding                        ④
17
18 ?>
19
20 </body>
21 </html>
```

2.2 주석문

주석문(comments)은 프로그램에 대한 이해를 도와주기 위해 사용하는 설명문으로 프로그램의 실행 또는 실행제어 흐름에 전혀 영향을 주지 않는다.

- 1줄 주석문(//, #)
- 여러 줄 주석문(/* ~ */)

예제 2-2

주석문 사용에 대한 다음 프로그램을 작성하고 실습해 보자.

■ comment.php

```
1   <!DOCTYPE html>
2   <html>
3   <head>
4    <meta charset="UTF-8">
5    <title>PHP 주석문</title>
6   </head>
7
8   <body>
9    <b>PHP 주석문</b></p>
10
11  <?PHP
12  // 어떤 이름으로 저장하고 실행 시킬까?         comment.php
13  /*                                         여러줄(블럭) 주석문
14    내가 할 작업의 개요 설명
15    - 첫번째 할 일
16    - 두번째 할 일
17    - 마지막 처리 할 일
18  */
19
20  // 점수 변수 정의                            // 1줄 주석문
21  echo "첫번째 할 일<Br>";
22
23  # 총점과 평균 계산                           // 1줄 주석문
24  echo "두번째 할 일<Br>";
```

```
25
26  // 성적처리 결과 출력(과목점수, 학점, 총점, 평균)
27  echo "마지막 처리 할 일<Br>";
28  ?>
29
30  </body>
31  </html>
```

주석문의 적절한 사용은 이해하기 쉬운 프로그램 작성의 출발이며 훌륭한 문서화 (documentation) 자료로 활용될 수 있다.

주석문 사용과 함께 프로그램을 코딩하는 과정에서 들여쓰기, 띄어쓰기, 줄 바꿈, 괄호 등을 잘 활용하면 개발자는 물론 다른 사람들도 쉽게 읽고 이해할 수 있는 프로그램이 된다.

이해하기 쉬운 프로그램은 오류 발생시 디버깅이나 프로그램의 유지보수(maintenance)를 용이하게 할 수 있다.

2.3 PHP 출력문

변수와 문자열을 출력하는 함수에는 가장 많이 사용하는 echo() 외에 print(), print_r(), var_dump(), printf() 등이 있다.

```
void echo ( string $expression [, string $expression [, ... ]] )
integer print ( string $expression )

mixed print_r ( mixed $variable )
mixed var_dump ( mixed $variable_1 [, mixed $variable_2 [, ... ]] )
integer printf ( string $format [, mixed $variable [, ... ]] )
```

(1) echo 문

주로 사용하는 출력문으로 출력하는 문자열이나 HTML 태그 등을 따옴표로 묶어 주어야 하며 문자열 간의 연결은 문자열 연결 연산자('.')를 사용한다. 그리고 괄호를 생략할수 있으나 매개변수가 다수일 경우에 괄호를 사용하면 오류가 발생한다.

특히 HTML 내에 출력하는 PHP 스크립트를 포함할 경우에 echo 대신 '=' 기호를 사용할 수 있다. 간단한 축약 형태로 유용하게 사용한다.

(2) print 문

echo와 거의 동일하게 사용한다. 차이점은 하나의 매개변수를 사용하며 실행 결과 항상 1을 리턴 한다.

(3) print_r(), var_dump(), printf() 문

print_r과 var_dump도 echo와 거의 동일하게 사용한다. print_r은 배열의 구조를 확인할수 있으며 var_dump는 변수의 저장 구조와 데이터 형을 확인할 수 있다.

printf의 경우는 지정한 포맷 형식에 맞추어 출력할 경우에 유용하게 사용하는 함수이다. 자세한 내용은 4장의 참고를 참조하기 바란다.

예제 2-3

echo와 print 출력문 사용에 대한 다음 프로그램을 작성하고 실습해 보자.

■ echo_print.php

```
1   <!DOCTYPE html>
2   <html>
3   <head>
4    <meta charset="UTF-8">
5    <title>PHP 출력문</title>
6   </head>
7
8   <body>
```

```
9    <b>PHP 출력문-1</b></p>
10
11   <?PHP
12   // echo_print.php
13   /* PHP 출력문
14   echo(), print() 함수
15   */
16
17   // 변수 정의
18   $su = 1004;
19   $str = "천사";
20
21   // echo() 함수
22   echo ($su)."<Br>";
23   echo $str."<Br>";              // 괄호생략
24
25   echo $su, $str, "<Br>";
26   ?>
27
28   <b><?PHP=$su; ?></b></p>
29
30   <?PHP
31   echo "==============<Br>";
32
33   // print() 함수
34   print ($su)."<Br>";
35   print $str."<Br>";              // 괄호생략
36   print "==============";
37   ?>
38
39   </body>
40   </html>
```

예제 2-4

print_r, var_dump, printf 출력문 사용에 대한 다음 프로그램을 작성하고 실습해 보자.

■ echo_print_etc.php

```
1  <!DOCTYPE html>
2  <html>
3  <head>
4   <meta charset="UTF-8">
5   <title>PHP 출력문</title>
6  </head>
7
8  <body>
9   <b>PHP 출력문-2</b></p>
10
11 <?PHP
12 // echo_print_etc.php
13 /* PHP 출력문
14 print_r(), var_dump(), printf() 함수
15 */
16
17 // 변수 정의
18 $person = array(1004, "천사");
19
20 // print_r() 함수
21 print_r($person);
22 printf("<Br>%'=40s</p>", "");
23
24 // var_dump() 함수
25 var_dump($person);
26 printf("<Br>%'=40s", "");
27 ?>
28
29 </body>
30 </html>
```

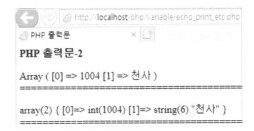

2.4 변수와 데이터 형

2.4.1 변수

변수(variable)는 메모리 공간의 주소(address)에 이름을 부여한 것으로 할당된 메모리에 값을 저장하거나 값을 변경할 수 있다. 그리고 메모리에 저장하는 값의 유형에 따라 데이터 형(data type)으로 구분한다.

* 사용자 정의 변수(user defined variable)
* 미리 정의된 변수(predefined variable)

사용자가 정의하는 변수 이름에 대한 규칙은 다음과 같다.

① 모든 변수는 $로 시작한다.

② 다음은 영문자 또는 밑줄('_', under bar)로 시작한다.

③ 다음은 영문자, 숫자, 밑줄의 조합을 사용한다.

④ 변수는 대·소문자를 구분한다.

⑤ 한글 이름은 사용 가능하지만 권장하지 않는다.

예 변수 이름에 대한 잘못된 예

```
hakbun;                // $ 기호 누락
$77lee;                // 숫자로 시작
$student name;         // 이름 사이 공백
$telephone-number      // 특수문자 사용
```

변수의 정의는 C나 Java 등 대부분의 고급 프로그래밍 언어는 다음과 같이 변수를 사용하기 전에 반드시 변수와 함께 저장할 데이터 형을 명시적으로 먼저 선언해 주어야 한다. 그리고 정의한 변수에는 지정한 데이터 형의 데이터만 저장할 수 있다.

예 C, Java 변수 정의와 값 할당

```
int  su;
char msg;
   :
su = "PHP";      // 오류
msg = 10;        // 오류
```

그러나 PHP는 변수를 정의할 때 데이터 형을 명시하지 않고 사용한다. 변수의 데이터 형은 변수에 데이터를 저장할 때 PHP 파서가 자동으로 형 변환하여 저장해 준다. 그러므로 다음과 같이 하나의 변수에 서로 다른 데이터 형의 값을 저장하고 사용할 수 있다.

예 PHP 변수 정의와 값 할당

```
$su = 10;
$msg = "Java";
   :
$su = "PHP";     // 사용 가능
$msg = 10;       // 사용 가능
```

이러한 특징은 효율적인 메모리 공간의 사용과 함께 변수를 유연하게 사용할 수 있다는 장점이 있으나, 변수의 데이터 형을 알 수 없기 때문에 예기치 못한 연산 오류가 발생할 수 있다. PHP는 변수의 데이터 형을 확인할 수 있는 gettype() 함수와, is_*() 함수들을 제공한다.

참고 PHP 데이터 형 확인 함수

```
string gettype ( mixed $variable )

boolean is_null ( mixed $variable )
boolean is_int ( mixed $variable )
boolean is_integer ( mixed $variable )
boolean is_long ( mixed $variable )
boolean is_float ( mixed $variable )
boolean is_double ( mixed $variable )
boolean is_real ( mixed $variable )
boolean is_numeric ( mixed $variable )
boolean is_string ( mixed $variable )
boolean is_bool ( mixed $variable )
boolean is_array ( mixed $variable )
boolean is_object ( mixed $variable )
boolean is_resource ( mixed $variable )
```

2.4.2 데이터 형

변수에 저장하는 값의 유형에 따라 데이터 형(data type)으로 구분한다. 이는 한정된 메모리 공간을 효율적으로 사용하기 위해 저장하는 데이터의 유형에 따라 내부적으로 그의 길이와 저장 형태를 서로 다르게 표현한다.

PHP는 기본 데이터 형으로 정수, 실수, 문자열, 부울, 배열, 객체, 리소스, 널을 지원한다. 이는 C나 Java 등 대부분의 고급 프로그래밍 언어에서 취급하는 데이터 형과 유사하다.

PHP의 기본 데이터 형

데이터 형	설명
정수(integer)	소수점이 없는 정수(고정 소수점 표현)
실수(float, double)	소수점이 있는 실수(부동 소수점 표현)
문자열(string)	큰따옴표(") 또는 작은따옴표(') 내의 모든 숫자나 문자들의 집합
부울(boolean)	true(1 또는 0이 아닌 모든 값), false(0)
배열(array)	키(key)−값(value)쌍의 원소들의 집합
객체(object)	객체, 데이터베이스 참조 값
리소스(resource)	파일, 외부자원 참조 값
널(NULL)	초기화 하지 않은 NULL을 할당한 변수

(1) 정수(integer)형

소수점을 포함하지 않는 정수 값으로 고정 소수점 표현 방식을 따른다. 정수형 변수에 저장할 수 있는 값의 범위에 한계가 있다.

(2) 실수(float, double)형

소수점을 포함하는 실수 값으로 부동 소수점 표현 방식을 따른다. 실수형 변수에 저장할 수 있는 범위의 한계가 있으나 소수점이하 유효 숫자와 지수를 사용한 표현 방식으로 아주 작은 수 또는 아주 큰 수 표현에 적합하다.

(3) 문자열(string)형

큰따옴표("") 또는 작은따옴표('') 내의 모든 숫자나 문자(특수문자 및 HTML 태그 포함)를 하나의 문자열로 취급한다.

그러나 큰따옴표와 작은따옴표는 사용할 경우에 따라서 문자열 데이터를 서로 다르게 처리하기 때문에 사용하는데 유의해야 한다.

구분	차이점
큰따옴표(")	문자열 데이터에 변수 사용 가능 문자열 데이터에 특수문자(\n, \r, \t, \\, \", \$) 사용 가능
작은따옴표(')	문자열 데이터에 변수사용 불가 문자열 데이터에 특수문자(\\, \') 사용 가능

특히 큰따옴표를 사용한 문자열 데이터 내부에 변수를 포함할 경우에는 변수와 일반 문
자열 데이터를 구별하기 위한 방법으로 중괄호('{}')를 사용하거나 하나 이상의 공백으
로 구분시켜 주어야 한다.

큰따옴표를 사용한 문자열에서 사용 가능한 특수문자와 그 의미는 다음 표와 같다.

특수문자	설명
\ n	줄 바꿈(LF : Line Feed)
\ r	첫 열로 이동(CR : Carriage Return)
\ t	탭(tab)
\ \	역 슬래시(back slash) 문자
\ "	큰따옴표(double quote) 문자
\ $	달러 기호(dollar sign) 문자

참고   역 슬래시(\ ) 사용

역 슬래시는 운영체제 또는 편집기에 따라 차이가 있다.
- ₩ : 윈도우즈 환경, 메모장
- \ : 유닉스나 리눅스 환경, 에디트플러스

(4) 부울(boolean)형

true(1 또는 0이 아닌 모든 값)와 false(0)의 2가지 값을 갖는 데이터 형이다. 대·소문자
를 구분하지 않는다.

(5) 배열(array)형

하나 이상의 값을 갖는 특수 형태의 변수로 키(key)-값(value) 쌍의 원소들의 집합이다.

(6) 객체(object)형

클래스 인스턴스, 데이터베이스 객체를 참조하기 위한 데이터 형이다.

(7) 리소스(resource)형

파일, 외부자원을 참조하기 위한 데이터 형이다.

(8) 널(NULL)형

변수를 초기화하지 않은 특별한 값인 NULL을 할당한 경우의 데이터 형이다.

예제 2-5

큰따옴표를 사용한 문자열 표현에 대한 다음 프로그램을 작성하고 실습해 보자.

■ string_data_type.php

```
1   <!DOCTYPE html>
2   <html>
3   <head>
4    <meta charset="UTF-8">
5    <title>큰따옴표를 사용한 문자열</title>
6   </head>
7
8   <body>
9    <b>큰따옴표를 사용한 문자열</b></p>
10
11  <?PHP
12  // string_data_type.php
13  //
14  /* 큰따옴표를 사용한 문자열
15    - 변수사용 가능
```

```
16   - 사용 가능한 특수문자 : \r(CR), \n(LF), \t(TAB), \\, \", \$
17   */
18
19   // 변수 정의
20   $name = "korea";
21
22   echo "<pre>";                              // HTML 공백표현 태그
23   // 큰 따옴표(")를 사용한 문자열
24   echo "$name = $name 이다</p>";
25
26   //echo "name = $name이다<Br>";              // 오류(변수 $name이다)
27   echo "name = $name 이다<Br>";               // 공백으로 변수 구분
28   echo "name = {$name}이다<Br>";              // 중괄호({}) 변수 구분
29   echo "name = ${name}이다<p>";               // 중괄호({}) 변수 구분
30
31   echo "\$name = ".$name."이다<Br>";          // 문자열 연결, 문자($)
32   echo "\$name = $name 이다<Br>";             // 문자($)
33   echo "\"\$name = {$name}이다\""</p>";        // 문자(", $), 문자(")
34
35   echo "\$name = \t{$name}이다\n\r";          // 특수문자(\t, \n, \r)
36
37   // 문자열에 HTML 태그 포함
38   echo "<span style=\"color:red;\">빨강</span><Br>";
39   echo "<span style='color:red;'>빨강</span><Br>";
40   echo '<span style="color:red;">빨강</span><Br>';
41   echo "</pre>";
42   ?>
43
44   </body>
45   </html>
```

 HTML 〈pre〉 태그

〈pre〉 ~ 〈/pre〉 사이의 공백, 줄 바꿈, 탭 등을 포함하는 입력된 텍스트(previously formatted text)의 모습 그대로 출력하는 태그이다.

예제 2-6

PHP 파서의 자동 형 변환에 따른 변수의 데이터 형을 확인하는 내장함수 사용에 대한 다음 프로그램을 작성하고 실습해 보자.

▪ datatype_check.php

```
1   <!DOCTYPE html>
2   <html>
3   <head>
4    <meta charset="UTF-8">
5    <title>PHP 기본 데이터 형</title>
6   </head>
7
8   <body>
9    <b>PHP 기본 데이터 형</b></p>
10
11  <?php
12  // datatype_check.php
13  // 변수의 데이터 형 확인
14
15  // 정수 데이터
16  $var = 2020;
17
18  echo "Get type? ".gettype($var)."<Br>";
19  echo "Int type? ".is_int($var)."<Br>";
20  echo "Integer type? ".is_integer($var)."<Br>";
21  echo "Long type? ".is_long($var)."<Br>";
22  echo "Numeric type? ".is_numeric($var)."</p>";
23
24  // 실수 데이터
```

```php
25  $var = 12.34;
26  echo "Get type? ".gettype($var)."<Br>";
27
28  // 문자열 데이터
29  $var = "PHP 문자열";
30  echo "Get type? ".gettype($var)."<Br>";
31
32  // 부울 데이터
33  $var = true;
34  echo "Get type? ".gettype($var)."<Br>";
35
36  // 배열 데이터 형 확인
37  $var = array(1004, "천사");
38  echo "Get type? ".gettype($var)."<Br>";
39
40  // 객체 데이터
41  Class Student {                    // 클래스 정의
42      public $hakbun;
43      public $name;
44  }
45  $std = new Student();           // 객체 생성
46  echo "Get type? ".gettype($std)."<Br>";
47
48  // MySQL 서버 연결(connect server)
49  $conn = mysqli_connect("localhost", "root", "adminpw");
50
51  echo "Get type? ".gettype($DB_LINKconn)."<Br>";
52  mysqli_close($conn);            // 데이터베이스 연결 종료
53
54  // 리소스 데이터
55  $filename = "fopen_fclose.dat";
56
57  $fp = fopen($filename, "w");    // 파일 열기
58  echo "Get type? ".gettype($fp)."<Br>";
59  fclose($fp);                    // 파일 닫기
60
61  // Null 데이터
62  $var = NULL;
```

```
63  echo "Get type? ".gettype($var)."<Br>";
64  ?>
65
66  </body>
67  </html>
```

2.4.3 데이터 형 변환

PHP는 변수의 데이터 형을 정의하지 않고 사용하며 변수에 데이터를 저장할 때 PHP 파서가 자동 형 변환하여 저장해 준다. 또한 PHP는 변수에 대한 데이터 형을 확인하는 gettype() 함수와 is_*() 함수들이 제공된다고 앞에서 설명하였다.

그런데 의도적으로 변수의 데이터 형을 변환해야 할 경우가 있다. 이와 같이 강제적으로 변수의 데이터 형을 변환하기 위한 방법으로 캐스팅(casting)과 settype() 함수를 사용한다. 그러나 2가지 방법은 약간의 차이가 있다.

```
$new_data_type_variable = (new_data_type)$variable;

settype($variable, "new_data_type");
```

캐스팅은 원래 변수의 데이터 형은 그대로 두고 지정한 데이터 형으로 변환하여 새로운 변수를 생성한다. settype() 함수는 원래 변수의 데이터 형을 새로 지정한 데이터 형으로 변환시켜 버린다.

변환하고자하는 새로운 데이터 형(new_data_type)의 지정은 정수로 변환할 경우에는
int, integer, long을, 실수로 변환할 경우에는 float, double, real 키 워드를 사용하며 나
머지는 기본 데이터 형을 사용한다.

데이터 형을 변환하는 캐스팅(casting)과 settype() 함수에 대한 다음 프로그램을 작성하고 실
습해 보자.

■ datatype_convert.php

```
1   <!DOCTYPE html>
2   <html>
3   <head>
4     <meta charset="UTF-8">
5     <title>데이터 형 변환</title>
6   </head>
7
8   <body>
9     <b>데이터 형 변환</b></p>
10
11  <?php
12  // datatype_convert.php
13  /* 데이터 형 변환
14    - casting, settype() 함수
15  */
16
17  // 변수 정의
18  $num = 20.19;
19
20  // data type 변환(캐스팅)
21  echo "casting 전 \$num = $num ".gettype($num)."<Br>";
22
23  $cast_num = (integer)$num;
24
25  echo "casting 후 \$cast_num = $cast_num ".gettype($cast_num)."<Br>";
26  echo "casting 후 \$num = $num ".gettype($num)."</p>";
```

```
27
28  // data type 변환(settype())
29  echo "settype 전 \$num = $num ".gettype($num)."<Br>";
30
31  settype($num, "integer");
32
33  echo "settype 후 \$num = $num ".gettype($num);
34  ?>
35
36  </body>
37  </html>
```

2.4.4 미리 정의된 변수

PHP는 미리 정의된 변수(predefined variable)들을 제공한다. 이 변수들은 사용자들이 따로 정의하지 않고 모든 스크립트에서 사용 범위에 대한 제약이 없이 참조할 수 있는 슈퍼 전역변수(super global variable)이다.

슈퍼 전역변수는 클라이언트가 서버로 전송한 정보, 쿠키와 세션 정보, 웹 서버와 현재 실행중인 스크립트 정보 등 다양한 정보들을 모두 연관배열(associative array) 형태로 제공한다.

슈퍼 전역변수와 이에 대한 요약 설명은 다음 표와 같다. 표에서 보는 바와 같이 슈퍼 전역변수 이름은 대부분 '$_'로 시작하고 대문자를 사용하고 있음을 유의하기 바란다.

슈퍼 전역변수	설명
$_GET	GET 방식 전송 정보
$_POST	POST 방식 전송 정보
$_REQUEST	GET과 POST 방식 전송 정보
$_COOKIE	쿠키 정보
$_SESSION	세션 정보
$_FILES	파일 업로드 정보
$_ENV	서버 환경 정보
$_SERVER	서버와 실행중인 스크립트 정보
$GLOBALS	모든 전역변수 정보

예제 2-8

슈퍼 전역변수에 대한 다음 프로그램을 작성하고 실습해 보자.

다음의 실행 결과(37~47행)는 $_SERVER(서버 변수)에 대한 학습을 위해 원격에서 서비스 요청한 결과이다.

■ super_global_variable.php

```php
1   <?PHP
2   // super_global_variable.php
3
4   /* 슈퍼 전역변수
5    - 미리 정의된 변수
6    - 연관배열(associative array)
7   */
8
9   echo '$_GET : ';
10  print_r($_GET);
11
12  echo '<Br>$_POST : ';
13  print_r($_POST);
14
15  echo '<Br>$_POST : ';
16  print_r($_REQUEST);
17
18  echo '<Br>$_COOKIE : ';
```

```
19  print_r($_COOKIE);
20
21  echo '<Br>$_SESSION : ';
22  print_r($_SESSION);
23
24  echo '<Br>$_FILES : ';
25  print_r($_FILES);
26
27  echo '<Br>$_ENV : ';
28  print_r($_ENV);
29
30  echo '<hr>$_SERVER : ';
31  print_r($_SERVER);
32
33  echo '<hr>$GLOBALS : ';
34  print_r($GLOBALS);
35  echo "<hr>";
36
37  // 서버관련 정보
38  echo "server software : ".$_SERVER["SERVER_SOFTWARE"]."<Br>";
39  echo "server name : ".$_SERVER["SERVER_NAME"]."<Br>";
40  echo "server addr : ".$_SERVER["SERVER_ADDR"]."<Br>";
41  echo "server port : ".$_SERVER["SERVER_PORT"]."<Br>";
42  echo "server protocol : ".$_SERVER["SERVER_PROTOCOL"]."<Br>";
43  echo "request URI : ".$_SERVER["REQUEST_URI"]."<Br>";
44  echo "script name : ".$_SERVER["SCRIPT_NAME"]."<Br>";
45
46  // 클라이언트관련 정보
47  echo "client IP address : ".$_SERVER["REMOTE_ADDR"]."<Br>";
48  ?>
```

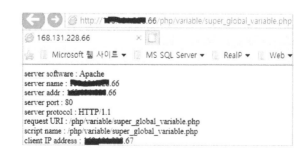

2.5 상수

상수(constant)는 상수이름 자체를 상수 값으로 사용하며 정의된 상수는 프로그램 실행 도중에 그 값을 변경하거나 삭제할 수 없다.

변수는 사용 범위에 제약이 있지만 상수는 사용 범위가 전역(global)이다. 따라서 웹 페이지 전 범위에서 참조가 가능하다. 함수 내에서도 참조가 가능하다.

상수는 define() 함수를 사용하여 정의하며 형식은 다음과 같다.

```
define("constant_name", value [, case-insensitive])
```

상수 이름(constant_name)은 누구나 의미 또는 값을 쉽게 연상하고 기억할 수 있는 간단 명료한 이름을 작명하여야 한다. 상수 값(value)은 정수, 실수, 문자열, 부울 값을 가질 수 있다. 그리고 대·소문자 구분(case-intensive)의 기본 값은 'false'로 대·소문자를 구분하지 않지만 관례적으로 대문자를 사용한다.

예 상수의 정의

```
define("INTEREST_RATE", 0.04);    // 이자율
define("KWAMOK_SU", 5);           // 과목 수
define("LINE_PER_PAGE", 3);       // 페이지 당 라인 수
define("STATUS", true);           // 상태
```

일부 사용자들은 상수의 중요성을 간과하기도 하지만 잘 활용하면 변경 사항의 반영 및 프로그램의 유지보수를 용이하게 할 수 있다는 장점을 갖는다.

예를 들어서 "현행 이자율 4%를 3.5%로 갱신한다"는 간단한 은행 업무를 생각해 보자. 당연히 현행 이자율에 해당하는 부분(변수 또는 값)을 갱신할 이자율로 모두 수정해 주어야 한다. 이때 변경하는 작업에 드는 시간과 노력은 물론이고 잘못된 갱신 또는 부분 갱신으로 인한 오류가 발생할 수 있다. 그러나 상수를 사용하였다면 기존 프로그램의 상수 부분만 변경하고 나머지 부분은 건드리지 않아도 된다.

예제 2-9

상수 정의와 그 사용에 대한 다음 프로그램을 작성하고 실습해 보자.

실행 결과 상수를 사용하지 않은 프로그램(19~30행)과 상수를 정의한 프로그램(33행~52행)을 비교해 보자.

■ interest_constant.php

```
1   <!DOCTYPE html>
2   <html>
3   <head>
4     <meta charset="UTF-8">
5     <title>상수 사용</title>
6   </head>
7   <body>
8     <b>상수 사용</b></p>
9
10  <?PHP
11  // interest_constant.php
12  // 사용자 정의 상수(user defined constant)
13
14  /* 예금액에 대한 이자와 지급액 계산
15     이자 = 원금 * 이자율
16     지급액 = 원금 + 이자
17  */
18
19  // 변수 정의
20  $money = 1000000;                      // 원금
21
22  // 이자와 지급액 계산
23  $interest = $money * 0.04;             // 이자율(4%)
24  $amount = $money + $interest;
25
26  // 결과 출력(원금, 이자율, 이자, 지급액)
27  echo "원  금 = ".$money."원<Br>";
28  echo "이자율 = ".(0.04 * 100)."%<Br>";
29  echo "이  자 = ".$interest."원<Br>";
30  echo "지급액 = ".$amount."원<hr>";
31  // ---------------------------------------------
32
```

```php
33  // 함수 정의
34  function interest_compute($money) {
35
36      $interest = $money * INTEREST_RATE;
37      return $interest;
38  }
39
40  // 변수와 상수 정의
41  $money = 1000000;                      // 원금
42  define("INTEREST_RATE", 0.04);         // 이자율(4%)
43
44  // 이자와 지급액 계산
45  $interest = interest_compute($money);  // 함수 호출
46  $amount = $money + $interest;
47
48  // 결과 출력(원금, 이자율, 이자, 지급액)
49  echo "원  금 = ".number_format($money)."원<Br>";
50  echo "이자율 = ".(INTEREST_RATE * 100)."%<Br>";
51  echo "이  자 = ".number_format($interest)."원<Br>";
52  echo "지급액 = ".number_format($amount)."원";
53  ?>
54
55  </body>
56  </html>
```

 **참고** 숫자 천 단위 콤마 편집

number_format() 내장함수는 천 단위마다 콤마로 구분한 형식화된 문자열을 리턴 한다.

2.6 연산자

연산자(operator)는 변수나 상수에 적용되는 연산 기호를 말한다. 피 연산자(operand)는 연산자와 함께 연산에 참여하는 대상으로 변수, 상수, 식 등이 이에 속한다.

PHP는 다양한 연산자들을 제공하고 있는데 연산자의 종류 및 사용법은 C나 Java와 거의 동일하다.

- arithmetic operators

- string operators

- assignment operators

- increment/decrement operators

- comparison operators

- logical operators

- 기타 연산자

2.6.1 산술 연산자

산술연산자(arithmetic operator)는 일반적인 사칙 연산에 사용되는 연산자이다.

산술연산자	설명
+	덧셈(addition)
−	뺄셈(subtraction)
*	곱셈(multiplication)
/	나눗셈 몫(division)
%	나눗셈 나머지(modulus)
**	거듭 제곱(exponentiation)

예제 2-10

산술 연산자 사용에 대한 다음 프로그램을 작성하고 실습해 보자.

나눗셈 실행 결과 정수 몫을 구하기 위해서는 22행을 $div = (integer)($su1 / $su2); 으로 형
변환(캐스팅)해 주면 된다.

- arith_opr.php

```
1   <!DOCTYPE html>
2   <html>
3   <head>
4    <meta charset="UTF-8">
5    <title>산술 연산자</title>
6   </head>
7   <body>
8    <b>산술 연산자</b></p>
9
10  <?PHP
11  // arith_opr.php
12  // 산술 연산자(arithmetic operator)
13
14  // 변수 정의
15  $su1 = 7;
16  $su2 = 3;
17
18  // 사칙연산
19  $add = $su1 + $su2;          // 덧셈
20  $sub = $su1 - $su2;          // 뺄셈
21  $mul = $su1 * $su2;          // 곱셈
22  $div = $su1 / $su2;          // 나눗셈 몫
23  $mod = $su1 % $su2;          // 나눗셈 나머지
24  $exp = $su1 ** $su2;         // 거듭 제곱
25
26  // 결과출력
27  echo "\$add = $add<Br>";
28  echo "\$subtract = $sub<Br>";
29  echo "\$multiply = $mul<Br>";
30  echo "\$divide = $div<Br>";
```

```
31  echo "\$modulus = $mod<Br>";
32  echo "\$exponent = $exp";
33  ?>
34
35  </body>
36  </html>
```

2.6.2 문자열 연결 연산자

문자열 연결 연산자(concatenation operator)는 문자열을 연결하는 연산자로 연산에 참여하는 문자열들을 차례로 결합하여 하나의 새로운 문자열을 생성한다.

문자열 연결 연산자	설명
.	문자열들을 하나의 문자열로 연결

예제 2-11

문자열 연결 연산자 사용에 대한 다음 프로그램을 작성하고 실습해 보자.

■ str_con_opr.php

```
1  <!DOCTYPE html>
2  <html>
3  <head>
4   <meta charset="UTF-8">
5   <title>문자열 연결 연산자</title>
6  </head>
```

```
7   <body>
8     <b>문자열 연결 연산자</b></p>
9
10  <?PHP
11  // str_con_opr.php
12  // 문자열 연결 연산자(concatenation operator)
13
14  // 변수 정의
15  $gubun = "010";
16  $guk = "1004";
17  $seq_no = "2004";
18
19  // 문자열 연결 연산
20  $tel_no = $gubun."-". $guk."-".$seq_no."<Br>";
21
22  // 결과 출력
23  echo "\$gubun = ".$gubun."<Br>";
24  echo "\$guk = ".$guk."<Br>";
25  echo "\$seq_no = ".$seq_no."</p>";
26
27  echo "\$tel_no = ".$tel_no;
28  ?>
29
30  </body>
31  </html>
```

2.6.3 대입 연산자

대입(할당) 연산자(assignment operator)는 연산자의 오른쪽의 연산 결과를 왼쪽의 변수에 대입한다는 의미로 수학의 "같다(equal)"와는 그 의미가 다르다.

특히 복합 대입 연산자(compound assignment operator)는 산술 또는 문자열 연산자와 대입 연산자를 결합하여 간략하게 표현한 연산자이다.

대입연산자	설명
=	연산 결과 왼쪽 대입
+=	덧셈 결과 왼쪽 대입
-=	뺄셈 결과 왼쪽 대입
*=	곱셈 결과 왼쪽 대입
/=	나눗셈 결과(몫) 왼쪽 대입
%=	나눗셈 결과(나머지) 왼쪽 대입
**=	거듭 제곱 결과 왼쪽 대입
.=	문자열 연결 결과 왼쪽 대입

예제 2-12

대입 연산자 사용에 대한 다음 프로그램을 작성하고 실습해 보자.

■ assign_opr.php

```
1   <!DOCTYPE html>
2   <html>
3   <head>
4    <meta charset="UTF-8">
5    <title>대입 연산자</title>
6   </head>
7   <body>
8    <b>대입 연산자</b></p>
9
10  <?PHP
11  // assign_opr.php
```

```php
12  // 대입 연산자(assignment operator)
13  // 복합 대입 연산자(compound assignment operator)
14
15  // 변수 정의(대입연산) 및 결과 출력
16  $su = 10;
17  echo 'assign_su = '.$su."<p>";
18
19  // 복합대입연산 및 결과 출력
20  $su += 5;                        // $su = 10 + 5
21  echo "comp_add = ".$su."<Br>";
22
23  $su -= 5;                        // $su = 15 - 5
24  echo "comp_sub = ".$su."<Br>";
25
26  $su *= 2;                        // $su = 10 * 2
27  echo "comp_mul = ".$su."<Br>";
28
29  $su /= 3;                        // $su = 20 / 3
30  echo "comp_div = ".(int)$su."<Br>";// $su = (int)(20 / 3)
31
32  $su %= 4;                        // $su = 6 % 4
33  echo "comp_mod = ".$su."<Br>";
34
35  $su **= 3;                       // $su = 2 ** 3
36  echo "comp_exp = ".$su."<Br>";
37
38  $su .= "string";                 // $su = 2 . "con_operand"
39  echo "comp_con = ".$su;
40  ?>
41
42  </body>
43  </html>
```

2.6.4 증감 연산자

증감 연산자(increment/decrement operator)는 단항 연산자로 정수형 변수의 값을 연산 전 또는 연산 후에 자동으로 1증가 또는 1감소시킨다.

전위표기(prefix notation)는 변수의 값을 먼저 1 증가 또는 감소시킨 후 연산을 실행하며 후위표기(postfix notation)는 연산 후 변수의 값을 1 증가 또는 감소한다.

증감 연산자는 1씩 증가 또는 감소하는 식이나 반복문에서 유용하게 사용된다.

증감연산자	설명
++	정수형 변수 값 1증가
--	정수형 변수 값 1감소

예제 2-13

증감 연산자 사용에 대한 다음 프로그램을 작성하고 실습해 보자.

- inc_dec_opr.php

```
1  <!DOCTYPE html>
2  <html>
3  <head>
4   <meta charset="UTF-8">
5   <title>증감 연산자</title>
```

```
6   </head>
7   <body>
8    <b>증감 연산자</b></p>
9
10  <?PHP
11  // inc_dec_opr.php
12  // 전위/후위 증감 연산자(increment/decrement operator)
13
14  // 전위 증감연산자(prefix notation)
15  // 변수 정의
16  $su = 0;
17
18  echo ++$su."<Br>";    // $su=0+1=1
19  echo $su."<Br>";      // $su=1
20  echo --$su."<Br>";    // $su=1-1=0
21  echo $su."</p>";      // $su=0
22
23  // 후위 증감연산자(postfix notation)
24  // 변수 정의
25  $su = 0;
26
27  echo $su++."<Br>";    // $su=0, $su=0+1=1
28  echo $su."<Br>";      // $su=1
29
30  echo $su--."<Br>";    // $su=1, $su=1-1=0
31  echo $su."<hr>";      // $su=0
32
33  // 변수 정의
34  $su1 = 99;
35  echo "\$su1 = $su1</p>";
36
37  // 증감연산 및 결과출력
38  $su2 = ++$su1 - 5;
39  // $su1=99+1=100, $su2=100-5=95
40  echo "\$su1 = $su1<Br>";
41  echo "\$su2 = $su2</p>";
42
43  $su2 = $su1-- - 5;
```

```
44  // $su2=100-5=95, $su1=100-1=99
45  echo "\$su2 = $su2<Br>";
46  echo "\$su1 = $su1";
47  ?>
48
49  </body>
50  </html>
```

2.6.5 관계 연산자

관계 연산자(relational operator)는 피 연산자 간의 관계를 비교 판단하는 연산자로 연산 결과 true(1) 또는 false(0)의 부울 값을 리턴 한다.

관계 연산은 숫자는 물론이고 문자나 문자열에도 동일하게 적용된다. 특히 문자나 문자열일 경우에는 이에 해당하는 아스키코드(ASCII code) 값으로 비교 판단한다.

관계 연산자는 다음의 논리 연산자와 함께 선택문이나 반복문의 조건식에 사용된다.

관계연산자	설명
==	equal 2개 피 연산자 값이 같으면 참
===	identical 2개 피 연산자 값과 데이터 형이 같으면 참
!=	not equal 2개 피 연산자 값이 같지 않으면 참
⟨⟩	not equal !=과 동일하나 연산자 우선순위가 !=보다 높다
!==	not identical 2개 피 연산자 값이 같지 않거나 데이터 형이 같지 않으면 참
⟩	greater than 왼쪽 피 연산자가 오른쪽보다 크면 참
⟨	less than 왼쪽 피 연산자가 오른쪽보다 작으면 참
⟩=	greater than or equal to 왼쪽 피 연산자가 오른쪽보다 크거나 같으면 참
⟨=	less than or equal to 왼쪽 피 연산자가 오른쪽보다 작거나 같으면 참

2.6.6 논리 연산자

논리 연산자(logical operator)는 피 연산자의 논리 조건을 판단하는 연산자로 연산 결과 true(1) 또는 false(0)의 부울 값을 리턴 한다.

논리 연산자는 관계 연산자와 함께 선택문이나 반복문의 조건식에 사용된다.

논리연산자	설명
!	not 피 연산자가 참이면 거짓, 거짓이면 참
&&	and 2개 피 연산자가 모두 참이면 참
||	or 2개 피 연산자 중 하나라도 참이면 참
and	&&와 동일하나 연산자 우선순위가 &&보다 낮다
or	||와 동일하나 연산자 우선순위가 ||보다 낮다
xor	exclusive or 2개 피 연산자중 하나만 참이면 참, 나머지 모두 거짓

예제 2-14

관계 연산자와 논리 연산자 사용에 대한 다음 프로그램을 작성하고 실습해 보자.

▪ rel_log_opr.php

```
1  <!DOCTYPE html>
2  <html>
3  <head>
4    <meta charset="UTF-8">
5    <title>관계_논리 연산자</title>
6  </head>
7  <body>
8   <b>관계_논리 연산자</b></p>
9
10 <?PHP
11 // rel_log_opr.php
12 // 관계 연산자(relational Operator)
13 // 논리 연산자(logical Operator)
14
15 // 변수 정의
16 $su1 = 10;
17 $su2 = "10";
18
19 // 값이 동일(true)
20 if ($su1 == $su2) {
21     $msg = '10과 "10"은 값이 같습니다!';
22 } else {
23     $msg = '10과 "10"은 값이 같지 않습니다!!';
24 }
25 echo $msg."<Br>";
26
27 // 값과 데이터 형이 동일(true)
28 if ($su1 === $su2) {
29     $msg = '10과 "10"은 값과 데이터 형이 같습니다!';
30 } else {
31     $msg = '10과 "10"은 값과 데이터 형이 같지 않습니다!!';
32 }
33 echo $msg."</p>";;
```

```
34
35  // 문자열 비교(ASCII code)
36  if ("ABC" > "ABD") {
37      $msg = "ABC > ABD";
38  } else {
39      $msg = "ABC < ABD";
40  }
41  echo $msg."</p>";;
42
43  // 관계 연산자와 논리 연산자
44  // 변수 정의
45  $jumsu = 99;
46
47  if (($jumsu >= 0) && ($jumsu <= 100)) {
48      $msg = "적합한 점수(0~100)입니다!";
49  } else {
50      $msg = "부적합한 점수(0~100)입니다!!";
51  }
52  echo $msg;
53  ?>
54
55  </body>
56  </html>
```

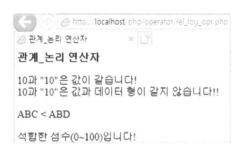

2.6.7 조건 연산자

조건 연산자(conditional operator)는 3항 연산자로 조건식이 '참' 또는 '거짓'일 때 실행 되는 명령문이 각각 1개뿐일 경우에 단 1줄의 명령문으로 간결하게 표현할 수 있는 연 산자이다.

간단한 형식의 선택문으로 if-else문과 동일한 의미의 표현이다.

조건연산자	설명
cond ? t-st : f-st ;	조건식이 '참' 또는 '거짓' 경우 모두 1개의 명령문 실행

예제 2-15

조건 연산자 사용에 대한 다음 프로그램을 작성하고 실습해 보자.

```
1   <!DOCTYPE html>
2   <html>
3   <head>
4    <meta charset="UTF-8">
5    <title>조건 연산자</title>
6   </head>
7   <body>
8    <b>조건 연산자</b></p>
9
10  <?PHP
11  // cond_opr.php
12  // 조건 연산자(conditional operator)
13
14  // 변수 정의
15  $su1 = 10;
16  $su2 = 20;
17
18  // 조건 연산자-1
19  $max = ($su1 > $su2) ? $su1 : $su2;
20  echo "\$max = $max<Br>";
```

```
21
22  // 조건 연산자-2
23  ($su1 > $su2) ? $max = $su1 : $max = $su2;
24  echo "\$max = $max</p>";
25
26  // if-else 선택문
27  if ($su1 > $su2) {
28      $max = $su1;
29  } else {
30      $max = $su2;
31  }
32  echo "\$max = $max";
33  ?>
34
35  </body>
36  </html>
```

2.6.8 오류제어 연산자

프로그램 실행 도중에 오류가 발생하면 파서는 경고 오류(warning) 메시지를 출력하고 실행을 종료해 버린다.

PHP 명령문 앞에 오류제어 연산자('@')를 사용하면 오류 메시지가 출력되지 않도록 제어할 수 있다. 그러나 오류가 발생하더라도 파서의 경고 오류 메시지가 출력되지 않기 때문에 디버깅에 어려움이 발생할 수 있다.

오류 제어 연산자	설명
@	경고 오류 메시지 출력 제어

예제 2-16

오류 제어 연산자 사용에 대한 다음 프로그램을 작성하고 실습해 보자. 실행 결과를 확인하고
오류 제어 연산자를 제거(17행, 20행)하고 다시 실행한 후 전·후를 비교해 보자.

■ err_control_opr.php

```
1  <!DOCTYPE html>
2  <html>
3  <head>
4   <meta charset="UTF-8">
5   <title>코딩 폼</title>
6  </head>
7  <body>
8   <b>코딩 폼</b></p>
9
10 <?php
11 // err_control_opr.php
12 // 오류 제어 연산자(error_control_operator)
13
14 $file_name = "input.dat";
15
16 // 파일 열기
17 $fp = @fopen($file_name, "r");
18
19 // 파일 닫기
20 @fclose($fp);
21 ?>
22
23 </body>
24 </html>
```

2.6.9 연산자 우선순위

PHP에서 제공되는 다양한 연산자들 사이에는 다음과 같이 실행되는 우선순위가 있다. 연산식의 실행은 우선순위가 가장 높은 연산자부터 낮은 연산자 순으로 실행되며 우선순위가 동등한 연산자는 왼쪽에서 오른쪽으로 정의된 순으로 실행된다.

순위	연산자	설명
높음	++, --	증감
	-, (integer), (float), (string), (bool), (array), (object), @	음수, 형 변환, 오류제어
	!	논리
	*, /, %	산술
	+, -, .	산술, 문자열
	>, <, >=, <=, <>	관계
	==, !=, ===, !==	관계
	&&	논리
	||	논리
	? :	조건
	=, +=, -=, *=, /=, .=, %=	복합대입
	and	논리
	xor	논리
낮음	or	논리

하나의 연산식에 여러 종류의 연산자들을 함께 사용할 경우에도 이 규칙을 암기하고 사용하지는 않는다. 일반적으로 복잡한 연산식에서 우선순위를 명확하게 표현하거나 연산의 우선순위를 임의로 변경하기 위하여 괄호('()')를 사용한다.

예를 들어 다음 조건식들을 비교해 보자. 관계 연산자가 논리 연산자 보다 우선순위가 높기 때문에 3가지 모두 맞는 조건식이다.

그러나 이들 중에서 가독성이 가장 높은 표현은 마지막 조건식이다. 괄호를 사용하여 연산 과정을 명확하게 표현함으로써 누구든지 쉽게 읽을 수 있고 이해할 수 있다. 또한 예기치 못한 오류를 감소시킬 수 있다.

예 점수(0점 ~ 100점)에 대한 관계 연산자와 논리 연산자를 사용한 조건식

```
($jumsu>=0&&$jumsu<=100)
($jumsu >= 0 && $jumsu <= 100)
( ($jumsu >= 0) && ($jumsu <= 100) )
```

2.7 알고리즘

알고리즘(algorithm)은 주어진 문제를 해결하기 위한 논리적 절차나 방법을 정형화한 형태로 표현한 것을 뜻하며 하나의 복잡한 문제를 해결하기 위한 일련의 단계적 절차를 논리적으로 기술한 명세서이다.

알고리즘의 표현은 수학식(mathematical expression), 자연언어(natural language), 의사코드(pseudo code), 그래픽 도구를 이용한 도형(diagram) 표현 등 다양한 방법들이 사용되고 있다. 이들 중 누구나 쉽게 이해할 수 있고 의사소통이 가능한 도형 표현 기법을 가장 많이 사용하고 있다.

우리의 일상생활 주변에서 쉽게 찾아볼 수 있는 대표적인 도형 표현의 예는 순서도를 비롯하여 악보, 지도, 교통표지, 각종 설계도 등이 있다.

2.7.1 순서도

전통적으로 다양한 분야에서 널리 사용되고 있는 순서도(flow chart)는 약속된 도형 기호를 사용하여 문제 해결을 위한 단계적 절차를 순서대로 표현한 흐름도이다.

그러나 빈번한 'go to' 사용에 의한 분기는 논리적 사고를 복잡하고 어렵게 하는 단점이 있다.

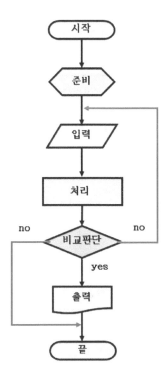

2.7.2 나시-슈나이더만 차트

나시-슈나이더만 차트(NS chart : Nassi-Schneiderman chart)는 순서도의 'go to' 문제를 제거하고 문제 해결을 위한 단계적 절차를 단순하고 명료하게 표현할 수 있다. 주로 프로그램의 상세 설계 도구로 사용된다.

NS 차트는 순차(sequence), 선택(selection), 반복(iteration) 구조의 3가지 기본 구조만을 사용하여 알고리즘을 표현할 수 있는 장점을 갖는다.

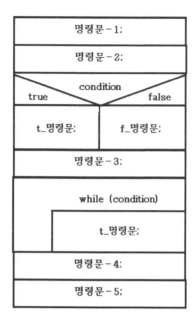

NS 차트의 기본 제어 구조는 다음과 같다.

■ 순차 구조

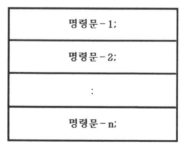

■ 선택 구조

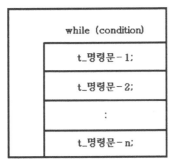
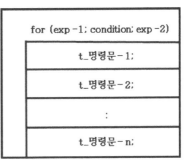

■ 반복 구조

1. 다음 용어에 대한 개념을 간단히 정의하시오.

   ① 변수(variable)

   ② 상수(constant)

   ③ 슈퍼 전역변수(super gobal variable)

2. PHP 프로그램의 시작과 끝 태그의 유형과 사용법에 대해 설명하시오.

3. PHP 주석문의 유형과 사용법에 대해 설명하시오.

4. 사용자가 정의하는 PHP 변수이름 규칙에 대해 설명하시오.

5. 대입 연산자를 사용하여 다음 2개의 변수 값을 안전하게 교환하시오.

변경 전	변경 후
$su1 = 10; $su2 = 20;	$su1 = 20; $su2 = 10;

6. 다음은 변수, 상수, 연산자 사용에 대한 PHP 프로그램의 일부분이다. 출력되는 결과를 답 하시오.

```
1   <?PHP
2   // ex_var_con_op.php
3   // 변수-상수-연산자
4
5   // 변수와상수 정의
6   define("JUMSU", 95);
7   $no1 = 3;
8   $no2 = 9;
9   $str1 = "korea";
10  $str2 = "university";
11
12  // 연산
13  $no1 += 7;
14  $no3 = ++$no2 + 5;
15  $str = $str1.$str2;
16
17  // 결과 출력
18  echo $no1++."<Br>";
19  echo $no3."</p>";
20
21  echo $no1."</p>";
22
23  echo (JUMSU % 3)."</p>";
24
25  echo "\$str = $str<Br>";
26  echo $str1.'{$no1}';
27  ?>
```

7. 하루 일정 계획을 NS 차트의 순차, 선택, 반복 구조를 사용하여 작성해 보시오.

CHAPTER 3

선택문

3.1 선택문 개요

PHP 선택문은 조건식의 결과에 따라서 프로그램의 실행 흐름을 선택적으로 다르게 제어할 수 있는 명령문으로 if 문과 switch 문이 있다.

- if 문
- if-else 문
- if-elseif-else 문
- switch 문

if 문은 1개 이상의 다양한 조건식을 사용할 수 있으며 조건식의 결과에 따라 '참' 또는 '거짓'의 2가지 경우로 분기하여 해당 코드블럭을 실행할 경우에 적합하다.

switch 문은 1개의 조건식을 사용하며 조건식의 결과 값(case)에 따라 여러 갈래로 분기하여 해당 코드블럭을 실행할 경우에 적합하다.

그리고 하나의 선택문 안에 또 다른 선택문을 내포하는 중첩 선택문(nested selection)을 사용할 수 있다.

3.2 if 문

가장 간단한 if 문의 형태로 조건식의 결과가 '참'일 경우는 '참'에 해당하는 코드블럭을 실행하고 '거짓'일 경우는 아무것도 실행하지 않고 if 문을 종료한 후 다음 명령문을 실행한다.

선택 실행되는 코드블럭이 하나의 명령문일 경우는 중괄호('{ }')를 생략할 수 있지만 명확한 괄호 표기를 권장한다.

if 문의 알고리즘과 코딩 형식은 다음과 같다.

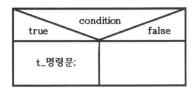

```
if (condition) {
    t_명령문-1;
    t_명령문-2;
         :
}
```

예제 3-1

if 문을 사용하여 점수가 60점 미만일 경우 "불합격"으로 판정하는 다음 프로그램을 작성하고
실습해 보자. 그리고 점수를 다른 값으로 변경하고 실행한 후 결과를 비교해 보자.

■ if.php

```
1   <!DOCTYPE html>
2   <html>
3   <head>
4    <meta charset="UTF-8">
5    <title>if 문</title>
6   </head>
7   <body>
8    <b>if 문</b></p>
9
10  <?PHP
11  // if.php
12  //  점수 - 합격 불합격 판정
13
14  // 변수 정의
15  $score = 59;
16  $msg = "합격";
```

```
17
18  // 불합격 판정
19  if ($score < 60) {
20      $msg = "불합격";
21  }
22
23  // 결과 출력
24  echo "$score = $msg";
25  ?>
26
27  </body>
28  </html>
```

3.3 if-else 문

가장 전형적인 if 문의 형태로 조건식의 결과가 '참'일 경우는 '참'에 해당하는 코드블럭을 만일 조건식의 결과가 '거짓'일 경우에는 '거짓'에 해당하는 코드블럭을 실행한 후 if 문을 종료하고 다음 명령문을 실행한다.

if-else 문의 알고리즘과 코딩 형식은 다음과 같다.

condition	
true	false
t_명령문 - 1;	f_명령문 - 1;
:	:
t_명령문 - n;	f_명령문 - n;

```
if (condition) {
   t_명령문-1;
   t_명령문-2;
        :
} else {
   f_명령문-1;
   f_명령문-2;
        :
}
```

예제 3-2

if-else 문을 사용하여 임의의 정수가 홀수인지 짝수인지를 판별하는 다음 프로그램을 작성하고 실습해 보자. 그리고 수를 다른 값으로 변경하고 실행한 후 결과를 비교해 보자.

▪ if_else.php

```
1    <!DOCTYPE html>
2    <html>
3    <head>
4     <meta charset="UTF-8">
5     <title>if_else 문</title>
6    </head>
7    <body>
8     <b>if_else 문</b></p>
9
10   <?PHP
11   // if_else.php
12   // 임의의 정수 - 홀수 짝수 판별
13
14   // 변수 정의
15   $su = 55;
16
17   // 홀수 짝수 판별
18   if (($su % 2) == 0) {
19       $msg = "짝수";
20   } else {
```

```
21      $msg = "홀수";
22   }
23
24   // 결과 출력
25   echo "$su = $msg";
26   ?>
27
28   </body>
29   </html>
```

3.4 if-elseif-else 문

1개 이상의 다양한 조건식을 사용하여 비교 판단할 수 있는 다중 if 문의 형태이다. 첫 번째 조건식부터 차례로 비교해 나아가면서 조건식의 결과에 따라 분기하여 해당 코드블럭을 실행한 후 if 문을 종료하고 다음 명령문을 실행한다. 마지막 else 문은 앞의 모든 조건을 만족하지 않는 경우이다.

if-elseif-else 문의 알고리즘과 코딩 형식은 다음과 같다.

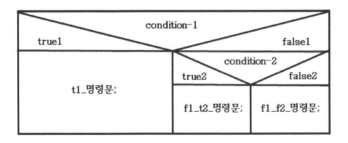

```
if (condition-1) {
   t1_명령문;
} elseif (condition-2) {
       f1_t2_명령문;
    } elseif (condition-3) {
               :
               :
           } else {
               f1_fn_명령문;
}
```

if-elseif-else 문을 사용하여 학생의 점수(0~100)를 5단계(A~F)로 평가하는 다음 프로그램
을 작성하고 실습해 보자. 그리고 점수를 다른 값으로 변경하고 실행한 후 결과를 비교해 보자.

■ if-elseif-else.php

```
1   <!DOCTYPE html>
2   <html>
3   <head>
4    <meta charset="UTF-8">
5    <title>if-elseif-else 문</title>
6   </head>
7   <body>
8    <b>if-elseif-else 문</b></p>
9
10  <?PHP
11  // if-elseif-else.php
12  // 학생 점수(0~100) 5단계(A~F) 평가
13
14  // 변수 정의
15  $jum = 99;
16
17  // 학점 평가
18  if (($jum <= 100) && ($jum >= 90)) {
19      $hakjum = "A";
```

```
20  } elseif (($jum < 90) && ($jum >= 80)) {
21         $hakjum = "B";
22      } elseif (($jum < 80) && ($jum >= 70)) {
23           $hakjum = "C";
24        } elseif (($jum < 70) && ($jum >= 60)) {
25             $hakjum = "D";
26          } elseif (($jum < 60) && ($jum >= 0)) {
27               $hakjum = "F";
28            } else {
29                 exit("점수입력 오류!");
30  }
31
32  // 결과 출력
33  echo "점수(학점) = ".$jum."(".$hakjum.")";
34  ?>
35
36  </body>
37  </html>
```

3.5 switch 문

if 문은 1개 이상의 다양한 조건식을 사용할 수 있지만 switch 문은 1개의 조건식(주로 변수)을 사용하며 조건식의 결과 값(case)에 따라 여러 갈래로 분기하여 해당 코드블럭을 실행한다. 이때 조건식의 결과 값은 정수형, 실수형, 문자열형 데이터 값을 갖는다.

case 문을 실행 도중에 break 또는 switch 문의 마지막을 만나면 switch 문의 실행을 종료하고 다음 명령문을 실행한다. 만일 break 문을 생략하였을 경우에는 다음 명령문을 순차적으로 실행하는 오류를 범하게 된다. 그러므로 각 case 문의 코드블럭 마지막에 break 문을 생략하지 않도록 주의해야 한다.

default 문은 조건식의 결과 값이 case 문에서 정의한 어떤 값과도 일치하지 않을 경우에 실행된다.

switch 문의 알고리즘과 코딩 형식은 다음과 같다.

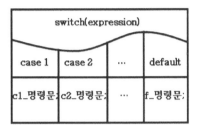

```
switch (expression) {

    case  value-1 :
                c1_명령문;
                break;
    case  value-2 :
                c2_명령문;
                break;
        :
        :
    case  value-n :
                cn_명령문;
                break;
    default :
                f_명령문;
}
```

예제 3-4

대학의 1학년은 "freshman", 2학년은 "sophomore", 3학년은 "junior" 그리고 4학년은 "senior"로 구분한다. switch 문을 사용하여 다음 프로그램을 작성하고 실습해 보자. 그리고 학년을 다른 값으로 변경하고 실행한 후 결과를 비교해 보자.

■ switch.php

```
1   <!DOCTYPE html>
2   <html>
3   <head>
4    <meta charset="UTF-8">
5    <title>switch 문</title>
6   </head>
7   <body>
8    <b>switch 문</b></p>
9
10  <?PHP
11  // switch.php
12  // 대학의 학년에 따른 호칭 구분
13
14  // 변수 정의
15  $year = 2;
16
17  // 학년에 따른 호칭 구분
18  switch ($year) {
19
20      case 1  : $msg = "freshman";
21              break;
22      case 2  : $msg = "sophomore";
23              break;
24      case 3  : $msg = "junior";
25              break;
26      case 4  : $msg = "senior";
27              break;
28      default  : $msg = "없는 학년";
29  }
30
31  // 결과 출력
32  echo "{$year}학년은 {$msg}입니다.";
33  ?>
34
35  </body>
36  </html>
```

3.6 중첩 선택문

하나의 선택문 안에 또 다른 선택문을 내포하는 중첩 선택문(nested selection)을 사용할 수 있다. 선택문을 중첩하여 사용할 경우의 실행제어 구조는 다음 그림과 같이 반드시 서로 포함 관계가 되어야 한다. 실행제어 구조가 겹치는 경우에는 오류가 발생한다.

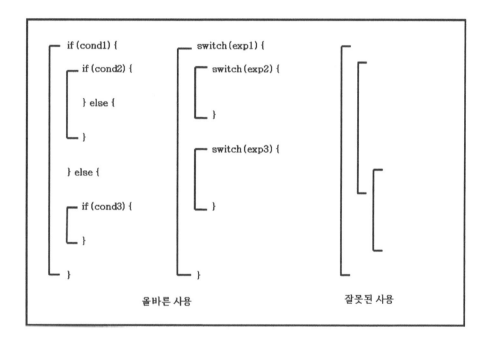

중첩 선택문을 코딩할 경우에는 특히 실행 흐름 제어에 유의하여 포함 관계를 명확하게 표현하기 위해 중괄호('{ }'), '줄 바꿈', '들여쓰기'를 활용하기 바란다. 그렇게 함으로써 오류 발생을 감소시키고 가독성을 높일 수 있다.

3.6.1 중첩 if 문

하나의 if 문 안에 또 다른 if 문을 내포하는 중첩 if 문(nested if)을 사용할 수 있다. if 문을 중첩하여 사용할 경우의 실행 흐름 제어는 다음과 같다.

① 먼저 외부 조건식(cond1)을 비교하여 결과('참' 또는 '거짓')에 따라 해당 코드블럭으로 선택 분기한다.

② 해당 코드블럭에서 또 다시 if 문을 만나면 내부 조건식(cond2 또는 cond3)을 비교하여 결과에 따라 해당 코드블럭으로 선택 분기한다.

③ 해당 코드블럭의 명령문을 실행한 후 중첩 if 문을 종료하고 다음 명령문을 실행한다.

중첩 if 문 사용에 대한 알고리즘과 코딩 형식은 다음과 같다.

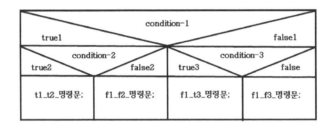

```
if (condition-1) {

    if (condition-2) {
        t1_t2_명령문;
    } else {
        f1_f2_명령문;
    }

} else {

    if (condition-2) {
        f1_t3_명령문;
    } else {
        f1_f3_명령문;
    }

}
```

예제 3-5

중첩 if 문을 사용하여 사용자 로그인 인증하는 다음 프로그램을 작성하고 실습해 보자. 그리고
아이디와 비밀번호를 다른 값으로 변경하고 실행한 후 결과를 비교해 보자.

아이디가 "angel"인 경우 비밀번호를 확인하여 비밀번호가 "1004"이면 "로그인 성공!"을 아
니면 "비밀번호 오류!!" 메시지를 출력한다. 만일 아이디가 "angel"이 아닌 경우는 "회원 가입
후 방문!!" 메시지를 출력한다.

■ nested_if_login.php

```
1   <!DOCTYPE html>
2   <html>
3   <head>
4    <meta charset="UTF-8">
5    <title>nested_if 문</title>
6   </head>
7   <body>
8    <b>nested_if 문</b></p>
9
10  <?PHP
11  // nested_if_login.php
12  // 로그인 인증
13
14  // 변수 정의
15  $cust_id = "angel";
16  $cust_pw = "1004";
17
18  // 로그인 체크
19  if ($cust_id === "angel") {
20
21      if ($cust_pw === "1004") {
22          $msg = "홈 페이지 방문을 환영합니다!!";
23      } else {
24          $msg = "비밀번호 오류입니다!";
25      }
26
27  } else {
28
```

```
29    $msg = "회원가입후 방문하여 주시기 바랍니다!";
30  }
31
32  // 결과 출력
33  echo $msg;
34  ?>
35
36  </body>
37  </html>
```

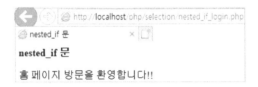

3.6.2 중첩 switch 문

중첩 if 문과 마찬가지로 하나의 switch 문안에 또 다른 switch 문을 내포하는 중첩 switch 문(nested switch)을 사용할 수 있다. switch 문을 중첩하여 사용할 경우의 실행 흐름 제어는 다음과 같다.

① 먼저 외부 조건식(exp1)의 결과 값(case)에 따라 해당 case로 분기한다.

② 내부 조건식(exp2 또는 exp3)의 결과 값(case)에 따라 해당 case로 분기한다.

③ 해당 코드블럭의 명령문을 실행한 후 중첩 switch 문을 종료하고 다음 명령문을 실행한다.

예제 3-6

중첩 switch 문을 사용하여 바둑돌의 색깔과 상태를 확인하는 다음 프로그램을 작성하고 실습해 보자. 그리고 바둑돌의 색깔과 상태를 다른 값으로 변경하고 실행한 후 결과를 비교해 보자.

■ nested_switch_badook.php

```php
1   <!DOCTYPE html>
2   <html>
3   <head>
4    <meta charset="UTF-8">
5    <title>nested_switch 문</title>
6   </head>
7   <body>
8    <b>nested_switch 문</b></p>
9
10  <?PHP
11  // nested_switch_badook.php
12  // 바둑돌의 색깔과 상태 확인
13
14  // 변수 정의
15  $color = "black";
16  $status = "good";
17
18  // 바둑돌의 색깔과 상태 확인
19  switch ( $color ) {
20
21     case "black" :
22
23         switch ( $status ) {
24
25            case "good" :
26                      $msg = "black & good";
27                      break;
28            default : // case "bad" :
29                      $msg = "black & bad";
30         }
31         break;
```

```
32
33    default : // case "white"
34
35        switch ( $status ) {
36
37            case "good" :
38                        $msg = "white & good";
39                        break;
40            default : // case "bad" :
41                        $msg = "white & bad";
42        }
43
44 }
45
46 // 결과 출력
47 echo "바둑돌 색깔과 상태 = $msg";
48 ?>
49
50 </body>
51 </html>
```

연습문제

1. if-else 문을 사용하여 서로 다른 2개의 정수 중 큰 수를 찾는 프로그램을 작성하시오.

2. if-else 문을 사용하여 1월부터 12월을 홀수 달과 짝수 달로 구분하는 프로그램을 작성하시오.

3. if-else 문을 사용하여 만일 아이디가 'angel' 이고 비밀번호가 '1004' 이면 '아이디와 비밀번호가 맞습니다!'를 아니면 '아이디 또는 비밀번호가 맞지 않습니다!!'를 출력하는 프로그램을 작성하시오.

4. if-elseif-else 문을 사용하여 학생의 국어, 영어, 수학 3과목 점수를 각각 5단계(A~F)로 평가하고 총점과 평균을 구하는 프로그램을 작성하시오.

5. 대학의 1학년 "freshman", 2학년 "sophomore", 3학년 "junior" 그리고 4학년은 "senior"로 구분한다. if-elseif-else 문을 사용하여 프로그램을 작성하오. 그리고 [예제 3-4]의 결과와 비교해 보자.

6.　다음을 참고하여 전기 사용량에 따른 전기요금을 계산하는 프로그램을 작성하시오. 단, 기본요금은 2000원이며 이번 달 사용량과 지난 달 사용량은 임의로 정의하시오. 그리고 이번 달 사용량, 지난 달 사용량, 사용량, 단가, 사용금액, 세율, 세금, 납입금을 출력한다.

사용량 = 이번 달 사용량 − 지난 달 사용량
사용금액 = 사용량 × 단가
세금 = 사용금액 × 세율
납입금 = 기본요금 + 사용금액 + 세금

사용량(KW)	단가(원/KW)	세율
0~50 KW	70원	0%
51~100KW	80원	3%
101~150KW	90원	5%
151KW 이상	100원	7%

7.　중첩 if 문을 사용하여 서로 다른 3개의 정수 중 가장 큰 수를 찾는 프로그램을 작성하시오.

8.　중첩 if 문을 사용하여 바둑돌의 색깔과 상태를 확인하는 프로그램을 작성하시오. 그리고 [예제 3–6]의 결과와 비교해 보자.

CHAPTER 4

반복문

4.1 반복문 개요

PHP 반복문은 조건식의 조건을 만족하는 동안 특정 코드블럭을 반복 실행하는 명령문으로 while 문, for 문, do-while 문 그리고 foreach 문이 있다.

- while 문
- for 문
- do-while 문
- foreach 문

while 문과 do-while 문은 반복 실행되는 코드블럭에 대한 반복 횟수가 정해져 있지 않거나 예측할 수 없을 경우에 적합한 반복문이다. 특히 do-while 문은 조건식에 관계없이 반복되는 코드블럭을 적어도 1번은 실행할 경우에 유용하게 사용할 수 있다.

for 문은 반복 횟수가 정해져 있거나 예측할 수 있을 경우에 적합한 반복문이다.

foreach 문은 배열의 각 원소마다 특정 코드블럭을 반복적으로 처리할 경우에 사용한다.

특히 반복 실행되는 코드블럭 내에서 조건식에 영향을 주는 명령문을 사용할 경우에 무한루프(infinite loop : 종료없이 계속 실행되는 끝없는 반복)에 빠지는 오류를 범하지 않도록 주의해야 한다.

또한 반복문은 선택문과 마찬가지로 하나의 반복문 안에 또 다른 반복문을 내포하는 중첩 반복문(nested loop)을 사용할 수 있다.

4.2 while 문

while 문은 반복 처리에 대한 조건식을 먼저 확인한 후 조건식을 만족하는 동안 특정 코드블럭을 반복 실행하고 조건식을 만족하지 않으면 반복 처리를 종료하고 다음 명령문을 실행한다. 이때 반복 처리하는 코드블록에는 조건식을 변화시키는 증·감 연산을 포함한다.

while 문의 알고리즘과 코딩 형식은 다음과 같다.

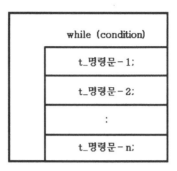

```
while (condition) {

    t_명령문-1;
    t_명령문-2;
        :
    t_명령문-n;

}
```

예제 4-1

while 문의 실행 과정을 이해하기 위한 다음 프로그램을 작성하고 실습해 보자. 실행 결과를 살펴보고 while 문의 사용법을 이해하자.

▪ loop_count_while.php

```
1   <!DOCTYPE html>
2   <html>
3   <head>
4    <meta charset="UTF-8">
5    <title>while 문</title>
6   </head>
7   <body>
8    <b>while 문</b></p>
9
10  <?PHP
```

```
11  // loop_count_while.php
12  // 반복 횟수 카운트(while 반복문)
13
14  // 변수 정의
15  $count = 0;
16  $su = 0;
17
18  // while 반복문 실행
19  while ($su <= 5) {
20
21      $count = $count + 1;
22      $su++;              // $su = $su + 1
23
24  }
25
26  // 결과 출력
27  echo "\$su = $su \$count = $count";
28  ?>
29
30  </body>
31  </html>
```

예제 4-2

while 문을 사용하여 1부터 10까지 짝수의 합을 구하는 다음 프로그램을 작성하고 실습해 보자.

▪ while.php

```
1   <!DOCTYPE html>
2   <html>
3   <head>
4     <meta charset="UTF-8">
```

```
5    <title>while 문</title>
6    </head>
7    <body>
8     <b>while 문</b></p>
9
10   <?PHP
11   // while.php
12   // 1부터 10까지 짝수의 합
13
14   // 변수 정의
15   $sum = 0;
16   $su = 1;
17
18   // 1부터 10까지 짝수의 합 계산
19   while ($su <= 10) {
20
21      if (($su % 2) == 0) {
22          $sum = $sum + $su;
23      }
24      $su++;              // $su = $su + 1
25
26   }
27
28   // 결과 출력
29   echo "\$su = $su<Br>";
30   echo "1부터 10까지 짝수 합은 {$sum}입니다.";
31   ?>
32
33   </body>
34   </html>
```

while 문

$su = 11
1부터 10까지 짝수 합은 30입니다.

4.3 for 문

for 문은 while 문과 함께 가장 많이 사용하는 반복문이다. 먼저 초기식(exp-1)을 1회 실행한 후 조건식(condition)을 확인하여 조건식이 참인 경우 반복 처리 코드블록을 실행한다. 그리고 증감식(exp-2)을 실행한 후 다시 조건식을 검사한다. 이때 조건식이 참인 경우 반복적인 처리를 계속하고 거짓이면 반복 처리를 종료하고 다음 명령문을 실행한다(exp-1 → condition 참 → t_코드블럭 → exp-2 → condition 참 → t_코드블럭 → exp-2 → ...... → condition 거짓 종료).

for 문의 알고리즘과 코딩 형식은 다음과 같다.

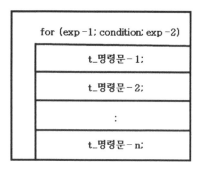

```
for (expression-1; condition; expression-2) {

    t_명령문-1;
    t_명령문-2;
         :
    t_명령문-n;

}
```

예제 4-3

for 문의 실행 과정을 이해하기 위한 다음 프로그램을 작성하고 실습해 보자. 실행 결과를 살펴보고 for 문의 사용법을 이해하자.

■ loop_count_for.php

```php
1   <!DOCTYPE html>
2   <html>
3   <head>
4    <meta charset="UTF-8">
5    <title>for 문</title>
6   </head>
7   <body>
8    <b>for 문</b></p>
9
10  <?PHP
11  // loop_count_for.php
12  // 반복 횟수 카운트(for 반복문)
13
14  // 변수 정의
15  $count = 0;
16
17  // for 반복문 실행
18  for ($su = 1; $su <= 5; $su = $su + 2) {
19
20      $count = $count + 1;
21
22  }
23
24  // 결과 출력
25  echo "\$su = $su \$count = $count";
26  ?>
27
28  </body>
29  </html>
```

예제 4-4

for 문을 사용하여 1부터 10까지 홀수의 합을 구하는 다음 프로그램을 작성하고 실습해 보자.

■ for.php

```
1  <!DOCTYPE html>
2  <html>
3  <head>
4   <meta charset="UTF-8">
5   <title>for 문</title>
6  </head>
7  <body>
8   <b>for 문</b></p>
9
10 <?PHP
11 // for.php
12 // 1부터 10까지 홀수의 합
13
14 // 변수 정의
15 $sum = 0;
16
17 // 1부터 10까지 홀수의 합 계산
18 for ($su = 1; $su <= 10; $su = $su + 2)  {
19
20    $sum = $sum + $su;
21
22 }
23
24 // 결과 출력
25 echo "\$su = $su<Br>";
26 echo "1부터 10까지 홀수 합은 {$sum}입니다.";
27 ?>
28
29 </body>
30 </html>
```

4.4 do-while 문

do-while 문은 먼저 반복 처리하는 코드블록을 1회 실행한 후 조건식을 확인하여 참인 경우 반복적인 처리를 계속하고 거짓이면 반복 처리를 종료하고 다음 명령문을 실행한다.

반복 처리하는 코드블록을 최소 1회 실행할 경우 유용하게 사용하며 while 문과 같이 반복 처리하는 코드블록에는 조건식을 변화시키는 증·감 연산을 포함한다.

do-while 문의 알고리즘과 코딩 형식은 다음과 같다.

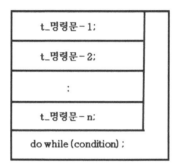

```
do {

    t_명령문-1;
    t_명령문-2;
         :
    t_명령문-n;

} while (condition) ;
```

예제 4-5

do-while 문의 실행 과정을 이해하기 위한 다음 프로그램을 작성하고 실습해 보자. 실행 결과를 살펴보고 do-while 문의 사용법을 이해하자.

▪ loop_count_dowhile.php

```
1  <!DOCTYPE html>
2  <html>
3  <head>
4   <meta charset="UTF-8">
5   <title>do while 문</title>
6  </head>
7  <body>
8   <b>do while 문</b></p>
9
10 <?PHP
11 // loop_count_dowhile.php
12 // 반복 횟수 카운트(do while 반복문)
13
14 // 변수 정의
15 $count = 0;
16 $su = 1;
17
18 // do while 반복문 실행
19 do {
20
21    $count = $count + 1;
22    $su++;            // $su = $su + 1
23
24 } while ($su <= 5);
25
26 // 결과 출력
27 echo "\$su = $su \$count = $count";
28 ?>
29
30 </body>
31 </html>
```

do while 문

do while 문

$su = 6 $count = 5

예제 4-6

do-while 문을 사용하여 1부터 10까지 정수의 합을 구하는 다음 프로그램을 작성하고 실습해
보자.

■ do_while.php

```
1   <!DOCTYPE html>
2   <html>
3   <head>
4     <meta charset="UTF-8">
5     <title>do-while 문</title>
6   </head>
7   <body>
8     <b>do-while 문</b></p>
9
10  <?PHP
11  // do_while.php
12  // 1부터 10까지 정수의 합
13
14  // 변수 정의
15  $sum = 0;
16  $su = 1;
17
18  // 1부터 10까지 정수의 합 계산
19  do {
20
21      $sum = $sum + $su;
22      $su++;              // $su = $su + 1
23
24  } while ($su <= 10);
25
26  // 결과 출력
```

```
27  echo "\$su = $su<Br>";
28  echo "1부터 10까지 정수 합은 {$sum}입니다.";
29  ?>
30
31  </body>
32  </html>
```

do-while 문

$su = 11
1부터 10까지 정수 합은 55입니다.

4.5 foreach 문

foreach 문은 배열의 각 원소마다 특정 코드블럭을 반복적으로 처리할 경우에 사용하는 반복문으로 배열의 첫 번째 원소부터 차례로 반복을 실행한다. 더 이상 배열 원소가 없으면 반복 처리를 종료하고 다음 명령문을 실행한다.

인덱스 배열에 대한 반복 처리뿐만 아니라 특히 문자열 키(key)를 갖는 연관 배열에 대한 반복 처리에 유용한 반복문이다.

이 절에서는 간단히 개념만 소개하고 자세한 활용 방법은 5장 배열에서 다루도록 하겠다.

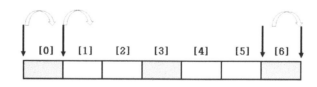

foreach 문의 코딩 형식은 다음과 같다.

```
foreach(array_expression as $value) {

    t_명령문-1;
    t_명령문-2;
         :
    t_명령문-n;

}
```

```
foreach(array_expression as $key => $value) {

    t_명령문-1;
    t_명령문-2;
         :
    t_명령문-n;

}
```

4.6 중첩 반복문

하나의 반복문 안에 또 다른 반복문을 내포하는 중첩 반복문(nested loop)을 사용할 수 있다. 반복문을 중첩하여 사용할 경우의 실행제어 구조는 다음 그림과 같이 반드시 서로 포함 관계가 되어야 한다. 실행제어 구조가 겹치는 경우에는 오류가 발생한다.

중첩 반복문을 코딩할 경우에는 특히 실행 흐름 제어에 유의하여 포함 관계를 명확하게 표현하기 위해 중괄호('{ }'), '줄 바꿈', '들여쓰기'를 활용하기 바란다. 그렇게 함으로써 오류 발생을 감소시키고 가독성을 높일 수 있다.

① 먼저 외부 조건식(cond1)을 만족하는 동안 외부 코드블럭을 반복 실행한다. 만일 조건식(cond1)을 만족하지 않게 되면 반복문 실행을 종료하고 다음 명령문을 실행한다.

② 외부 코드블럭 실행 도중 내부 반복문을 만나면 내부 반복문의 조건식(cond2 또는 cond3)을 만족하는 동안 내부 코드블럭을 반복 실행한다. 만일 내부 조건식을 만족하지 않게 되면 내부 반복문을 벗어나 외부 코드블럭을 실행한다.

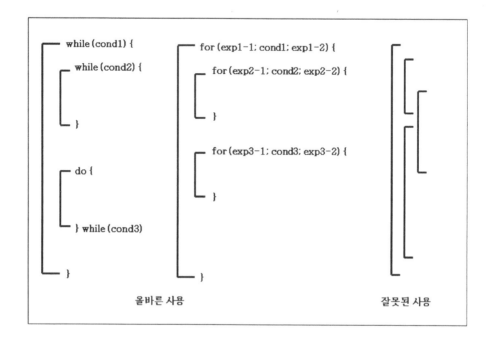

4.6.1 중첩 while 문

중첩 while 문 사용에 대한 알고리즘과 코딩 형식은 다음과 같다.

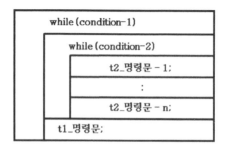

```
// 외부 while loop
while (condition-1) {
    t1_명령문-1;
    t1_명령문-2;
        :

// 내부 while loop
    while (condition-2) {
        t2_명령문-1;
        t2_명령문-2
            :
    }


    :
    t1_명령문-5;
    t1_명령문-6;
        :
}
```

예제 4-7

중첩 while 문의 실행 과정을 이해하기 위한 다음 프로그램을 작성하고 실습해 보자. 실행 결과를 살펴보고 중첩 반복문의 사용법을 이해하자.

- nested_while_count.php

```
1   <!DOCTYPE html>
2   <html>
3   <head>
4    <meta charset="UTF-8">
5    <title>중첩 while 문</title>
6   </head>
7   <body>
8    <b>중첩 while 문</b></p>
9
10  <?php
11  // nested_while_count.php
```

```
12  // 중첩 while 문 - 실행제어 흐름과 반복 횟수
13
14  // 변수 정의
15  $count = 0;
16  $out = 1;
17
18  // 실행제어 흐름과 반복 횟수 카운트
19  while ($out <= 2) {
20
21      $in = 1;
22      while ($in <= 3) {
23
24          $count = $count + 1;
25          echo "\$out = $out \$in = $in \$count = $count<Br>";
26          $in++;
27
28      }
29      $out++;
30      echo "</p>";
31
32  }
33
34  // 실행결과 출력
35  echo "\$out = $out \$in = $in \$count = $count";
36  ?>
37
38  </body>
39  </html>
```

4.6.2 중첩 for 문

중첩 for 문 사용에 대한 알고리즘과 코딩 형식은 다음과 같다.

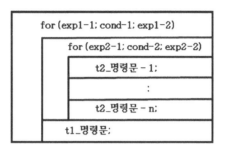

```
// 외부 for loop
for (exp1-1; cond-1; exp1-2) {
    t1_명령문-1;
    t1_명령문-2;
        :

// 내부 for loop
    for (exp2-1; cond-2; exp2-2) {
        t2_명령문-1;
        t2_명령문-2;
            :
    }


        :
    t1_명령문-5;
    t1_명령문-6;
        :
}
```

예제 4-8

중첩 for 문의 실행 과정을 이해하기 위한 다음 프로그램을 작성하고 실습해 보자. 실행 결과를 살펴보고 중첩 반복문의 사용법을 이해하자.

■ nested_for_count.php

```php
1    <!DOCTYPE html>
2    <html>
3    <head>
4      <meta charset="UTF-8">
5      <title>중첩 for 문</title>
6    </head>
7    <body>
8      <b>중첩 for 문</b></p>
9
10   <?php
11   // nested_for_count.php
12   // 중첩 for 문 - 실행제어 흐름과 반복 횟수
13
14   // 변수 정의
15   $count = 0;
16
17   // 실행제어 흐름과 반복 횟수 카운트
18   for ($out = 1; $out <= 2; $out++) {
19
20       for ($in = 1; $in <= 3; $in++) {
21
22           $count = $count + 1;
23           echo "\$out = $out \$in = $in \$count = $count<Br>";
24
25       }
26       echo "</p>";
27
28   }
29
30   // 실행결과 출력
31   echo "\$out = $out \$in = $in \$count = $count";
32   ?>
33
34   </body>
35   </html>
```

 printf() 함수

```
integer printf ( string $format [, mixed $variable [, ... ]] )
```

printf() 함수는 C언어에서의 printf()와 사용법이 동일하다. 매개변수의 값들을 출력형식($format)에 따라 차례로 변환하여 형식화된 문자열을 출력하고 문자열의 길이를 리턴한다.

❖ 출력형식($format) 정의

```
%['padding_specifier]    [alignment_specifier]    [width]    [.precision]
specifier_type
```

- 채움 문자(padding_spec) : 작은따옴표('') 뒤에 원하는 채움 문자 지정(기본은 공백)
- 정렬 문자(alignment_spec) : 오른쪽 정렬(기본), 왼쪽 정렬할 경우 '-'를 사용
- 편집 자릿수(width)
- 소수점 이하 자릿수(precision) : 실수 경우
- 형식문자(spec_type) : 정수(d), 실수(f), 문자열(s) 등 사용

예제 4-9

for 반복문과 while 반복문을 중첩 사용하여 구구단 표를 출력하는 다음 프로그램을 작성하고
실습해 보자.
보기 좋은 형태로 편집하여 출력하기 위해 printf() 함수와 HTML 〈pre〉 태그를 사용하였다.

■ nested_gugudan.php

```
1   <!DOCTYPE html>
2   <html>
3   <head>
4     <meta charset="UTF-8">
5     <title>구구단 표(중첩 for_while 문)</title>
6   </head>
7   <body>
8     <b>구구단 표</b></p>
9
10  <?PHP
11  // nested_gugudan.php
12  // 구구단 표 출력(중첩 for_while 문)
13
14  echo "<pre>";
15
16  for ($jul = 1; $jul <= 9; $jul++) {
17
18      $kan = 2;
19
20      while ($kan <= 9) {
21
22          $gop = $kan * $jul;
23          printf("%3d * %d = %2d", $kan, $jul, $gop);
24          $kan = $kan + 1;
25
26      }
27      echo "<Br>";
28
29  }
30
```

```
31  echo "</pre>";
32  ?>
33
34  </body>
35  </html>
```

구구단 표

4.7 break, continue 문

실행 제어문에 break와 continue 문이 있다.

break 문은 현재 실행중인 선택문 또는 반복문의 실행을 중단하고 제어 구조를 벗어난 후 다음 명령문을 실행한다.

continue 문은 현재 실행 중인 반복 부분만 중단하고 반복을 계속한다. 즉 현재 실행 중인 반복 처리의 다음 명령문들의 실행을 생략하고 반복문 처음으로 되돌아간다.

```
break ;

continue ;
```

예제 4-10

1부터 100까지 홀수의 합을 구하는 도중 홀수의 합이 25보다 크거나 같으면 프로그램 실행을 중단한다. break 문과 continue 문을 사용하여 다음 프로그램을 작성하고 실습해 보자.

■ break_continue.php

```
1   <!DOCTYPE html>
2   <html>
3   <head>
4     <meta charset="UTF-8">
5     <title>break_continue 문</title>
6   </head>
7   <body>
8     <b>break_continue 문</b></p>
9
10  <?PHP
11  // break_continue.php
12  // 1부터 100까지 홀수의 합 계산
13  // 홀수의 합 >= 25 프로그램 실행 중단
14
15  // 변수 정의
16  $sum = 0;
17
18  // 홀수 합 계산
19  for ($su = 1; $su <= 100; $su++) {
20
21      if (($su % 2) == 0) {
22          continue;
23      } else {
24          $sum += $su;     // $sum = $sum + $su
25          echo "\$su = $su \$sum = $sum<Br>";
26      }
27
28      if ($sum >= 25) {
29          break;
30      }
31
```

```
32  }
33
34  // 결과 출력
35  echo "1부터 {$su}까지 홀수 합은 {$sum}입니다.";
36  ?>
37
38  </body>
39  </html>
```

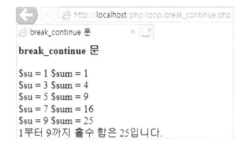

연습문제

1. 다음의 반복문을 사용하여 1부터 10까지 정수의 홀수 합, 짝수 합 그리고 전체의 합을 동시에 구하는 프로그램을 작성하시오.

    ① while 문

    ② do-while 문

    ③ for 문

2. 중첩 while 문을 사용하여 다음과 같이 출력하는 프로그램을 작성하시오.

```
*
**
***
****
*****
```

3. 중첩 for 문을 사용하여 다음과 같이 출력하는 프로그램을 작성하시오.

```
1234
123
12
1
```

4. 다음의 중첩 반복문을 사용하여 [예제 4-9]의 구구단 표를 출력하는 프로그램을 작성하시오.

    ① 중첩 while 문

    ② 중첩 for 문

    ③ 중첩 do-while 문

CHAPTER 5

배열

5.1 배열 개요

변수가 많아지게 되면 변수 이름을 부여하는 수고와 함께 이들을 기억하고 사용하는데 어려움이 증가된다. 그러나 의미적으로 유사성을 갖는 변수들을 하나로 묶어 배열(array)을 정의하면 이러한 노력과 번거로움을 줄이면서 편리하게 사용할 수 있다.

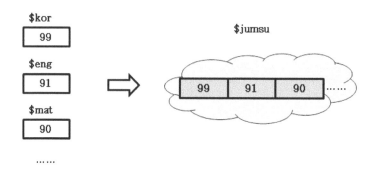

배열은 하나 이상의 값을 저장하는 특수한 형태의 변수로 키(key)와 값(value)의 쌍으로 구성된다. 키는 원소들을 서로 구별하기 위해 정수 또는 문자열을 사용하며 값은 기본 데이터 형을 사용할 수 있다.

PHP에서 사용하는 배열의 유형은 다음과 같다.

- 인덱스 배열(indexed array) - 정수 인덱스
- 연관(연상) 배열(associative array) - 문자열 키
- 다 차원 배열(multidimensional array)

인덱스 배열은 배열의 첫 번째 원소가 0부터 시작하여 1씩 증가하는 정수를 인덱스(index)로 사용하며 연관 배열은 배열 원소에 저장된 값의 의미를 쉽게 연상할 수 있는 문자열을 키(key)로 사용한다.

그리고 다차원 배열은 배열 안에 하나 이상의 배열을 포함(2차원, 3차원 등)하는 경우로 하나 이상의 키를 사용한다.

예 PHP 배열 유형

```
$jumsu[0] = 99;         // 인덱스 배열
$jumsu["php"] = 99;     // 연관 배열
$jumsu[2][3] = 99;      // 다 차원 배열(2차원 배열)
$jumsu[1][2][3] = 99;  // 다 차원 배열(3차원 배열)
```

대부분의 프로그래밍 언어(C, Java 등)에서 배열의 정의는 배열을 사용하기 전에 반드시 배열 이름과 함께 저장할 데이터 형을 명시적으로 먼저 선언해 주어야 한다. 그리고 배열 원소의 값은 지정한 데이터 형의 값만 저장할 수 있다.

그러나 **PHP**는 변수와 마찬가지로 배열을 정의할 때 데이터 형을 명시적으로 선언하지 않는다. 그리고 배열 원소의 값은 기본 데이터 형의 어떤 값이든 관계없다.

예 C, Java 배열 정의와 데이터 저장

```
int   jumsu[3];        // 3개 원소 정수형 배열

jumsu[0] = 99;         // 정상
jumsu[1] = "PHP";      // 오류(데이터 형)
jumsu[5] = 91;         // 오류(인덱스)
```

예 PHP 배열 정의와 데이터 저장

```
$jumsu[0] = 99;        // 정상
$jumsu[1] = "Java";    // 정상
$jumsu[0] = "PHP";     // 사용 가능
$jumsu[5] = 91;        // 사용 가능
```

5.2 1차원 인덱스 배열

1차원 인덱스 배열은 개념적으로 선형 구조를 가지며 각각의 원소는 '$배열이름[index]'로 구분한다. 인덱스는 배열의 첫 번째 원소부터 차례로 0, 1, 2 … 의 정수를 사용하여 원소들을 식별하기 때문에 순서에 의미가 있다.

그러므로 1차원 인덱스 배열의 연산 및 출력을 위한 반복 처리는 for 문을 주로 사용한다.

1차원 인덱스 배열의 정의는 배열 원소기호('[]') 또는 array() 함수를 사용하여 다음과 같이 정의한다.

```
$array_name[index] = value;

$array_name = array ( [[[index1=>] value1] ... [, [[index_n=>] value_n]]] );
```

	[0]	[1]	[2]
$jumsu	99	91	90

예 1차원 점수 인덱스 배열 정의

```
$jumsu[0] = 100;
$jumsu[1] = 91;
$jumsu[2] = 90;

또는

$jumsu = array(100, 91, 90);
```

예제 5-1

3과목 점수(php, java, html)를 1차원 인덱스 배열로 정의하고 출력하는 프로그램을 작성하고 실습해 보자.

■ array1_define_idx.php

```
1  <!DOCTYPE html>
2  <html>
3  <head>
4   <meta charset="UTF-8">
5   <title>1차원 인덱스배열 정의 및 출력</title>
6  </head>
7  <body>
8   <b>1차원 인덱스배열 정의 및 출력</b></p>
9
10 <?PHP
11 // array1_define_idx.php
12 // 1차원 인덱스배열 정의 및 출력
13
14 // 1차원 인덱스배열 정의
15 // 배열 원소 기호 사용 정의
16 $jumsu[0] = 99;
17 $jumsu[1] = 91;
18 $jumsu[2] = 90;
19
20 // array() 함수 사용 정의
21 $jumsu = array(99, 91, 90);
22
23 // 1차원 인덱스배열 출력
24 $cnt = count($jumsu);    // 배열 원소 수
25
26 echo "<pre>";
27 for ($i = 0; $i < $cnt; $i++) {
28     printf("%d=%3d<Br>", $i, $jumsu[$i]);
29 }
30 echo "</pre>";
31 ?>
32
33 </body>
34 </html>
```

 count(), sizeof() 함수

```
integer count ( mixed $array [, integer $mode ] )
```

count() 함수는 매개변수로 전달받은 배열의 원소 갯수를 리턴한다. sizeof() 함수는 count()
함수의 별칭으로 그 기능이 동일하다.

예제 5-2

5개의 임의의 정수를 1차원 인덱스 배열로 정의한 후 원소 중 가장 큰 수를 찾는 프로그램을
작성하고 실습해 보자.

$su	[0]	[1]	[2]	[3]	[4]
	77	91	55	34	83

■ array1_find_max_idx.php

```
1   <!DOCTYPE html>
2   <html>
3   <head>
4    <meta charset="UTF-8">
5    <title>1차원 인덱스배열</title>
6   </head>
7   <body>
8    <b>1차원 인덱스배열 - 큰 수 찾기</b></p>
9
10  <?PHP
11  // array1_find_max_idx.php
```

```php
12  // 1차원 인덱스배열 원소 중 큰 수 찾기
13  // 정렬(sort)
14
15  // 1차원 인덱스배열 정의
16  $su = array(77, 91, 55, 34, 83);
17
18  // 변수 정의
19  $maxsu = 0;                    // 최댓값
20  $cnt = count($su);             // 배열 원소 수
21  $cnt = sizeof($su);            // 배열 원소 수
22
23  // 가장 큰 수 찾기
24  for ($i = 0; $i < $cnt; $i++) {
25
26      if ($maxsu < $su[$i]) {
27          $maxsu = $su[$i];
28      }
29      echo $su[$i]."<Br>";
30
31  }
32  printf("가장 큰 수 = %d", $maxsu);
33  ?>
34
35  </body>
36  </html>
```

1차원 인덱스배열 - 큰 수 찾기

77
91
55
34
83
가장 큰 수 = 91

예제 5-3

3과목 점수(php, java, html)를 1차원 인덱스 배열로 정의하고 각 점수에 대한 5단계(A~F) 평가와 총점 및 평균을 계산한 후 출력하는 프로그램을 작성하고 실습해 보자.

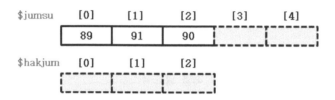

■ array1_sungjuk_idx.php

```
1   <!DOCTYPE html>
2   <html>
3   <head>
4    <meta charset="UTF-8">
5    <title>1차원 인덱스배열</title>
6   </head>
7   <body>
8   <b>1차원 인덱스배열 - 성적 처리</b></p>
9
10  <?PHP
11  // array1_sungjuk_idx.php
12  // 1차원 인덱스배열 성적 처리
13  // 5단계(A~F) 평가, 총점 평균 계산
14
15  // 점수 1차원 인덱스배열 정의 및 배열 초기화
16  $jumsu = array(89, 91, 90);
17  $jumsu[3] = 0;                // 총점
18
19  // 학점 1차원 인덱스배열 생성 및 총점 계산
20  for ($i = 0; $i < 3; $i++) {
21
22      if ($jumsu[$i] >= 90) {
23          $hakjum[$i] = "A";
24      } elseif ($jumsu[$i] >= 80) {
25              $hakjum[$i] = "B";
```

```
26        } elseif ($jumsu[$i] >= 70) {
27              $hakjum[$i] = "C";
28          } elseif ($jumsu[$i] >= 60) {
29                $hakjum[$i] = "D";
30            } else {
31                  $hakjum[$i] = "F";
32      }
33
34      // 총점 계산
35      $jumsu[3] = $jumsu[3] + $jumsu[$i];
36
37  }
38
39  // 평균 계산
40  $jumsu[4] = $jumsu[3] / 3;
41
42  // 성적처리 결과 출력
43  echo "<pre>";
44  for($i = 0; $i < 5; $i++) {
45
46      if ($i < 3) {
47          printf("%5d(%s)", $jumsu[$i], $hakjum[$i]);
48      } elseif ($i == 3) {
49              printf("%8d", $jumsu[$i]);
50          } else {
51                printf("%8.2f", $jumsu[$i]);
52      }
53
54  }
55  echo "</pre>";
56  ?>
57
58  </body>
59  </html>
```

1차원 인덱스배열 - 성적 처리

5.3 1차원 연관 배열

1차원 연관 배열도 개념적으로 선형 구조를 가지며 각각의 원소는 '$배열이름[key]'로 구분한다. 키는 배열 원소 값의 의미를 연상할 수 있는 문자열로 원소들을 식별한다.

그러므로 1차원 연관 배열의 연산 및 출력을 위한 반복 처리는 foreach 문을 주로 사용한다.

1차원 연관 배열의 정의는 배열 원소기호('[]') 또는 array() 함수를 사용하여 다음과 같이 정의한다.

```
$array_name[key] = value;


$array_name = array ( [[[key1=> value1] ... [, [key_n=> value_n]]] );
```

$jumsu 표:

$jumsu	["php"]	["java"]	["html"]
	99	91	90

예 1차원 점수 연관 배열 정의

```
$jumsu["php"] = 100;
$jumsu["java"] = 91;
$jumsu["html"] = 90;

또는

$jumsu = array("php"=>100, "java"=>91, "html"=>90);
```

예제 5-4

3과목 점수(php, java, html)를 1차원 연관 배열로 정의하고 출력하는 프로그램을 작성하고 실습해 보자.

■ array1_define_ass.php

```
1   <!DOCTYPE html>
2   <html>
3   <head>
4     <meta charset="UTF-8">
5     <title>1차원 연관배열 정의 및 출력</title>
6   </head>
7   <body>
8     <b>1차원 연관배열 정의 및 출력</b></p>
9
10  <?PHP
11  // array1_define_ass.php
12  // 1차원 연관배열 정의 및 출력
13
14  // 1차원 연관배열 정의
15  // 배열 원소 기호 사용 정의
16  $jumsu["php"] = 99;
17  $jumsu["java"] = 91;
18  $jumsu["html"] = 90;
19
20  // array() 함수 사용 정의
21  $jumsu = array("php"=>99, "java"=>91, "html"=>90);
22
23  // 1차원 연관배열 출력
24  echo "<pre>";
25  foreach ($jumsu as $key => $value) {
26      printf("%-5s=%3d<Br>", $key, $value);
27  }
28  echo "</pre>";
29  ?>
30
31  </body>
32  </html>
```

http://localhost/php/array/array1_define_ass.php

1차원 연관배열 정의 및 출력 ×

1차원 연관배열 정의 및 출력

```
php  = 99
java = 91
html = 90
```

예제 5-5

3과목 점수(php, java, html)를 1차원 연관 배열로 정의하고 각 점수에 대한 5단계(A~F) 평가
와 총점 및 평균을 계산한 후 출력하는 프로그램을 작성하고 실습해 보자.

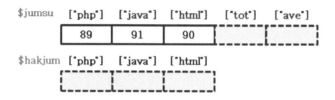

■ array1_sungjuk_ass.php

```
1   <!DOCTYPE html>
2   <html>
3   <head>
4    <meta charset="UTF-8">
5    <title>1차원 연관배열</title>
6   </head>
7   <body>
8   <b>1차원 연관배열 - 성적 처리</b></p>
9
10  <?PHP
11  // array1_sungjuk_ass.php
12  // 1차원 연관배열 성적 처리
13  // 5단계(A~F) 평가, 총점 평균 계산
14
15  // 점수 1차원 연관배열 정의
16  $jumsu = array("php"=>89, "java"=>91, "html"=>90);
17
18  // 학점 1차원 연관배열 생성
19  foreach ($jumsu as $key=>$value) {
20
21      if ($value >= 90) {
22        $hakjum[$key] = "A";
23      } elseif ($value >= 80) {
24              $hakjum[$key] = "B";
25            } elseif ($value >= 70) {
```

```
26                    $hakjum[$key] = "C";
27              } elseif ($value >= 60) {
28                    $hakjum[$key] = "D";
29              } else {
30                    $hakjum[$key] = "F";
31    }
32
33 }
34
35 // 총점 및 평균 계산
36 // 배열 초기화
37 $jumsu["tot"] = 0;            // 총점
38
39 foreach ($jumsu as $key => $value) {
40    $jumsu["tot"] = $jumsu["tot"] + $value;
41 }
42
43 $jumsu["ave"] = $jumsu["tot"] / 3;
44
45 // 성적처리 결과 출력
46 echo "<pre>";
47 foreach ($jumsu as $key => $value) {
48
49    switch ($key) {
50
51      case "php"  :
52      case "java"  :
53      case "html" :
54                printf("%5s:%3d(%s)", $key, $value, $hakjum[$key]);
55                break;
56      case "tot"  :
57                printf("%4s:%4d", $key, $value);
58                break;
59      default     :
60                printf("%4s:%6.2f", $key, $value);
61    }
62
63 }
```

```
64 echo "</pre>";
65 ?>
66
67 </body>
68 </html>
```

5.4 2차원 배열

다차원 배열은 배열 안에 하나 이상의 배열을 포함하는 경우로 2차원 이상 더 높은 차원을 고려할 수 있지만 주로 1, 2차원 배열을 많이 사용한다.

2차원 배열은 개념적으로 테이블 구조를 가지며 각각의 원소는 '$배열이름[key1][key2]'로 구분한다. 키는 '행(row)'과 '열(column)'을 나타내는 2개의 키를 사용하여 배열 원소들을 식별한다.

2차원 배열과 함께 반복문을 사용할 경우에는 1차원 배열과 마찬가지로 인덱스 배열은 for 문을, 연관 배열은 foreach 문을 중첩하여 사용하면 된다.

$jumsu	[0]	[1]	[2]
[0]	99	81	90
[1]	89	91	80

예 2차원 점수 인덱스 배열 정의

```
$jumsu[0][0] = 99;
$jumsu[0][1] = 81;
$jumsu[0][2] = 90;
$jumsu[1][0] = 89;
$jumsu[1][1] = 91;
$jumsu[1][2] = 80;

또는

$jumsu = array( array(99, 81, 90),
                array(89, 91, 80) );
```

$jumsu	["php"]	["java"]	["html"]
["std1"]	99	81	90
["std2"]	89	91	80

예 2차원 점수 연관 배열 정의

```
$jumsu["std1"]["php"] = 99;
$jumsu["std1"]["java"] = 81;
$jumsu["std1"]["html"] = 90;
$jumsu["std2"]["php"] = 89;
$jumsu["std2"]["java"] = 91;
$jumsu["std2"]["html"] = 80;

또는

$jumsu = array( "std1"=>array("php"=>99, "java"=>81, "html"=>90),
                "std2"=>array("php"=>89, "java"=>91, "html"=>80) );
```

예제 5-6

2학생의 3과목 점수(php, java, html)를 2차원 인덱스 배열로 정의하고 출력하는 프로그램을 작성하고 실습해 보자.

■ array2_define_idx.php

```
1   <!DOCTYPE html>
2   <html>
3   <head>
4     <meta charset="UTF-8">
5     <title>2차원 인덱스배열 정의 및 출력</title>
6   </head>
7   <body>
8     <b>2차원 인덱스배열 정의 및 출력</b></p>
9
10  <?php
11  // array2_define_idx.php
12  // 2차원 인덱스배열 정의 및 출력
13
14  // 2차원 인덱스배열 정의
15  // 배열 원소 기호 사용 정의
16  $jumsu[0][0] = 99;
17  $jumsu[0][1] = 81;
18  $jumsu[0][2] = 90;
19  $jumsu[1][0] = 89;
20  $jumsu[1][1] = 91;
21  $jumsu[1][2] = 80;
22
23  // array() 함수 사용 정의
24  $jumsu = array(array(99, 81, 90),
25               array(89, 91, 80));
26
27  // 2차원 인덱스배열 출력
28  echo "<pre>";
29  for ($row = 0; $row < 2; $row++) {
30
31      for ($col = 0; $col < 3; $col++) {
```

```
32        printf("%5d", $jumsu[$row][$col]);
33     }
34     echo "<Br>";
35
36 }
37 echo "</p>";
38
39 // 2차원 인덱스배열 출력
40 $row_cnt = count($jumsu);      // 2차원 배열 원소(1차원 배열) 수
41 $col_cnt = sizeof($jumsu[0]); // 1차원 배열 원소 수
42
43 for ($row = 0; $row < $row_cnt; $row++) {
44
45     for ($col = 0; $col < $col_cnt; $col++) {
46        printf("%5d", $jumsu[$row][$col]);
47     }
48     echo "<Br>";
49
50 }
51 echo "</pre>";
52 ?>
53
54 </body>
55 </html>
```

2차원 인덱스배열 정의 및 출력

```
   99    81    90
   89    91    80

   99    81    90
   89    91    80
```

예제 5-7

2학생의 3과목 점수(php, java, html)를 2차원 연관 배열로 정의하고 출력하는 프로그램을 작성하고 실습해 보자.

■ array2_define_ass.php

```
1   <!DOCTYPE html>
2   <html>
3   <head>
4    <meta charset="UTF-8">
5    <title>2차원 연관배열 정의 및 출력</title>
6   </head>
7   <body>
8    <b>2차원 연관배열 정의 및 출력</b></p>
9
10  <?php
11  // array2_define_ass.php
12  // 2차원 연관배열 정의 및 출력
13
14  // 2차원 연관배열 정의
15  // 배열 원소 기호 사용 정의
16  $jumsu["std1"]["php"] = 99;
17  $jumsu["std1"]["java"] = 81;
18  $jumsu["std1"]["html"] = 90;
19  $jumsu["std2"]["php"] = 89;
20  $jumsu["std2"]["java"] = 91;
21  $jumsu["std2"]["html"] = 80;
22
23  // array() 함수 사용 정의
24  $jumsu = array("std1"=>array("php"=>99, "java"=>81, "html"=>90),
25               "std2"=>array("php"=>89, "java"=>91, "html"=>80));
26
27
28  // 2차원 연관배열 원소 출력
29  echo "<pre>";
30  foreach ($jumsu as $key1 => $value1) {
31
```

```
32    foreach ($value1 as $key2 => $value2) {
33        printf("%5d", $value2);
34    }
35    echo "<Br>";
36
37 }
38 echo "</pre>";
39 ?>
40
41 </body>
42 </html>
```

2차원 연관배열 정의 및 출력

```
 99    81    90
 89    91    80
```

2학생의 3과목 점수(php, java, html)를 2차원 인덱스 배열로 정의하고 학생별 총점과 과목별 총점 그리고 전체 총점을 계산한 후 출력하는 프로그램을 작성하고 실습해 보자.

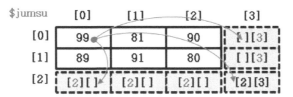

■ array2_sungjuk_idx_tot.php

```php
1   <!DOCTYPE html>
2   <html>
3   <head>
4    <meta charset="UTF-8">
5    <title>2차원 인덱스배열</title>
6   </head>
7   <body>
8    <b>2차원 인덱스배열 - 성적 처리</b></p>
9
10  <?PHP
11  // array2_sungjuk_idx_tot.php
12  // 2차원 인덱스배열 성적처리
13  // 학생별 총점, 과목별 총점, 전체 총점 계산
14
15  // 학생 성적 2차원 인덱스배열 정의
16  $student = array(array(99, 81, 90),
17                   array(89, 91, 80));
18
19  // 배열 초기화 - 학생별(줄), 과목별(칸), 전체 총점
20  for($row = 0; $row < 2; $row++) {
21      $student[$row][3] = 0;
22  }
23  for($col = 0; $col < 4; $col++) {
24        $student[2][$col] = 0;
25  }
26  // $student[2][3] = 0;
27
28  // 학생별(줄), 과목별(칸), 전체 총점 계산
29  for($row = 0; $row < 2; $row++) {
30
31      for($col = 0; $col < 3; $col++) {
32
33        $student[$row][3] = $student[$row][3] + $student[$row][$col];
34        $student[2][$col] = $student[2][$col] + $student[$row][$col];
35        $student[2][3] = $student[2][3] + $student[$row][$col];
36
```

```
37     }
38
39 }
40
41 // 성적처리 결과 출력
42 echo "<pre>";
43 for($row = 0; $row < 3; $row++) {
44
45     for($col = 0; $col < 4; $col++) {
46         printf("%8d", $student[$row][$col]);
47     }
48     echo "<Br>";
49
50 }
51 echo "</pre>";
52 ?>
53
54 </body>
55 </html>
```

연습문제

1. 학생 정보 중 학번, 이름, 학년, 학과를 1차원 인덱스 배열로 정의하고 출력하는 프로그램을 작성하시오. 단 사용하는 변수 또는 배열 이름은 임의로 하시오.

2004	이천사	2	컴퓨터학과

    ① for 반복문 사용

    ② foreach 반복문 사용

2. 1번의 학생 정보를 1차원 연관 배열로 정의하고 foreach 반복문을 사용하여 출력하는 프로그램을 작성하시오.

3. 다음과 같이 2개의 1차원 인덱스 배열을 정의하고 대응하는 원소들의 합을 구한 후 출력하는 프로그램을 작성하시오.

\$su1	1	2	3	4	5

\$su2	5	4	3	2	1

    ```
    1    2    3    4    5
    5    4    3    2    1

    6    6    6    6    6
    ```

4. 다음과 같이 2개의 2차원 인덱스 배열을 정의하고 대응하는 원소들의 합을 구한 후 출력하는 프로그램을 작성하시오.

1	2	3	4	5
6	7	8	9	10

10	9	8	7	6
5	4	3	2	1

```
1 + 10 = 11    2 + 9 = 11    3 + 8 = 11    4 + 7 = 11    5 + 6 = 11
6 + 5 = 11     7 + 4 = 11    8 + 3 = 11    9 + 2 = 11    10 + 1 = 11
```

5. 다음은 자치 단체의 장을 선출하는 투표 결과표이다. 2차원 인덱스 배열로 정의하고 후보자별 총 득표 수와 선거구별 총 투표자 수 그리고 전체 투표자 수를 구하여 출력하는 선거관리 프로그램을 작성하시오.

후보자 \ 선거구	선거구 1	선거구 2	선거구 3
후보자 1	21	24	25
후보자 2	17	26	22

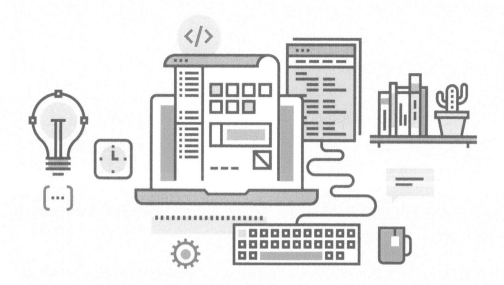

CHAPTER 6

프로그램 모듈화와 재사용

6.1 프로그램 모듈화

자신만의 웹 사이트를 구축하거나 또는 여러 프로그래머들이 공동으로 프로젝트를 수행할 경우에 각 웹 페이지 내에 일반 텍스트(text), HTML 코드, PHP 코드, 함수 등의 동일한 부분을 공통적으로 포함하고 있는 경우가 있다.

이러한 공통부분을 아래의 레고나 퍼즐 조각처럼 모듈(module)화 하여 재사용(reuse)하면 각 웹 페이지에서 필요한 모듈을 공유할 수 있다.

대표적인 사용 예로 함수, 웹 페이지의 머리(header), 꼬리(footer), 메뉴(menu) 등이 있다.

이렇게 모듈화한 부품(componentware)을 재사용하면 프로그램의 소스 코드를 단순화하여 가독성을 향상시키고 반복하여 코딩하지 않아 코딩하는 시간과 노력을 줄일 수 있다.

특히 오류 또는 수정할 사항이 발생하였을 경우에 모든 페이지를 수정하지 않고 해당 모듈만 수정함으로써 유지보수(maintenance)를 용이하게 할 수 있다.

- 함수(user defined function)
- include() 문, require() 문
- 내장 함수(built-in function, library function)

6.2 함수

함수(function)는 단일 기능을 갖는 작고 독립적인 프로그램 모듈을 말한다.

함수의 종류에는 사용자가 정의하고 사용하는 사용자 정의 함수(user defined function)와 시스템에 내장되어 있는 내장 함수(built-in function, library function)가 있다.

프로그램을 개발하다 보면 동일한 코드블럭 또는 기능(역할)이 하나의 프로그램 내에서 반복적으로 코딩되는 경우가 있다. 이러한 공통부분을 하나의 함수로 정의하고 이를 호출하는 형식으로 사용하면 프로그램 모듈화의 장점을 충분히 살릴 수 있다.

함수 개념을 활용하면 문제 해결을 위한 알고리즘 전개 과정을 단순화 시킬 수 있다. 따라서 누구나 읽기 쉽고 이해하기 쉬운 프로그램을 개발할 수 있다.

이제까지 실습한 프로그램의 주석문을 되돌아 보자. 주어진 문제를 해결하기 위한 생각의 흐름이 다음의 순차 구조 형식으로 되어 있음을 알 수 있다.

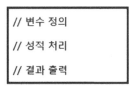

6.2.1 함수의 정의와 호출

사용자가 정의하는 함수의 정의와 호출 형식은 다음과 같다.

```php
<?PHP
// 함수 정의
function 함수이름 ( [$매개변수1, $매개변수 ... ] ) {
        :
    명령문 ;
        :
    [return [return_value] ; ]
}
        :

// 함수 호출
함수이름 ( [$매개변수, $매개변수2 ... ] ) ;
        :
?>
```

- ■ 함수 정의
- • function 키워드로 시작하고 사용자가 정의하는 함수이름과 괄호 안에 매개변수를 콤 마로 구분
- • 함수이름(변수이름 규칙과 동일) 대·소문자 구분 않음, 내장함수 이름 사용 오류
- • 가 매개변수(dummy parameter/argument), 생략 가능

- ■ 함수 호출
- • 호출 이전에 반드시 함수가 정의되어 있어야 함
- • 함수 이름으로 호출하며 괄호 안에 매개변수를 콤마로 구분
- • 실 매개변수(actual parameter/argument), 생략 가능
- • 여러 번 호출 가능, 호출하지 않으면 실행되지 않음

6.2.2 return 문

return 문은 함수 실행을 종료하고 함수 호출로 되돌아가는 명령문으로 함수 정의 안에 서 여러 번 사용할 수 있으며 또한 생략 가능하다.

return 문의 사용 형식은 다음과 같다.

```
return [return_value] ;
```

함수 실행 도중에 return 문(생략 경우 함수 정의의 끝(중괄호 '}')을 만나면 현재 실행중 인 함수 실행을 종료하고 결과 값(return_value)을 함수 호출로 리턴한다. 리턴하는 결과 값은 값이나 변수 또는 배열이 될 수 있다.

만일 결과 값을 생략하였을 경우에는 단순히 함수 실행을 종료하고 함수 호출로 되돌아 간다.

예제 6-1

함수의 정의와 호출에 대한 다음 프로그램을 작성하고 실습해 보자.
실행 결과를 확인하고 함수 정의와 호출 간의 실행제어 흐름을 이해하자.

■ fcn_define_call.php

```
1   <!DOCTYPE html>
2   <html>
3   <head>
4    <meta charset="UTF-8">
5    <title>함수 정의와 호출</title>
6   </head>
7   <body>
8    <b>함수 정의와 호출 - return 문</b></p>
9
10  <?php
11  // fcn_define_call.php
12  // 함수 정의와 호출 - return 문
13
14  // 함수 정의
15  function fcn_1() {
16
17      $su = 10;
18      echo "1번 함수 정의 출력<Br>";
19  }
20
21  function fcn_2() {
22
23      $su = 20;
24      echo "2번 함수 정의 출력<Br>";
25      return;
26  }
27
28  function fcn_3() {
29
30      $su = 30;
31      echo "3번 함수 정의 출력<Br>";
32      return $su;
33  }
```

```
34
35  // 함수호출 및 결과출력
36  echo "call_fcn_1 = ".fcn_1()."</p>";
37  echo "call_fcn_2 = ".fcn_2()."</p>";
38  echo "call_fcn_3 = ".fcn_3();
39  ?>
40
41  </body>
42  </html>
```

참고 자주 발생하는 함수 실행 오류

- 정의되지 않은 함수 호출 오류 메시지

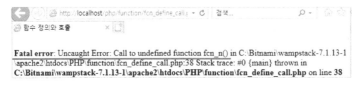

- 재 정의할 수 없는 함수 정의 오류 메시지 : 내장함수 이름과 동일한 경우 발생하는 오류

- 함수 정의와 호출 매개변수가 대응되지 않는 경우 오류 메시지

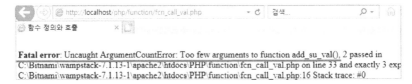

6.2.3 매개변수 전달 방법

매개변수(인자 또는 인수)는 함수의 호출과 정의 사이에 정보를 전달하는 수단으로 사용된다. 그러므로 함수 호출시 제공하는 실 매개변수와 이를 전달받기 위한 함수 정의의 가 매개변수는 원칙적으로 정의된 순서에 따라 1:1로 대응(positional parameter passing)되어야 한다. 그러나 대응하는 매개변수들의 이름이 같을 필요는 없다.

매개변수 전달(parameter passing) 방법은 값에 의한 매개변수 전달(call by value)과 참조에 의한 매개변수 전달(call by reference/call by address)로 구분한다.

(1) 값에 의한 매개변수 전달

값에 의한 매개변수 전달은 실 매개변수의 값을 가 매개변수로 전달하기 때문에 함수에서 전달받은 변수의 값을 변경하더라도 함수 밖의 변수에게 영향을 미치지 않는다.

함수 밖의 변수와 동일한 이름을 사용하더라도 서로 다른 변수로 취급한다. 함수 내의 지역변수이기 때문이다. 이러한 이유로 값에 의한 매개변수 전달 방법 사용을 권장한다.

> 예제 6-2

2개의 정수 합을 계산하는 함수 정의와 호출에 대한 다음 프로그램을 작성하고 실습해 보자. 실행 결과를 확인하고 값에 의한 매개변수 전달 방법을 이해하자.

- fcn_call_val.php

```
1   <!DOCTYPE html>
2   <html>
3   <head>
4    <meta charset="UTF-8">
5    <title>함수 정의와 호출</title>
6   </head>
7   <body>
8    <b>값에 의한 매개변수 전달</b></p>
9
10  <?PHP
```

```
11  // fcn_call_val.php
12  // 2개 정수 합 계산
13  // 값에 의한 매개변수 전달(call by value)
14
15  // 함수 정의(값에 의한 매개변수 전달)
16  function add_su_val($su1, $su2) {
17
18      $tot = $su1 + $su2;
19      $su1 = 1;
20      $su2 = 2;
21
22      return $tot;
23  }
24
25  // 변수 정의
26  $su1 = 10;
27  $su2 = 20;
28  $tot = 0;
29
30  // 함수 호출 및 출력
31  echo "\$su1 = $su1 \$su2 = $su2<Br>";
32
33  echo "ret_val = ".add_su_val($su1, $su2)."<Br>";
34
35  echo "\$su1 = $su1 \$su2 = $su2";
36  ?>
37
38  </body>
39  </html>
```

(2) 참조에 의한 매개변수 전달

참조에 의한 매개변수 전달은 함수 정의의 가 매개변수 앞에 참조 연산자('&') 기호를 사용한다.

참조에 의한 매개변수 전달 방법은 실 매개변수의 값이 아니라 매개변수의 메모리 주소를 가 매개변수로 전달하기 때문에 함수에서 전달받은 변수 값의 변경은 함수 밖의 변수를 수정하는 것과 같다. 이런 이유로 주소에 의한 호출(call by address)이라고 한다.

함수 밖의 변수와 서로 다른 이름을 사용하더라도 같은 주소를 공유하는 동일한 변수로 취급한다. 특히 이 방법은 예기치 못한 오류의 발생과 디버깅에 많은 어려움을 겪을 수 있다는 점을 주의해야 한다.

예제 6-3

2개의 정수 합을 계산하는 함수 정의와 호출에 대한 다음 프로그램을 작성하고 실습해 보자. 실행 결과를 확인하고 참조(주소)에 의한 매개변수 전달 방법을 이해하자.

- fcn_call_ref.php

```
1   <!DOCTYPE html>
2   <html>
3   <head>
4    <meta charset="UTF-8">
5    <title>함수 정의와 호출</title>
6   </head>
7   <body>
8    <b>참조에 의한 매개변수 전달</b></p>
9
10  <?PHP
11  // fcn_call_ref.php
12  // 2개 정수 합 계산
13  // 참조에 의한 매개변수 전달(call by reference/call by address)
14
15  // 함수 정의(참조에 의한 매개변수 전달)
16  function add_tot_ref(&$no1, &$no2) {
```

```
17
18      $sum = $no1 + $no2;
19      $no1 = 1;
20      $no2 = 2;
21
22      return $sum;
23  }
24
25  // 변수 정의
26  $su1 = 10;
27  $su2 = 20;
28  $tot = 0;
29
30  // 함수 호출 및 출력
31  echo "\$su1 = $su1 \$su2 = $su2<Br>";
32
33  echo "ret_val = ".add_tot_ref($su1, $su2)."<Br>";
34
35  echo "\$su1 = $su1 \$su2 = $su2";
36  ?>
37
38  </body>
39  </html>
```

```
http://localhost/php/function/fcn_call_ref.php
함수 정의와 호출          ×

참조에 의한 매개변수 전달

$su1 = 10 $su2 = 20
ret_val = 30
$su1 = 1 $su2 = 2
```

예제 6-4

함수를 사용하여 3개의 서로 다른 정수 중 최댓값을 찾는 다음 프로그램을 작성하고 실습해 보자.(3장 연습문제 7번 참조)

```
┌─────────────────────┐
│      변수 정의         │
├─────────────────────┤
│     최댓값 찾기        │
├─────────────────────┤
│      결과 출력         │
└─────────────────────┘
```

■ fcn_find_max.php

```php
1   <!DOCTYPE html>
2   <html>
3   <head>
4    <meta charset="UTF-8">
5    <title>값에 의한 매개변수 전달</title>
6   </head>
7   <body>
8    <b>3개의 정수 중 최댓값 찾기</b></p>
9
10  <?PHP
11  // fcn_find_max.php
12  // 3개의 정수 중 최댓값 찾기(함수 정의와 호출)
13
14  // 최댓값 찾기 함수 정의
15  function find_max($su1, $su2, $su3) {
16
17      if ($su1 >= $su2) {
18          if ($su1 >= $su3) {
19              $max = $su1;
20          } else {
21              $max = $su3;
22          }
23      } else {
24          if ($su2 >= $su3) {
25              $max = $su2;
26          } else {
27              $max = $su3;
28          }
29      }
30      return $max;
31  }
```

```
32
33  // 3개 정수 정의
34  $su1 = 33;
35  $su2 = 97;
36  $su3 = 66;
37
38  // 최댓값 찾기 함수 호출
39  $max_su = find_max($su1, $su2, $su3);
40
41  // 결과 출력
42  echo "su1 = $su1 su2 = $su2 su3 = $su3</p>";
43  echo "max_su = $max_su";
44  ?>
45
46  </body>
47  </html>
```

http://localhost/php/function/fcn_find_max.php

값에 의한 매개변수 전달   ×

3개의 정수 중 최댓값 찾기

su1 = 33 su2 = 97 su3 = 66

max_su = 97

예제 6-5

3과목 점수(php, java, html)를 1차원 인덱스 배열로 정의하고 함수를 사용하여 각 점수에 대한 5단계(A~F) 평가와 총점 및 평균을 계산한 후 출력하는 다음 프로그램을 작성하고 실습해 보자. 그리고 5장의 [예제 5-3] 실행 결과와 비교해 보자.

■ fcn_array1_sungjuk_idx_val.php

```
1  <!DOCTYPE html>
2  <html>
3  <head>
4    <meta charset="UTF-8">
5    <title>값에 의한 매개변수 전달</title>
6  </head>
```

```
7  <body>
8    <b>함수를 사용한 1차원 인덱스배열 성적처리</b></p>
9
10 <?PHP
11 // fcn_array1_sungjuk_idx_val.php
12 // 함수를 사용한 1차원 인덱스배열 성적처리
13 // 값에 의한 매개변수 전달(call by value)
14
15 // 과목별 학점체크 함수 정의
16 function check_hakjum_val($jumsu) {
17
18    $cnt = count($jumsu);    // 배열 원소 수
19
20    for ($i = 0; $i < $cnt; $i++) {
21
22       if ($jumsu[$i] >= 90) {
23          $hakjum[$i] = "A";
24       } elseif ($jumsu[$i] >= 80) {
25             $hakjum[$i] = "B";
26          } elseif ($jumsu[$i] >= 70) {
27                $hakjum[$i] = "C";
28             } elseif ($jumsu[$i] >= 60) {
29                   $hakjum[$i] = "D";
30                } else {
31                      $hakjum[$i] = "F";
32       }
33    }
34    return $hakjum;
35 }
36
37 // 총점과 평균계산 함수 정의
38 function compute_tot_ave_val($jumsu) {
39
40    $jumsu[3] = 0;       // 배열 초기화(총점)
41
42    for ($i = 0; $i < 3; $i++) {
43       $jumsu[3] = $jumsu[3] + $jumsu[$i];
44    }
```

```
45
46      $jumsu[4] = $jumsu[3] / 3;
47
48      return $jumsu;
49 }
50
51 // 성적처리 결과출력 함수 정의
52 function print_sungjuk_val($jumsu, $hakjum) {
53
54      for($i = 0; $i < 5; $i++) {
55
56          if ($i < 3) {
57              printf("%5d(%s)", $jumsu[$i], $hakjum[$i]);
58          } elseif ($i == 3) {
59                  printf("%8d", $jumsu[3]);
60                      } else {
61                                  printf("%8.2f", $jumsu[4]);
62          }
63      }
64 }
65
66 // 점수 1차원 인덱스배열 정의
67 $jumsu = array(89, 91, 90);
68
69 // 과목별 학점체크 함수 호출(학점배열 리턴)
70 $hakjum = check_hakjum_val($jumsu);
71
72 // 총점과 평균계산 함수 호출
73 $jumsu = compute_tot_ave_val($jumsu);
74
75 // 성적처리 결과출력 함수 호출
76 echo "<pre>";
77 print_sungjuk_val($jumsu, $hakjum);
78 echo "</pre>";
79 ?>
80
81 </body>
82 </html>
```

함수를 사용한 1차원 인덱스배열 성적처리

99(B) 91(A) 90(A) 270 90.00

(3) 기본 매개변수 값 사용

매개변수를 생략하고 함수를 호출할 경우에 함수 정의의 기본 매개변수 값(default argument values)을 초기 값으로 사용한다. 만일 매개변수가 전달되면 기본 매개변수 값은 무시되고 전달된 매개변수 값이 적용된다.

기본 매개변수는 반드시 일반 매개변수 정의 다음의 가장 오른쪽에 정의해야 한다.

예제 6-6

기본 매개변수 값을 사용하는 다음 프로그램을 작성하고 실습해 보자.
실행 결과를 확인하고 기본 매개변수 값의 사용법을 이해하자.

■ fcn_call_default_arg_val.php

```
1   <!DOCTYPE html>
2   <html>
3   <head>
4    <meta charset="UTF-8">
5    <title>함수 정의와 호출</title>
6   </head>
7   <body>
8    <b>기본 매개변수 값 사용</b></p>
9
10  <?PHP
11  // fcn_call_default_arg_val.php
12  // 기본 매개변수 값(default argument values) 사용
13
14  // 함수정의 - 기본 매개변수
15  function add_su1($su = 10) {
16
```

```
17     $tot = $su + 10;
18     return $tot;
19  }
20
21  // 함수정의 - 매개변수와 기본 매개변수
22  function add_su2($su1, $su2 = 20) {
23
24     $tot = $su1 + $su2;
25     return $tot;
26  }
27
28  // 함수 호출
29  echo "add_su1 = ".add_su1()."<Br>";
30  echo "add_su1 = ".add_su1(90)."</p>";
31
32  echo "add_su2 = ".add_su2(90)."<Br>";
33  echo "add_su2 = ".add_su2(10, 90);
34  ?>
35
36  </body>
37  </html>
```

```
http://localhost/php/function/fcn_call_default_arg_val.php
함수 정의와 호출         ×

기본 매개변수 값 사용

add_su1 = 20
add_su1 = 100

add_su2 = 110
add_su2 = 100
```

(4) 가변길이 매개변수 사용

가변길이 매개변수 리스트(variable-length argument lists)의 '...' 토큰(token)은 함수 정의에서 매개변수의 갯수를 가변적으로 사용하겠다는 의미이며 전달되는 매개변수를 가변길이 매개변수에 배열로 저장한다.

가변길이 매개변수도 일반 매개변수 정의 다음에 정의해야 한다.

예제 6-7

가변길이 매개변수 리스트를 사용하는 다음 프로그램을 작성하고 실습해 보자.
실행 결과를 확인하고 가변길이 매개변수 리스트의 사용법을 이해하자.

■ fcn_call_variable_len_arg.php

```
1   <!DOCTYPE html>
2   <html>
3   <head>
4    <meta charset="UTF-8">
5    <title>함수 정의와 호출</title>
6   </head>
7   <body>
8    <b>가변길이 매개변수 사용</b></p>
9
10  <?PHP
11  // fcn_call_variable_len_arg.php
12  // 가변길이 매개변수 사용(variable-length argument lists)
13
14  // 함수 정의 - 가변길이 매개변수(인덱스배열)
15  function sum1(... $su) {
16
17     $tot = 0;
18     $cnt = count($su);          // 배열 원소 수
19
20     for ($i = 0; $i < $cnt; $i++) {
21        $tot = $tot + $su[$i];
22     }
23     return $tot;
24  }
25
26  // 함수 정의 - 가변길이 매개변수(인덱스배열/연관배열)
27  function sum2(... $su) {
28
29     $tot = 0;
30
31     foreach ($su as $val) {
```

```
32          $tot = $tot + $val;
33      }
34      return $tot;
35  }
36
37  // 함수 정의 - 매개변수와 가변길이 매개변수(인덱스배열)
38  function sum3($gibon, ... $su) {
39
40      $tot = $gibon;
41      $cnt = count($su);          // 배열 원소 수
42
43      for ($i = 0; $i < $cnt; $i++) {
44          $tot = $tot + $su[$i];
45      }
46      return $tot;
47  }
48
49  // 함수 호출
50  echo "tot1 = ".sum1()."<Br>";
51  echo "tot1 = ".sum1(1)."<Br>";
52  echo "tot1 = ".sum1(1, 2, 3)."</p>";
53
54  echo "tot2 = ".sum2()."<Br>";
55  echo "tot2 = ".sum2(1)."<Br>";
56  echo "tot2 = ".sum2(1, 2, 3)."</p>";
57
58  echo "tot3 = ".sum3(50)."<Br>";
59  echo "tot3 = ".sum3(50, 10)."<Br>";
60  echo "tot3 = ".sum3(50, 10, 20, 30);
61  ?>
62
63  </body>
64  </html>
```

6.2.4 변수의 적용 범위와 정적 변수

변수는 유형에 따라서 변수로서 영향을 미치는 적용 범위가 있다.

지역변수(local variable)는 함수 안에서 정의된 변수로 그 변수가 정의된 함수 내로 적용 범위가 한정되며 함수 밖에서 정의된 동일한 이름의 변수와는 별개로 서로 독립적이다.

전역변수(global variable)는 함수 밖에서 정의된 변수로 변수 정의 이후 전체 프로그램이 적용 범위가 된다. 그러나 함수 내에서는 사용할 수 없다.

슈퍼 전역변수(super global variable)는 사용 범위에 대한 제약을 받지 않는다. 즉 함수 안팎으로 모두 사용 가능하다.

그리고 함수에서 'static' 키워드를 사용하여 변수를 정의하면 함수가 호출되어 실행을 종료하더라도 변수의 값을 유지하는 정적 변수(static variable)가 있다. 그 역할의 적용 범위는 지역변수와 마찬가지로 함수 내로 한정된다. 함수에서 사용하는 지역변수는 함수가 호출되어 실행을 종료하면 그 값을 잃어버린다.

특히 상수(constant)는 전역 변수와 유사하지만 함수 안에서도 사용 가능하다는 차이점이 있다.

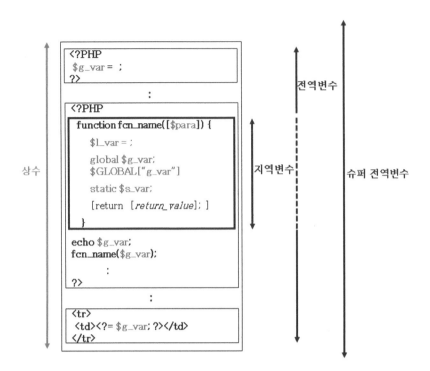

함수에서 함수 밖의 전역변수를 참조하기 위한 방법으로 앞 절에서 매개변수 전달 방법에 대해 학습하였다. 이 방법 외에 함수에서 전역변수임을 나타내는 'global' 키워드를 사용하거나 슈퍼 전역변수중 하나인 $GLOBALS를 사용하여 함수 밖의 전역변수를 참조할 수 있다.

예제 6-8

함수에서 global 키워드와 슈퍼 전역변수 $GLOBALS을 사용한 전역변수 참조에 대한 다음 프로그램을 작성하고 실습해 보자.
실행 결과를 확인하고 41행과 42행의 함수호출 순서를 바꾸고 실행해 보자. 그리고 변수와 상수의 적용 범위 및 사용법에 대해 이해하자.

■ scope_var_const.php

```
1   <!DOCTYPE html>
2   <html>
3   <head>
```

```
4    <meta charset="UTF-8">
5    <title>변수, 상수의 적용범위</title>
6    <style>
7      table {border-collapse:collapse;}
8      th, td {text-align:center; border:2px solid black;}
9    </style>
10   </head>
11   <body>
12   <b>변수, 상수의 적용범위</b></p>
13
14   <?php
15   // scope_var_const.php
16   // 변수, 상수의 적용범위 규칙
17   // 매개변수 전달 방법, global, $GLOBALS
18
19   // 함수 정의(global 사용)
20   function global_fcn() {
21
22       global $pay;
23
24       $pay = $pay + BONUS;            // 전역변수
25       return $pay;
26   }
27
28   // 함수 정의($GLOBALS 사용)
29   function GLOBALS_fcn() {
30
31       $pay = $GLOBALS["pay"] + BONUS; // 지역변수
32       return $pay;
33   }
34
35   // 변수와 상수 정의
36   $pay = 2500;
37   define("BONUS", 5000);
38   echo "pay =  $pay</p>";
39
40   // 함수 호출
41   $G_sum = GLOBALS_fcn();
```

```
42  $g_sum = global_fcn();

43

44  // 결과 출력

45  echo "g_sum = $g_sum<Br>";

46  echo "G_sum = $G_sum</p>";

47  ?>

48

49    <table>

50    <tr>

51    <th>pay</th>

52    <th>BONUS</th>

53    <th>합계(함수_g)</th>

54    <th>합계(함수_G)</th>

55    </tr>

56    <tr>

57    <td><?=$pay; ?></td>

58    <td><?=BONUS; ?></td>

59    <td><?=$g_sum; ?></td>

60    <td><?=$G_sum; ?></td>

61    </tr>

62    </table>

63

64  </body>

65  </html>
```

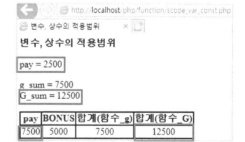

예제 6-9

정적 변수 사용에 대한 다음 프로그램을 작성하고 실습해 보자.

실행 결과를 비교해 보고 함수 내 지역변수와 정적 변수의 특성을 이해하자.

■ static_variable.php

```
1   <!DOCTYPE html>
2   <html>
3   <head>
4    <meta charset="UTF-8">
5    <title>정적변수와 지역변수</title>
6   </head>
7   <body>
8    <b>정적변수와 지역변수</b></p>
9
10  <?php
11  // static_variable.php
12  // 정적(static)변수와 지역(local)변수
13
14  // 함수 정의(정적 변수)
15  function static_fcn() {
16
17     static $call_count = 0; // 정적 변수
18     $call_count++;
19
20     return $call_count;
21
22  }
23
24  // 함수 정의(지역 변수)
25  function local_fcn() {
26
27     $call_count = 0;        // 지역 변수
28     $call_count++;
29
30     return $call_count;
31  }
```

```
32
33  // 정적변수 함수 호출
34  echo "1번 call_count = ".static_fcn()."<Br>";
35  echo "2번 call_count = ".static_fcn()."<Br>";
36  echo "3번 call_count = ".static_fcn()."</p>";
37
38  // 지역변수 함수 호출
39  echo "1번 call_count = ".local_fcn()."<Br>";
40  echo "2번 call_count = ".local_fcn()."<Br>";
41  echo "3번 call_count = ".local_fcn();
42  ?>
43
44  </body>
45  </html>
```

6.3 include() 문, require() 문

소스 코드의 재사용은 개발 기간을 최소화하여 개발 비용의 감소, 이미 테스트 과정을 거쳤기 때문에 신뢰성 향상, 시스템의 일관성 유지, 유지보수 비용의 절감 등 많은 장점을 갖는다.

PHP는 재사용하는 방법으로 C, java 언어의 #include 문, jsp의 include 지시문처럼 include() 문과 require() 문을 지원한다.

- include(), include_once() 문
- require(), require_once() 문

require() 문과 include() 문은 재사용 모듈을 PHP 스크립트에 포함시키는 역할을 한다. 즉 include() 문 또는 require() 문 위치에 외부 파일의 내용을 스크립트의 일부분으로 포함시켜 실행한다.

따라서 재사용 모듈은 사용하기 이전에 별개의 외부 파일로 저장되어 있어야 하며 파일의 확장자에 대한 제한은 없다. 그러나 외부 파일의 내용이 PHP 스크립트일 경우에는 반드시 시작과 끝 태그(<?PHP ~ ?>)로 감싸 주어야 한다.

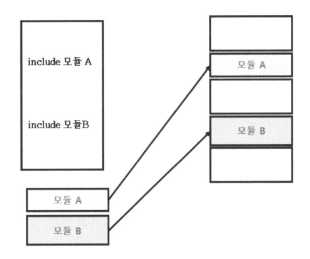

require() 문과 include() 문의 차이점은 포함시키려는 외부 파일이 존재하지 않을 경우에 include() 문은 경고 메시지를 출력한 후 실행을 계속하지만 require() 문은 치명적인 오류 메시지를 출력하고 실행을 종료한다.

include_once() 문과 require_once() 문은 외부 파일을 단 한번만 포함시키는 역할을 한다.

예제 6-10

홈 페이지를 개발할 경우에 include() 문을 사용하여 HTML 소스 코드를 재사용하는 다음 프로그램을 작성하고 실습해 보자.
include() 문에서 사용할 외부 파일의 저장 폴더 구조는 다음과 같다.

■ homepage_header.inc

```
1   <!DOCTYPE html>
2   <html>
3   <head>
4    <title>홈 페이지("./include/homepage_header.inc")</title>
5    <meta charset="utf-8">
6   </head>
7
8   <body>
9    <div id="header">
10     <span style='color:red'>홈 페이지 머리</span></p>
11    </div>
```

■ homepage_trailer.inc

```
1    <!-- "./include/homepage_trailer.inc" (footer) -->
2
3    <div id="footer">
4     <span style='color:green'>홈 페이지 꼬리 Copyright &copy since ~ </span>
5    </div>
6
7   </body>
8   </html>
```

■ homepage_body.php

```
1   <?PHP
2   // homepage_body.php
3   // include() 문 사용
4
```

```
5   // homepage_header(머리)
6   include("./include/homepage_header.inc");
7
8   // homepage_body(몸체)
9   echo "<span style='color:blue'>홈 페이지 몸체</span></p>";
10
11  // homepage_trailer(꼬리)
12  include "./include/homepage_trailer.inc";
13  ?>
```

예제 6-11

관리자의 아이디와 비밀번호 로그인 인증에 대한 다음 프로그램을 작성하고 실습해 보자.
단 관리자 아이디와 비밀 번호는 외부 파일로 따로 저장한 후 include() 문을 사용하며 인증은
중첩 if 선택문을 사용한다.

로그인 인증은 로그인 아이디를 비교하여 일치하는 경우 비밀번호를 비교하여 일치하면 "방문
을 환영합니다!" 메시지를 일치하지 않으면 "비밀번호가 맞지 않습니다!!" 메시지를 출력한다.
만일 로그인 아이디가 일치하지 않는 경우에는 "회원 가입 후 방문하십시오!!" 메시지를 출
력한다.

실행 결과를 확인한 후 관리자 아이디 또는 비밀번호를 변경하고 다시 실행해 보자. 만일 관리
자의 아이디와 비밀번호를 변경할 경우에는 관련 웹 페이지를 모두 찾아서 수정하지 않고 외부
파일만 수정하면 된다.

■ admin_id_pw.inc

```
1   <?PHP
2   // admin_id_pw.inc
3   // "./include/admin_id_pw.inc"
4   // 관리자 아이디와 비밀번호 설정
```

```
5
6   $admin_id = "root";
7   $admin_pw = "adminpw";
8   ?>
```

■ admin_idpw_check.php

```
1   <!DOCTYPE html>
2   <html>
3   <head>
4     <meta charset="UTF-8">
5     <title>로그인 인증</title>
6   </head>
7   <body>
8     <b>로그인 인증(include(), 중첩 if문 사용)</b></p>
9
10  <?PHP
11  // admin_idpw_check.php
12  // 관리자 아이디와 비밀번호 인증
13
14  // 관리자 아이디와 비밀번호 include()
15  include("./include/admin_id_pw.inc");
16
17  // 입력 아이디와 비밀번호(클라이언트 전송 데이터)
18  $login_id = "root";
19  $login_pw = "adminpw";
20
21  // 로그인 인증
22  if ($login_id === $admin_id) {
23
24      if ($login_pw === $admin_pw) {
25          $msg = "방문을 환영합니다!";
26      } else {
27          $msg = "비밀번호가 맞지 않습니다!!";
28      }
29
30  } else {
```

```
31     $msg = "회원 가입 후 방문하십시오!!";
32 }
33
34 // 결과 출력
35 echo "로그인 아이디 = $login_id 비밀번호 = $login_pw<Br>";
36 echo "관리자 아이디 = $admin_id 비밀번호 = $admin_pw</p>";
37 echo $msg;
38 ?>
39
40 </body>
41 </html>
```

예제 6-12

함수를 사용한 1차원 배열 성적처리 프로그램([예제 6-5])을 include() 문을 사용하여 작성하고
실습해 보자.

실행 결과를 [예제 6-5]와 비교해 보고 include() 문의 동작 원리와 사용법을 이해하자.

■ check_hakjum_val.php

```
1   <?PHP
2   // check_hakjum_val.php
3   // "./include/check_hakjum_val.php"
4
5   // 과목별 학점체크 함수 정의
6   function check_hakjum_val($jumsu) {
7
8       $cnt = count($jumsu);   // 배열 원소 수
9
10      for ($i = 0; $i < $cnt; $i++) {
```

```
11
12        if ($jumsu[$i] >= 90) {
13            $hakjum[$i] = "A";
14        } elseif ($jumsu[$i] >= 80) {
15                $hakjum[$i] = "B";
16            } elseif ($jumsu[$i] >= 70) {
17                    $hakjum[$i] = "C";
18                } elseif ($jumsu[$i] >= 60) {
19                        $hakjum[$i] = "D";
20                    } else {
21                        $hakjum[$i] = "F";
22        }
23    }
24    return $hakjum;
25 }
26 ?>
```

▪ compute_tot_ave_val.php

```
1  <?PHP
2  // compute_tot_ave_val.php
3  // "./include/compute_tot_ave_val.php"
4
5  // 총점과 평균계산 함수 정의
6  function compute_tot_ave_val($jumsu) {
7
8    $jumsu[3] = 0;      // 배열 초기화(총점)
9
10   for ($i = 0; $i < 3; $i++) {
11       $jumsu[3] = $jumsu[3] + $jumsu[$i];
12   }
13
14   $jumsu[4] = $jumsu[3] / 3;
15
16   return $jumsu;
17 }
18 ?>
```

■ print_sungjuk_val.php

```php
1  <?PHP
2  // print_sungjuk_val.php
3  // "./include/print_sungjuk_val.php"
4
5  // 성적처리 결과출력 함수 정의
6  function print_sungjuk_val($jumsu, $hakjum) {
7
8     for($i = 0; $i < 5; $i++) {
9
10       if ($i < 3) {
11          printf("%5d(%s)", $jumsu[$i], $hakjum[$i]);
12       } elseif ($i == 3) {
13             printf("%8d", $jumsu[3]);
14                } else {
15                         printf("%8.2f", $jumsu[4]);
16       }
17    }
18 }
19 ?>
```

■ fcn_array1_sungjuk_idx_inc.php

```php
1  <!DOCTYPE html>
2  <html>
3  <head>
4   <meta charset="UTF-8">
5   <title>값에 의한 매개변수 전달</title>
6  </head>
7  <body>
8   <b>include()문 사용 1차원 인덱스배열 성적처리</b></p>
9
10 <?PHP
11 // fcn_array1_sungjuk_idx_inc.php
12 // include()문을 사용한 1차원 인덱스배열 성적처리
13 // 값에 의한 매개변수 전달(call by value)
14
```

```
15 // 과목별 학점체크 함수 정의
16 include ("./include/check_hakjum_val.php");
17
18 // 총점과 평균계산 함수 정의
19 include "./include/compute_tot_ave_val.php";
20
21 // 성적처리 결과출력 함수 정의
22 include "./include/print_sungjuk_val.php";
23
24 // 점수 1차원 인덱스배열 정의
25 $jumsu = array(89, 91, 90);
26
27 // 과목별 학점체크 함수 호출(학점배열 리턴)
28 $hakjum = check_hakjum_val($jumsu);
29
30 // 총점과 평균계산 함수 호출
31 $jumsu = compute_tot_ave_val($jumsu);
32
33 // 성적처리 결과출력 함수 호출
34 echo "<pre>";
35 print_sungjuk_val($jumsu, $hakjum);
36 echo "</pre>";
37 ?>
38
39 </body>
40 </html>
```

6.4 내장 함수

내장 함수(built-in function, library function)는 프로그램 개발에 유용한 기능들을 미리 제작하여 시스템에 저장해 놓은 함수로 별도의 정의 없이 언제든지 호출하여 사용할 수 있다.

PHP의 내장 함수는 변수관련 함수, 문자열관련 함수, 수학관련 함수, 배열관련 함수, 날짜와 시간관련 함수, 파일 및 데이터베이스관련 함수, 네트워크관련 함수 등 1000여 가지 이상의 다양한 내장 함수들을 제공하고 있다.

이 절에서는 웹 프로그램 개발에 유용하게 자주 사용하는 내장 함수만을 대상으로 그 종류와 사용법을 중심으로 살펴보도록 한다.

6.4.1 변수관련 함수

PHP 변수관련 내장 함수는 변수의 값 또는 데이터 형 확인, 데이터 형 변환 등 변수와 관련된 다양한 정보를 제공한다.

PHP에서 제공하는 변수관련 주요 내장 함수의 사용법과 설명은 다음과 같다.

```
boolean empty ( mixed $variable )
boolean isset ( mixed $variable [, mixed $variable [, ... ]] )
void unset ( mixed $variable [, mixed $variable [, ... ]] )
```

함수 이름	설명
empty()	변수 값이 비어있는지 어부 확인
isset()	변수 값의 설정 여부 확인
unset()	변수 또는 배열 삭제

(1) empty() 함수

하나의 변수가 비어있는지 여부를 확인한다. 만일 변수의 값이 0, 0.0, "0", "", NULL, false(0), 빈 배열(array()) 이면 true를 리턴하고 변수가 존재하고 비어있지 않으면 false 를 리턴 한다.

(2) isset() 함수

변수가 어떤 값으로 설정되어 있는 가를 확인한다. 만일 변수가 존재하고 NULL이 아니면 true를 리턴하고 이 외에는 false를 리턴 한다.

여러 개의 변수를 사용할 경우에는 모든 변수가 설정되어 있을 때만 true를 리턴 한다.

(3) unset() 함수

사용 중인 변수 또는 배열을 삭제한다. 만일 변수 또는 배열을 삭제하게 되면 정의되지 않은 변수 또는 배열이 된다.

예제 6-13

변수관련 함수에 대한 다음 프로그램을 작성하고 실습해 보자.
실행 결과는 16행부터 23행 까지 1행씩 차례로 주석문을 해제하면서 실행한 결과를 편집한 것이다. 출력되지 않은 부분은 false로 (int)로 캐스팅하면 0이 출력된다.

▪ variable_check.php

```
1   <!DOCTYPE html>
2   <html>
3   <head>
4    <meta charset="UTF-8">
5    <title>내장 함수</title>
6   </head>
7   <body>
8    <b>변수관련 함수</b></p>
9
```

```
10  <?PHP
11  // variable_check.php
12  // 변수관련 함수
13
14  // 변수 정의
15  $var = 0;
16  // $var = 0.0;
17  // $var = "0";
18  // $var = "";
19  // $var = NULL;
20  //$var = false;
21  //$var = array();   // 빈(공백) 배열
22
23  //unset($var);
24
25  // 결과 출력
26  echo "<pre>";
27  printf("%3s,%3s", empty($var), isset($var));
28  echo "</pre>";
29  ?>
30
31  </body>
32  </html>
```

6.4.2 문자열관련 함수

PHP는 일반 고급 프로그래밍 언어처럼 다양하고 풍부한 문자열관련 내장 함수를 제공
한다. 많은 문자열 관련 함수들을 제공한다는 것은 프로그램을 개발할 때 이들 함수에

대한 사용 빈도수가 높고 유용하게 사용할 수 있다는 의미를 내포하고 있다.

PHP에서 제공하는 문자열 관련 주요 내장 함수의 사용법과 설명은 다음과 같다.

```
integer strlen ( string $string )
string substr ( string $string, integer $start [, integer $length] )
array explode ( string $separator, string $string [, integer $limit] )
string implode ( string $glue, array $pieces )
integer strcmp (string $string1, string $string2)
string strtolower ( string $string )
mixed str_replace (mixed $search, mixed $replace, mixed $subject [, integer &$count] )
mixed strpos (string $haystack, mixed $needle [, integer $offset] )
string trim ( string $string [, string $charlist] )
string nl2br ( string $string )
string crypt ( string $string [, string $salt] )
string md5 ( string $string [, boolean $raw] )
```

함수 이름	설명
strlen	문자열 길이 리턴
substr	문자열의 부분 문자열 리턴
explode	문자열을 분리 문자로 분할한 인덱스 배열 리턴
implode	배열 원소를 연결문자로 연결한 문자열 리턴, join(implode 별칭)
strcmp	두개의 문자열 비교(대·소문자 구분)
strtolower	모두 소문자로 변환, strtoupper(모두 대문자 변환)
str_replace	문자열 내 특정 문자열을 지정한 문자열로 대체
strpos	문자열 내 특정 문자열을 찾아 처음 검색된 위치 리턴
trim	문자열 앞과 뒤 공백 제거, ltrim(왼쪽 제거), rtrim(오른쪽 제거)
nl2br	문자열 내의 모든 줄 바꿈 문자 앞에 HTML 〈Br/〉 태그 삽입
crypt	문자열을 암호화한 문자열(암호문) 리턴
md5	문자열을 암호화한 문자열(암호문) 리턴

(1) strlen() 함수

매개변수로 전달받은 문자열의 길이를 리턴한다. 만일 공백 문자열(empty string)이면 0을 리턴 한다.

(2) substr() 함수

매개변수로 전달받은 문자열의 시작 인덱스($start)부터 일정 길이($length) 만큼의 부분 문자열을 리턴 한다.

만일 길이($length)가 생략되었을 경우에 시작 인덱스가 양수이면 시작 인덱스부터 끝까지 부분 문자열을, 음수이면 문자열의 끝에서부터 시작 인덱스까지의 부분 문자열을 리턴 한다.

(3) explode() 함수

매개변수로 전달받은 문자열을 분리문자($separator)와 제한된 분리 개수($limit)로 분리한 후 분할된 부분 문자열을 인덱스 배열로 리턴 한다.

CSV(Comma Separated Value) 형식의 엑셀 데이터를 콤마 분리문자로 분할하여 쉽게 활용할 수 있다.

(4) implode(), join() 함수

explode() 함수와 반대 기능을 수행한다. 매개변수로 전달받은 배열의 원소들을 연결문자($glue)로 연결한 하나의 문자열을 리턴 한다. 연결문자의 기본 값은 공백이다.

join() 함수는 implode() 함수의 별칭으로 그 기능이 동일하다.

예제 6-14

문자열관련 함수(strlen(), substr(), explode(), implode())에 대한 다음 프로그램을 작성하고 실습해 보자.

■ string_1.php

```
1   <!DOCTYPE html>
2   <html>
3   <head>
4    <meta charset="UTF-8">
5    <title>내장 함수</title>
6   </head>
7   <body>
8    <b>문자열관련 함수</b></p>
9
10  <?PHP
11  // string_1.php
12  // 문자열관련 함수
13  // strlen(), substr(), explode(), implode() 함수
14
15  // 변수 정의
16  $person_id = "200101-1234567";
17  echo "person_id = $person_id</p>";
18
19  // strlen() 함수
20  echo "strlen = ".strlen($person_id)."</p>";
21
22  // substr() 함수
23  echo "substr = ".substr($person_id, 0, 6)."<Br>";
24  echo "substr = ".substr($person_id, 6, 1)."<Br>";
25  echo "substr = ".substr($person_id, -7)."</p>";
26
27  // explode() 함수
28  $person_id = explode("-", $person_id);
29  echo "explode[0] = $person_id[0]<Br>";
30  echo "explode[1] = $person_id[1]</p>";
31
32  // implode() 함수
33  $person_id = implode("*", $person_id);
34  echo "person_id = $person_id";
35  ?>
36
37  </body>
38  </html>
```

(5) strcmp() 함수

매개변수로 전달받은 2개의 문자열을 비교(대·소문자 구분)하여 첫 번째 문자열이 크면 0보다 큰 수를, 두 번째 문자열이 크면 0보다 작은 수를, 같으면 0을 리턴 한다.

대·소문자를 구분하지 않는 strcasecmp() 함수가 있다.

(6) strtolower(), strtoupper() 함수

매개변수로 전달받은 문자열을 모두 소문자 또는 대문자로 변환된 문자열을 리턴 한다.

문자열의 첫 글자만 대문자 또는 문자열 내의 모든 단어의 첫 글자를 대문자로 변환하는 ucfirst() 함수와 ucwords() 함수가 있다.

(7) str_replace() 함수

매개변수로 전달받은 문자열($subject)에서 특정 문자열($search)을 찾아 지정한 문자열($replace)로 대체한 후 하나의 문자열을 리턴 한다. 마지막 매개변수($count)는 치환된 개수를 리턴 한다.

(8) strpos() 함수

매개변수로 전달받은 문자열($haystack)에서 특정 문자열($needle)을 찾아 처음 검색된 위치에 대한 인덱스(정수)를 리턴 한다. 문자열의 검색 시작 위치는 0부터 시작하며 검색을 실패하면 false를 리턴 한다. 이때 오프셋(양수)이 주어지면 문자열의 시작 위치에서 오프셋 만큼 지난 이후부터 검색을 시작한다.

strpos() 함수와 유사한 strstr() 함수는 특정 문자열이 처음 검색된 위치부터 나머지 문자열을 리턴 한다. strchr() 함수는 strstr() 함수의 별칭으로 그 기능이 동일하다.

예제 6-15

문자열관련 함수(strcmp(), strtolower(), str_replace(), strpos())에 대한 다음 프로그램을 작성하고 실습해 보자.

▪ string_2.php

```
1    <!DOCTYPE html>
2    <html>
3    <head>
4     <meta charset="UTF-8">
5     <title>내장 함수</title>
6    </head>
7    <body>
8     <b>문자열관련 함수</b></p>
9
10   <?PHP
11   // string_2.php
12   // 문자열관련 함수
13   // strcmp(), strtolower(), str_replace(), strpos() 함수
14
15   // strcmp(), strtolower() 함수
16   $str1 = "I Love You!";
17   $str2 = "i love you!";
18   echo "str1 = $str1 str2 = $str2</p>";
19
20   if (strcmp($str1, $str2)) {
21       $msg = "문자열이 일치하지 않습니다!!";
22   } else {
23       $msg = "문자열이 일치합니다!";
24   }
```

```
25  echo "strcmp = $msg<Br>";
26
27  if (strcmp(strtolower($str1), strtolower($str2))) {
28      $msg = "문자열이 일치하지 않습니다!!<Br>";
29  } else {
30      $msg = "문자열이 일치합니다!";
31  }
32  echo "strtolower = $msg</p>";
33
34  // str_replace() 함수
35  $str_rep = str_replace("love", "LOVE", $str2);
36  echo "str2_replace = $str_rep</p>";
37
38  // strpos() 함수
39  $e_mail = "babo@korea.ac.kr";
40  echo "e_mail = $e_mail<Br>";
41  echo "strpos = ".strpos($e_mail, "@")."<Br>";
42
43  if(strpos($e_mail, "@")) {
44      $msg = "이메일주소 형식이 맞습니다!";
45  } else {
46      $msg = "이메일주소 형식이 맞지 않습니다!!";
47  }
48  echo "strpos = $msg";
49  ?>
50
51  </body>
52  </html>
```

(9) trim() 함수

매개변수로 전달받은 문자열의 앞과 뒤에 있는 공백 문자('\n', '\t', '\r', '\0')를 제거한 문자열을 리턴 한다. 두 번째 문자열 리스트($charlist)는 이 외의 문자를 제거하려 할 경우에 사용한다.

문자열의 앞부분 또는 뒷부분의 공백 문자를 제거하는 ltrim() 함수와 rtrim() 함수가 있다.

(10) nl2br() 함수

매개변수로 전달받은 문자열 내의 줄 바꿈('\n', '\r\n', '\r') 앞에 HTML 줄 바꿈 태그(
 또는 <Br/>)를 넣은 문자열을 리턴 한다.

(11) crypt() 함수

매개변수로 전달받은 문자열을 암호화 알고리즘(DES : Data Encryption Standard)으로 암호화한 문자열(13문자 암호문)을 리턴 한다. 강력한 암호문 생성을 위해 사용자가 임의로 지정하는 $salt(2개의 문자열)를 사용할 수 있다.

(12) md5() 함수

매개변수로 전달받은 문자열에 MD5 메시지 압축 알고리즘(message digest algorithm)을 적용하여 MD5 해시 값을 계산하여 리턴 한다. 두 번째 $raw를 생략(기본 false) 하면 32글자(16진수)를 리턴하고 true로 지정하면 16글자(2진수)를 리턴 한다.

예제 6-16

문자열관련 함수(trim(), nl2br(), crypt(), md5())에 대한 다음 프로그램을 작성하고 실습해 보자.

■ string_3.php

```
1   <!DOCTYPE html>
2   <html>
3   <head>
4    <meta charset="UTF-8">
5    <title>내장 함수</title>
6   </head>
7   <body>
8    <b>문자열관련 함수</b></p>
9
10  <?PHP
11  // string_3.php
12  // 문자열관련 함수
13  // trim(), nl2br(), crypt(), md5() 함수
14
15  // trim() 함수
16  echo "<pre>";
17  $str = "   * I Love You! *   ";
18  printf("str  =%21s<Br>", $str);
19  printf("trim =%21s<Br>", trim($str));
20  printf("trim =%-21s<Br>", trim($str));
21  echo "</pre>";
22
23  // nl2br() 함수
24  $str = "I\nLove\n\rYou!\r\r";
25  echo "str = $str<Br>";
26  echo "nl2br = ".nl2br($str);
27
28  // 문자열 암호화
29  $admin_pw = "adminpw";
30  echo "admin_password = $admin_pw<Br>";
31
32  // crypt() 함수
33  $salt = "SF";
34  echo "crypt_password = ".crypt($admin_pw, $salt)."<Br>";
35
36  // md5() 함수
```

```
37  echo "md5_password = ".md5($admin_pw);
38  ?>
39
40  </body>
41  </html>
```

내장 함수

문자열관련 함수

```
str   =   * I Love You! *
trim =       * I Love You! *
trim =* I Love You! *

str = I Love You!
n12br = I
Love
You!

admin_password = adminpw
crypt_password = SF9xQvEAXjFNQ
md5_password = 70e76a15da00e6301ade718cc9416f79
```

6.4.3 수학관련 함수

PHP 수학관련 주요 내장 함수는 절대 값, 제곱 근, 삼각함수, 로그함수, 지수함수, 난수 생성 등 다양한 함수들을 제공하고 있다.

PHP에서 제공하는 수학관련 내장 함수의 사용법과 설명은 다음과 같다.

```
float ceil ( float $value )
float floor ( float $value )
float round ( float $value [, integer $precision] )
string number_format ( float $number [, integer $decimals [, string $dec_point
[, string $thousands_sep]]] )
mixed max ( mixed $value_1 [, mixed $value_2 [, ... ]] )
mixed min ( mixed $value_1 [, mixed $value_2 [, ... ]] )
integer rand ( [integer $min, integer $max] )
```

함수 이름	설명
ceil	실수 값보다 큰 가장 작은 정수 리턴(무조건 올림)
floor	실수 값보다 작은 가장 큰 정수 리턴(무조건 버림)
round	실수 값 반올림
number_format	천 단위마다 콤마로 형식화된 문자열 리턴
max	최댓값 리턴
min	최솟값 리턴
rand	난수 생성 리턴

(1) ceil(), floor(), round() 함수

이들 함수의 차이점을 간단히 요약하면 ceil() 함수는 소숫점 이하를 무조건 올림을 floor() 함수는 소숫점 이하를 무조건 버린다. round() 함수는 5보다 크면 올림을 작으면 버림 연산을 수행한다.

특히 round() 함수의 경우 두 번째 $precision을 생략하면 소숫점 이하를 반올림한 정수를 리턴 한다. 만일 양수이면 소숫점 아래 $precision + 1 자리에서 반올림한 실수를 리턴하고 음수이면 소숫점 앞 $precision 자리에서 반올림하고 이하 자리는 0으로 채운 정수를 리턴 한다.

예제 6-17

수학관련 함수(ceil(),floor(),round())에 대한 다음 프로그램을 작성하고 실습해 보자.

■ mathematic_1.php

```
1  <!DOCTYPE html>
2  <html>
3  <head>
4   <meta charset="UTF-8">
5   <title>내장 함수</title>
6  </head>
7  <body>
8   <b>수학관련 함수</b></p>
```

```
9
10 <?PHP
11 // mathematic_1.php
12 // 수학관련 함수
13 // ceil(), floor(), round() 함수
14
15 // 변수 정의
16 $su1 = 123456783.497;
17 $su2 = 123456789.521;
18
19 echo "su1 = ".$su1."<Br>";
20 echo "su2 = ".$su2."</p>";
21
22 // ceil(),floor(),round() 함수
23 echo "ceil(su1) = ".ceil($su1)."<Br>";
24 echo "ceil(su2) = ".ceil($su2)."<Br>";
25
26 echo "floor(su1) = ".floor($su1)."<Br>";
27 echo "floor(su2) = ".floor($su2)."<Br>";
28
29 echo "round(su1) = ".round($su1)."<Br>";
30 echo "round(su2) = ".round($su2)."</p>";
31
32 // round() 함수
33 echo "round(su1,1) = ".round($su1, 1)."<Br>";
34 echo "round(su2,1) = ".round($su2, 1)."<Br>";
35
36 echo "round(su1, 2) = ".round($su1, 2)."<Br>";
37 echo "round(su2, 2) = ".round($su2, 2)."<Br>";
38
39 echo "round(su1,-1) = ".round($su1, -1)."<Br>";
40 echo "round(su2,-1) = ".round($su2, -1)."<Br>";
41
42 echo "round(su1,-2) = ".round($su1, -2)."<Br>";
43 echo "round(su2,-2) = ".round($su2, -2);
44 ?>
45
46 </body>
47 </html>
```

(2) number_format() 함수

매개변수로 전달받은 실수를 천 단위마다 콤마로 구분한 형식화된 문자열을 리턴 한다. 두 번째 $decimal은 소숫점이하 자릿수, 세 번째 $dec_point는 소숫점 표시 문자, 네 번째 $thousands_sep는 천 단위 표시 문자를 나타낸다.

만일 첫 번째 $number만 사용하면 소숫점이하 반올림한 정수를 천 단위마다 콤마로 형식화된 문자열을 리턴 한다.

$number와 $decimal를 사용할 경우에는 지정한 소숫점 자릿수만큼 반올림한 수를 천 단위마다 콤마로 형식화된 문자열을 리턴 한다.

그리고 $dec_point와 $thousands_sep를 사용하면 소숫점 표시 문자와 천 단위 표시 문자를 임의의 문자로 바꿔 사용할 수 있다.

(3) max(), min() 함수

max() 함수는 매개변수로 전달받은 값 중에서 가장 큰 값을 리턴 한다. 매개변수가 배열인 경우는 원소 중 가장 큰 값을 리턴 한다. 만일 값이 문자열인 경우는 0으로 평가되어 비교된다.

min() 함수는 max() 함수와 반대로 가장 작은 값을 리턴 한다.

(4) rand() 함수

최솟값과 최댓값 사이의 난수를 생성하여 리턴 한다. 만일 생략하면 0과 최대값(32767) 사이의 난수를 리턴 한다.

예제 6-18

수학관련 함수(number_format(), max())에 대한 다음 프로그램을 작성하고 실습해 보자.

■ mathematic_2.php

```
1   <!DOCTYPE html>
2   <html>
3   <head>
4     <meta charset="UTF-8">
5     <title>내장 함수</title>
6   </head>
7   <body>
8     <b>수학관련 함수</b></p>
9
10  <?PHP
11  // mathematic_2.php
12  // 수학관련 함수
13  // number_format(), max() 함수
14
15  // 변수 정의
16  $su = 123456783.497;
17
18  echo "su = ".$su."</p>";
19
20  // number_format() 함수
21  echo "numer_format(su) = ".number_format($su)."<Br>";
22  echo "numer_format(su,2) = ".number_format($su, 2)."</p>";
23
24  echo "numer_format(su,4) = ".number_format($su, 4, '*', "|")."</p>";
25
26  // max() 함수
```

```
27  $array_idx = array(55, 33, 97, 49);
28  echo "max(value) = ".max(55, 33, 97, 49)."<Br>";
29  echo "max(array) = ".max($array_idx);
30  ?>
31
32  </body>
33  </html
```

수학관련 함수

su = 123456783.497

numer_format(su) = 123,456,783
numer_format(su,2) = 123,456,783.50

numer_format(su,4) = 123|456|783*4970

max(value) = 97
max(array) = 97

6.4.4 날짜와 시간관련 함수

PHP는 날짜와 시간관련 내장 함수들은 여러 가지 형태의 시간과 날짜 정보를 제공한다. 또한 원하는 다양한 형식 문자를 사용하여 형식화할 수 있다.

PHP 날짜와 시간관련 주요 내장 함수의 사용법과 설명은 다음과 같다.

```
integer time ( void )
string date ( string $format [, integer $timestamp ] )
array getdate ( [ integer timestamp ] )


integer mktime ( [ integer $hour = date("H") [, integer $minute = date("i") [,
integer $second = date("s") [, integer $month = date("n") [, integer $day =
date("j") [, integer $year = date("Y")]]]]]] )


boolean checkdate ( integer $month , integer $day , integer $year )
```

함수 이름	설명
time	현재 타임스탬프 리턴
date	타임스탬프에 대한 형식화된 문자열 리턴
getdate	타임스탬프에 대한 연관 배열 리턴
mktime	임의의 시간과 날짜에 대한 타임스탬프 리턴
checkdate	임의의 시간과 날짜(그레고리오력)에 대한 적합 여부 확인

(1) time() 함수

서버의 현재 날짜와 시간에 대한 정수 타임스탬프를 리턴 한다. 이 타임스탬프는 unix 시대(1970년 1월 1일 00:00:00 GMT)를 기준으로 경과된 시간을 초 단위로 계산한 값이다.

(2) date() 함수

매개변수로 전달받은 타임스탬프를 형식문자($format)에서 지정한 형식으로 형식화한 문자열을 리턴 한다. 만일 타임스탬프를 생략하면 현재의 지역 표준시에 대한 정보를 형식화하여 리턴 한다.

다음은 date() 함수에서 사용하는 형식문자와 이에 대한 요약 설명이다.

형식문자	설명
Y	4자리 년도
y	년도(00 ~ 99)
m	월(01 ~ 12)
n	월(1 ~ 12)
d	일(01 ~ 31)
j	일(1 ~ 31)
H	시간(00 ~ 23)
G	시간(0 ~ 23)
h	시간(01 ~ 12)
g	시간(1 ~ 12)
i	분(00 ~ 59)
s	초(00 ~ 59)
A	오전 또는 오후(AM, PM)

형식문자	설명
a	오전 또는 오후(am, pm)
F	영문 월(January ~ December)
M	영문 월(Jan ~ Dec)
l	영문 요일(Sunday ~ Saturday)
D	영문 요일(Sun ~ Sat)
w	0(일요일) ~ 6(토요일)
S	1달 중 몇 번째 날에 대한 접미사(st, nd, rd, th)
z	1년 중 몇 번째 날(0 ~ 365)

(3) getdate() 함수

타임스탬프를 매개변수로 전달받아 날짜와 시간 정보에 대한 연관 배열을 리턴 한다. 만일 타임스탬프를 생략하면 현재의 지역 표준시에 대한 배열을 리턴 한다.

다음은 getdate() 함수가 리턴하는 연관 배열의 키와 시간 정보에 대한 요약 설명이다.

키	설명
seconds	초(0~59)
minutes	분(0~59)
hours	시간(0~23)
mday	일(1~31)
wday	0(일요일) ~ 6(토요일)
mon	월(1~12)
year	4자리 년도
yday	1년 중 몇 번째 날(0 ~ 365)
weekday	영문 요일(Sunday ~ Saturday)
month	영문 월(January ~ December)
0	현재 타임스탬프

(4) mktime() 함수

매개변수로 전달받은 임의의 날짜와 시간에 대한 타임스탬프 값을 리턴 한다. 만일 매개변수에 오류가 있을 경우에는 false를 리턴 한다.

(5) checkdate() 함수

매개변수로 전달받은 날짜가 적합한 날짜(그레고리 력)인지 검사하여 적합하면 true를
그렇지 않으면 false를 리턴 한다.

예제 6-19

날짜와 시간 함수(time(), date(), getdate(), mktime(), checkdate())에 대한 다음 프로그램을
작성하고 실습해 보자.

- date_time.php

```
1   <!DOCTYPE html>
2   <html>
3   <head>
4     <meta charset="UTF-8">
5     <title>내장 함수</title>
6   </head>
7   <body>
8     <b>날짜와 시간관련 함수</b></p>
9
10  <?PHP
11  // date_time.php
12  // 날짜와 시간관련 함수
13  // time(), date(), getdate(), mktime(), checkdate() 함수
14
15  // time() 함수
16  $timestamp = time();
17  echo "timestamp = $timestamp</p>";
18
19  // date() 함수(시간정보 구분자 / - : )
20  echo date("Y-m-d H:i:s A", $timestamp)."<Br>";
21
22  // getdate() 함수
23  $get_date = getdate($timestamp);
24  $get_date = getdate();              // 현재 타임스탬프 생략
25
```

```
26  echo "<pre>";
27  foreach ($get_date as $key => $value) {
28      printf("[%s]=>%s<Br>", $key, $value);
29  }
30  echo "</pre>";
31  echo "</p>";
32
33  // mktime(hour, minute, second, month, day, year) 함수
34  $timestamp = mktime(12, 13, 14, 5, 8, 2020);
35  echo "2020년 5월 8일 12시 13분 14초 TS = $timestamp</p>";
36
37  // checkdate(month, day, year) 함수
38  $check_date = checkdate(2, 29, 2019);
39
40  if ($check_date) {
41      $msg = "적합한 날짜입니다!";
42  } else {
43      $msg = "적합하지 않는 날짜입니다!!";
44  }
45  echo "2019년 2월 29일 = $msg";
46  ?>
47
48  </body>
49  </html>
```

1. 다음 물음에 따라 1부터 10까지 정수의 합을 구하는 함수를 정의하시오.

```PHP
<?PHP
// fcn_su_sum.php
// 함수사용 - 1부터 10까지 정수의 합

// 함수 정의 - 값에 의한 매개변수 전달
①


// 함수 정의 - 참조에 의한 매개변수 전달
②


// 변수 정의
$su1 = 1;
$su2 = 10;

// 함수 호출
$val = su_sum_val($su1, $su2);
$ref = su_sum_ref($su1, $su2);

// 결과 출력
echo "su_sum_val = $val<Br>";
echo "su_sum_ref = $ref<Br>";
?>
```

① 값에 의한 매개변수 전달

② 참조에 의한 매개변수 전달

2. 1차원 배열 원소 중 가장 큰 수를 찾는 [예제 5-2]의 미완성 프로그램이다. 가장 큰 수 찾기와 배열 원소를 출력하는 함수를 각각 정의하시오. 단 값에 의한 매개변수 전달 방법을 사용한다.

$su	[0]	[1]	[2]	[3]	[4]
	77	91	55	34	83

```php
<?PHP
// fcn_array1_find_max.php
// 인덱스배열 원소중 가장 큰 수 찾기

// 큰 수 찾기 함수 정의 - 값에 의한 매개변수 전달
①

// 배열원소 출력 함수 정의
②

// 인덱스배열 정의
$su = array(77, 91, 55, 34, 83);

// 큰 수 찾기 함수 호출
$maxsu = find_max($su);

// 결과 출력
print_array($su);
echo "<Br>maxsu = $maxsu";
?>
```

3. 함수를 사용하여 다음 물음에 따라 2개의 변수 값을 안전하게 교환하는 프로그램을 작성하시오.

변경 전	변경 후
$su1 = 10; $su2 = 20;	$su1 = 20; $su2 = 10;

① 참조에 의한 매개변수 전달 방법

② global 키워드를 사용하는 방법

4. include() 문과 require() 문의 차이점과 소스 코드를 재사용함으로써 얻을 수 있는 장점에 대해 설명하시오.

5. [예제 5-8]의 2학생의 3과목 점수(php, java, html)를 2차원 인덱스 배열로 정의하고 함수를 사용하여 학생별 총점과 과목별 총점 그리고 전체 총점을 계산한 후 출력하는 프로그램을 작성하시오.

① 값에 의한 매개변수 전달 방법

② ①의 결과 프로그램을 include() 문은 사용하는 프로그램으로 작성하시오.

6. 다음 문자열관련 내장 함수들의 실행 결과를 답 하시오.

```php
<?PHP
// ex_libfcn_string.php
// 문자열 관련 내장함수

// 변수 정의
$su1=123;
$su2=123.954;
$tel_no = "010-1004-2004";

echo "<pre>";
// 문자열 처리 및 출력
printf("%d<Br>", $su1);
printf("%10d<Br>", $su1);

printf("%.2f<Br>", $su2);
printf("%2.1f<Br>", $su2);
printf("%8.2f<Br>", $su2);

printf("%-5d<Br>", strlen($tel_no));

printf("%5s<Br>", substr($tel_no, 4, 4));
printf("%10s<Br>", substr($tel_no, 8));
printf("%5s<Br>", substr($tel_no, -4));

$explode_array = explode("-", $tel_no);
print_r($explode_array);
echo "<Br>";

echo count($explode_array)."<Br>";

$implode_string = implode("*", $explode_array);
printf("implode_string = %15s", $implode_string);
echo "</pre>"
?>
```

7. 다음 수학관련 내장 함수들의 실행 결과를 답 하시오.

```php
1   <?PHP
2   // ex_libfcn_mathematic.php
3   // 수학관련 내장 함수
4
5   // 변수 정의
6   $num = 12345.678;
7
8   // 결과 출력
9   echo ceil($num)."<Br>";
10  echo floor($num)."</p>";
11
12  echo round($num)."<Br>";
13  echo round($num, 0)."<Br>";
14  echo round($num, 2)."<Br>";
15  echo round($num, -2)."</p>";
16
17  echo number_format($num)."<Br>";
18  echo number_format($num, 2)."</p>";
19
20  echo number_format(ceil($num))."<Br>";;
21
22  echo number_format(floor($num));
23  echo "</pre>";
24  ?>
```

CHAPTER 7

요청과 응답 정보처리

7.1 요청과 응답 인터페이스 설계

클라이언트는 웹 브라우저의 폼을 통해 정보를 입력한 후 PHP 스크립트를 호출하여 서비스를 요청(request)한다.

호출된 서버의 PHP 스크립트는 전송된 요청 정보를 추출하고 가공 처리한 후 HTML 웹 페이지를 클라이언트에게 응답(response)한다.

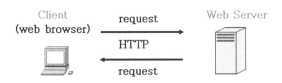

클라이언트와 서버간의 서비스 요청과 응답은 기본적으로 폼을 통해 이루어진다. 이 절에서는 요청과 응답 인터페이스 폼 설계와 관련된 HTML과 CSS 그리고 Java Script 언어에 대해 살펴보기로 한다.

특히 PHP 프로그래밍을 학습하는 과정에서 반드시 필요한 관련된 기초 지식을 중심으로 요약 정리하였다.

HTML 표준화는 다음과 같이 웹 페이지에 대한 역할 분담 형식으로 추진되고 있다.

- HTML : 웹 페이지 내용(contents) 작성 - "무엇을"
- CSS : 웹 페이지 스타일(style) 지정 - "어떻게"
- Java Script : 동적 웹 페이지 작성 - "동작(event)", "행위(action)"

> 🔍 **참고**   HTML 표준화
>
> - W3C(World Wide Web Consortium) : 1994년 미국 MIT 컴퓨터과학연구소와 프랑스 INRIA 등 주도로 창립한 국제 컨소시엄, HTML 표준화 추진
> - WHATWG(Web Hypertext Application Technology Working Group) : 2004년 애플, 구글, 모질라 재단, 오페라 소프트웨어 등 주도로 설립한 단체, 독자적인 새로운 웹 표준 추진

7.1.1 HTML

HTML(현재 HTML5 표준화)은 Hyper Text Markup Language의 약자로 하이퍼텍스트 기능을 갖는 웹 페이지의 내용을 작성하는 언어로 정적 웹 페이지에 의한 정적 웹 서비스 만을 지원한다.

(1) HTML의 기본 구조

① 엘리먼트(element)는 시작 태그와 종료 태그로 이루어진 웹 페이지의 기본 구성 요소이다.

> 엘리먼트 = 〈시작 태그〉내용(콘텐츠)〈/종료 태그〉

② 태그(tag)는 미리 약속된 표시명령(Markup)으로 사용하는 목적(쓰임새, 용도)에 따라 여러 가지 종류의 태그가 정해져 있다.

③ 엘리먼트는 속성(attribute)을 가질 수 있으며 항상 시작 태그에 속성이름="값" 형태로 기술한다. 이때 속성은 엘리먼트에 대한 추가적인 정보를 제공하며 각 태그마다 사용하는 속성과 속성 값이 각각 다르다.

(2) 폼 관련 HTML 엘리먼트

엘리먼트	설명
〈form〉	폼 정의
〈fieldset〉	폼 내부 관련 엘리먼트들을 그룹핑
〈legend〉	〈fieldset〉 태그 영역에 대한 캡션 지정
〈label〉	태그 앞 라벨 정의
〈input〉	사용자의 데이터 입력 형식 정의
〈select〉	정해진 목록으로부터 선택(드롭 콤보)
〈textarea〉	다량의 문자(text) 데이터 입력

(3) 〈form〉태그 속성

속성	속성 값	설명
name	문자열	〈form〉태그 이름
method	get, post	폼 데이터 전송 방법
action	URL	폼 데이터 전송할 URL 정의
enctype	multipart/form-data	post 전송 파일 업로드 경우 사용

(4) 〈input〉태그 속성

속성	속성 값	설명
type	text	1줄 텍스트 데이터 입력
	password	비밀번호 입력 경우 '*' 표시(보안)
	radio	옵션(라디오) 버튼(단일 선택)
	checkbox	체크 박스(다중 선택)
	file	파일 업로드
	submit	폼 데이터 지정 URL로 전송 버튼
	reset	입력 데이터 취소 버튼
	hidden	숨겨진 입력
name	문자열	〈input〉태그 이름(폼 데이터 전송 경우 파라미터)
size	정수	〈input〉태그의 크기(폭)
maxlength	정수	〈input〉태그의 최대 입력 가능 문자 수
required		필수 입력(데이터 입력 여부 자동 체크)
readonly		읽기 전용
auto focus		포커스 설정

(5) 테이블 관련 HTML 엘리먼트

엘리먼트	설명
〈table〉	테이블 정의
〈caption〉	테이블 캡션 지정
〈tr〉	테이블의 줄
〈th〉	테이블의 칸(제목)
〈td〉	테이블의 칸(내용)

7.1.2 CSS

CSS(현재 CSS3 표준화)는 Cascading Style Sheet의 약자로 HTML과 같은 마크업 언어가 실제 화면에 표시되는 방법(style)을 기술하는 언어이다.

HTML과 CSS를 혼합하여 사용하였던 기존 형식에서 분리되어 주로 웹 페이지의 폼 레이아웃을 정의할 때 사용한다.

(1) CSS 기본 형식

CSS의 기본 형식은 HTML의 <head> ~ </head> 내부에 기술하며 출력 형태를 다음과 같은 형식으로 지정한다. 주석문(/* ~ */) 사용도 가능하다.

```
선택자 { 속성 : 값 ; [ [ 속성 : 값 ; ]  ...  ] }
```

(2) 선택자(selector)

기본 형식의 선택자는 CSS 적용 대상을 의미하며 HTML 엘리먼트(태그) 이름, 아이디, 클래스, 그룹핑 등을 선택하여 스타일을 지정할 수 있다.

■ element 선택자

element 선택자는 HTML 엘리먼트(태그) 이름을 기준으로 CSS를 적용한다.

```
태그이름 { 속성 : 값 ; [ [ 속성 : 값 ; ]  ...  ] }
```

■ id 선택자

id 선택자는 특정 태그에 <태그명 id="식별자"></태그명> 속성이 지정된 경우에 id 이름을 기준으로 CSS를 적용한다.

```
#식별자 { 속성 : 값 ; [ [ 속성 : 값 ; ]  ...  ] }
```

- class 선택자

  class 선택자는 특정 태그에 \<태그명 class="식별자"\>\</태그명\> 속성이 지정된 경우
  에 class 이름을 기준으로 CSS를 적용한다.

  ```
  .식별자 { 속성 : 값 ; [ [ 속성 : 값 ; ] … ] }
  ```

- grouping 선택자

  grouping 선택자는 콤마(comma)로 구분된 여러 개의 선택자에게 동일한 CSS를 적
  용한다.

  ```
  선택자1, 선택자2, … { 속성 : 값 ; [ [ 속성 : 값 ; ] … ] }
  ```

- 의사 클래스

  의사 클래스(pseudo-class)는 '클래스가 정의된 것처럼 한다'는 의미로 CSS를 적용한다.

  ```
  :
  ```

예 〈a〉 태그에 의사 클래스를 이용한 CSS 적용

```
a:link  { color : blue ; }     /* 방문 전 링크 스타일(색) */
a:visited  { color : red ; }   /* 방문 후 링크 스타일(색) */
a:hover  { color : yellow ; }  /* 마우스 포인터가 링크 위에 놓일 경우 링크 스타일(색) */
a:active  { color : yellow ; } /* 마우스 클릭 경우 링크 스타일(색) */
```

(3) CSS 적용 방법

CSS 적용 방법은 인라인 스타일시트(inline style sheet), 내부 스타일시트(internal style
sheet), 외부 스타일시트(external style sheet)으로 구분한다.

■ 인라인 단위 적용 방법

인라인 스타일시트(inline style sheet) 방법은 특정 태그에만 스타일을 적용한다. 특정 태그에 스타일을 지정하는 형식은 다음과 같다.

```
<시작태그 style="속성 : 값 ; [ [ 속성 : 값 ; ]  ... ] ">내용</종료태그>
```

■ 페이지 단위 적용 방법

내부 스타일시트 방법으로 특정 웹 페이지에만 스타일을 적용한다. 특정 웹 페이지에 적용되는 스타일은 해당 웹 페이지의 HTML <head> ~ </head> 내부에 다음과 같은 형식으로 스타일을 지정한다.

```
<head>
  <style>
  선택자1 { 속성 : 값 ; [ [ 속성 : 값 ; ]  ... ] }
  선택자2 { 속성 : 값 ; [ [ 속성 : 값 ; ]  ... ] }
  .................
  </style>
</head>
```

■ 파일 단위 적용 방법

외부 스타일시트 방법은 웹 사이트의 1개 이상의 웹 페이지에 동일한 스타일을 적용할 수 있다. 스타일을 공용으로 사용하는 각 웹 페이지의 HTML <head> ~ </head> 내부에 링크 형식으로 스타일을 지정한다.

이때 웹 페이지에 적용할 스타일을 포함하고 있는 외부 파일은 미리 저장(<style> ~ </style> 생략, 파일 확장자 .css)해 놓아야 한다.

```
<head>
  <link rel="stylesheet" href="파일명.css">
</head>
```

- CSS 적용 우선순위

웹 페이지에 적용되는 스타일의 우선순위는 인라인, 내부, 외부, 브라우저 기본 스타일시트 순으로 적용된다.

그러므로 다음 예의 경우 최종 <p> 엘리먼트의 color 속성은 "blue"가 적용된다.

예 스타일시트 적용 우선순위

```
external style sheet        p {color: green;}
internal style sheet        p {color: red;}
inline style                p style="color: blue;"
```

예제 7-1

다음 회원 가입을 위한 요청 인터페이스 폼을 설계하고 HTML과 CSS를 사용하는 프로그램을 작성하고 실습해 보자.

특히 취미는 다중 선택이 가능하도록 체크 박스의 name 속성을 동일한 이름의 배열(hobby[]) 로 설정한다. 체크 박스에서 선택된 항목의 value 속성 값은 슈퍼 전역변수 $_POST["hobby"] (post 전송 경우)로 서버에게 전송된다.

실행 결과를 확인하면서 HTML과 CSS 사용법을 익히도록 하자.

- customer_form_input.html

```
1   <!DOCTYPE html>
2   <html>
3   <head>
```

```
4   <title>회원 가입 폼(customer_form_input.html)</title>
5   <meta charset="UTF-8">
6
7   <style>
8    table {width:400px; border-collapse:collapse; border:2px solid black;}
9    caption {font-size:20pt; font-weight:bold;}
10   th, td {border:1px solid grey; padding:3px;}
11   th {width:25%; background-color:#CFD0ED; text-align:left;}
12   td {background-color:#FAFAEE; text-align:left;}
13   .msg_red {font-size:10pt; color:red;}
14   </style>
15
16  <!--
17   <link rel="stylesheet" href="../common/css/customer_form.css">
18  -->
19  </head>
20
21  <body>
22  <form name="customer_form"  method="post" action="customer_form_output.php">
23   <table>
24    <caption>회원 가입</caption>
25    <tr>
26     <th><span class="msg_red">*</span>아 이 디</th>
27     <td><input type="text" name="id" size="10" maxlength="10" required autofocus></td>
28    </tr>
29    <tr>
30     <th><span class="msg_red">*</span>비밀번호</th>
31     <td><input type="password" name="pw" size="11" maxlength="10" required></td>
32    </tr>
33    <tr>
34     <th><span class="msg_red">*</span>이  름</th>
35     <td><input type="text" name="name" size="10" maxlength="5" required></td>
36    </tr>
37    <tr>
38     <th>  성  별</th>
39     <td><input type="radio" name="gender" value="M">남자   
40         <input type="radio" name="gender" value="F">여자</td>
41    </tr>
```

```
42    <tr>
43     <th>  취  미</th>
44     <td><input type="checkbox" name="hobby[]" value="등산">등산  
45         <input type="checkbox" name="hobby[]" value="낚시">낚시  
46         <input type="checkbox" name="hobby[]" value="독서">독서  
47         <input type="checkbox" name="hobby[]" value="테니스">테니스</td>
48    </tr>
49    <tr>
50     <td colspan="2" style="text-align:center;">
51         <input type="submit" value="전송">
52         <input type="reset" value="취소"></td>
53    </tr>
54   </table>
55  </form>
56
57  </body>
58  </html>
```

내부 스타일 시트(7행 ~ 14행)은 주석문 처리하고 다음과 같이 스타일 시트의 내용만을
외부 스타일 시트로 저장한다. 그리고 외부 스타일 시트(16행 ~ 18행)의 주석문을 해제
한 후 다시 실행해 보자.

■ customer_form.css

```
1    /* 회원 정보 입력 폼 스타일시트
2      ../common/css/customer_form.css */
3
4    table {width:400px; border-collapse:collapse; border:2px solid black;}
5    caption {font-size:20pt; font-weight:bold;}
6    th, td {border:1px solid grey; padding:3px;}
7    th {width:25%; background-color:#CFD0ED; text-align:left;}
8    td {background-color:#FAFAEE; text-align:left;}
9    .msg_red {font-size:10pt; color:red;}
```

css 저장 폴더 구조

7.1.3 Java Script

자바 스크립트는 자바 언어(Java)와 다른 넷스케이프 커뮤니케이션즈(Netscape Communi-cation)사가 개발한 객체 기반의 스크립트 언어이다. 클라이언트의 웹 페이지에 대한 추가적인 동작(event)이나 행위(action)에 동적으로 반응함으로써 HTML의 단점을 보완하여 사용자와의 상호작용을 가능하게 한다.

자바 스크립트를 포함하는 HTML 웹 페이지는 클라이언트로 전송되고 브라우저에 의해 해석되고 실행된다. 그러나 소스 코드가 노출되는 문제점이 있다.

자바 스크립트의 사용 형식은 내부 자바 스크립트와 외부 자바 스크립트 형태로 다음과 같이 다양하게 사용할 수 있다.

(1) 내부 자바 스크립트

■ 기본 형

HTML 웹 페이지에 포함되는 자바 스크립트로 시작 태그(<script>)와 끝 태그 (</script>)의 쌍으로 표기하는 것을 기본으로 한다.

예제 7-2

내부 자바 스크립트(기본 형)에 대한 다음 프로그램을 작성하고 실습해 보자.

▪ js_internal_1.html

```
1  <!DOCTYPE html>
2  <html>
3  <head>
4    <meta charset="UTF-8">
5    <title>java script(js_internal_1.html)</title>
6    <script>
7      alert("기본 형 java script");
8    </script>
9  </head>
10 <body>
11
12 </body>
13 </html>
```

 **참고** 자바 스크립트 내장함수

• alert() 함수 : 메시지 팝업 창과 [확인] 버튼 출력
• confirm() 함수 : 메시지 팝업 창과 [확인] [취소] 버튼 출력

■ 축약(행 입력) 형

가장 간단한 사용 형태로 시작과 끝 태그 대신에 "javascript:"를 사용한다.

예제 7-3

내부 자바 스크립트(축약/행 입력 형)에 대한 다음 프로그램을 작성하고 실습해 보자.

■ js_internal_2.html

```
1   <!DOCTYPE html>
2   <html>
3   <head>
4    <meta charset="UTF-8">
5    <title>java script(js_internal_2.html)</title>
6   </head>
7   <body>
8
9    <a href="javascript:alert('축약(행 입력) 형 java script');">확인</a>
10
11  </body>
12  </html>
```

■ 함수(메소드) 형

함수를 정의하고 함수를 호출하는 형태 또는 마우스나 키보드 조작 등과 같이 객체 (object)에 발생한 특정 이벤트에 대한 객체의 고유한 반응인 이벤트 핸들러로 사용한다. 이벤트 핸들러는 함수(function) 또는 메소드(method)에 해당한다.

예제 7-4

내부 자바 스크립트(함수/메소드 형)에 대한 다음 프로그램을 작성하고 실습해 보자.

- js_internal_3.html

```
1   <!DOCTYPE html>
2   <html>
3   <head>
4    <meta charset="UTF-8">
5    <title>java script(js_internal_3.html)</title>
6    <script>
7     function js_check() {
8        alert("함수/메소드 형 java script");
9     }
10   </script>
11  </head>
12  <body>
13
14   <a href="javascript:js_check()">[ 확인 ]</a></p>
15
16   <form name="java_script_test_form">
17     <input type="button" value="확인" onClick="js_check()">
18   </form>
19
20  </body>
21  </html>
```

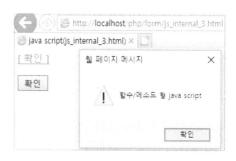

- 이벤트(event) : 객체에 대한 외부의 자극 또는 사건
- 이벤트 핸들러(event handler) : 특정 이벤트에 대한 객체의 고유한 반응, 함수 또는 메소드에 해당
- 이벤트 핸들러 이름 : 이벤트 이름 앞에 'on'을 붙임
  예 onClick() : click 이벤트에 대한 실행 이벤트 핸들러
     onSubmit() : submit 이벤트에 대한 실행 이벤트 핸들러

(2) 외부 자바 스크립트

외부 자바 스크립트(링크 형)는 웹 사이트 내에서 자바 스크립트를 공용으로 재사용하려는 목적과 소스 코드의 노출을 막기 위해 사용한다.

기본 형식은 HTML의 <head> ~ </head> 내부에 "src" 속성 값으로 미리 외부 파일로 저장한 자바 스크립트의 URL을 지정해 주어야 한다.

이때 외부 파일은 "<script> ~ </script>"를 생략하고 적용할 자바 스크립트 만을 포함하며 저장 파일의 확장자는 .js를 사용한다.

예제 7-5

외부 자바 스크립트에 대한 다음 프로그램을 작성하고 실습해 보자.
실행 결과 첫 번째 [확인] 버튼을 클릭하면 이어서 confirm() 함수가 실행된다.

■ js_external.js

```
1    // 외부 자바 스크립트
2    // ../common/js/js_external.js
3
4      alert("외부 java script");
5      confirm("confirm() 내장함수 출력");
```

js 저장 폴더 구조

■ js_external.html

```
1   <!DOCTYPE html>
2   <html>
3   <head>
4    <meta charset="UTF-8">
5    <title>java script(js_external.html)</title>
6    <script src="../common/js/js_external.js"></script>
7   </head>
8   <body>
9
10  </body>
11  </html>
```

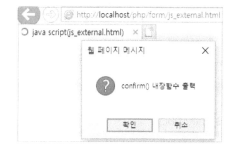

7.2 정보 전송과 전송 데이터 참조

이 절에서는 웹 브라우저가 요청 인터페이스 폼을 통해 클라이언트의 요청 정보를 서버로 전송하는 방식과 서버의 PHP에서 요청 데이터의 참조와 응답 처리에 대해 살펴본다.

클라이언트의 웹 브라우저를 통해 서버로 정보를 전송하는 방식에는 get 방식과 post 방식이 있다.

post 방식은 HTTP 요청 메시지의 몸체(body)에 포함되어 전송되며 get 방식은 url 뒤에 쿼리문자열로 HTTP 요청 메시지의 헤더(header)에 포함되어 전송된다.

예 post 방식

```
<form name="customer_form" method="post" action="customer_form_output.php">
```

예 get 방식

```
<form name="customer_form" method="get" action="customer_form_output.php">
또는
<a href="./board_contents.php?seqno=12&pageno=5"> </a>
```

하이퍼링크를 사용하는 get 방식의 전송은 <a> 엘리먼트의 href 속성 값으로 url 뒤에 "파라미터=파라미터 값"의 쌍으로 기술한다. 이때 url과 파라미터는 '?'로 구분하고 1개 이상의 파라미터를 전송할 경우에는 파라미터 사이를 '&'로 구분한다.

전송 방식에 따라서 post 방식과 get 방식은 다음과 같이 약간의 차이점이 있다.

post와 get 전송

구분	post 방식	get 방식
HTML	\<form method="post"\>	\<form method="get"\> \<a href="url?p1=v1&p2=v2&..."\> \</a\>
전송 방법	http 메시지 몸체(body) 포함 전송	URL을 통한 전송
보안성	우수	취약(노출)
전송 용량	대용량 전송	데이터 용량 제한

7.2.1 전송 데이터 참조

서버로 전송된 데이터에 대한 PHP에서 데이터의 추출과 참조는 슈퍼 전역변수를 통해 이루어진다.

전송 데이터의 참조와 관련된 슈퍼 전역변수에는 $_GET, $_POST, $_REQUEST가 있다. 반드시 대문자로 표기해야 한다.

정보 전송 방식에 따라서 post 방식이면 $_POST 슈퍼 전역변수를, get 방식이면 $_GET 슈퍼 전역변수를 각각 참조한다.

이때 슈퍼 전역변수 $_GET과 $_POST는 폼에서 사용한 HTML 태그의 'name' 속성을 배열 원소의 키로, 'value' 속성을 배열 원소의 값으로 하는 연관 배열이다.

그리고 $_REQUEST 슈퍼 전역변수는 전송 방식이 post 방식 또는 get 방식과 관계없이 전송 데이터를 모두 참조할 수 있다.

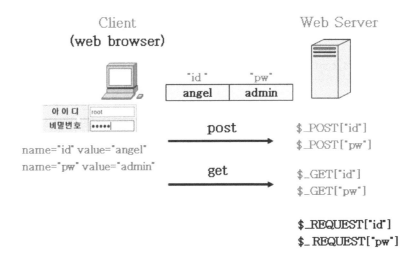

예제 7-6

[예제 7-1]의 회원 가입 요청 폼(customer_form_input.html) 정보를 post 방식으로 전송하였을 경우에 슈퍼 전역변수를 사용한 PHP의 전송 데이터 추출과 참조에 대한 다음 프로그램을 작성하고 실습해 보자.

데이터 처리와 함께 페이지 이동과 관련한 HTML의 ⟨a⟩ 엘리먼트와 자바 스크립트 사용법을 익히자.

특히 취미 처리 부분을 눈여겨보기 바란다. 체크 박스에서 선택된 항목의 value 속성 값이 슈퍼 전역변수 $_POST(post 전송 경우) 연관 배열 안에 name 속성(hobby)의 1차원 인덱스 배열 형태로 서버에게 전송된다.

■ customer_form_output.php

```php
1   <!DOCTYPE html>
2   <html>
3   <head>
4     <meta charset="UTF-8">
5     <title>회원가입 폼 전송</title>
6   </head>
7   <body>
8    <b>전송 데이터 추출과 참조</b></p>
9
10  <?PHP
11  // customer_form_output.php
12  // 전송 데이터(연관배열) 추출과 참조
13
14  // 전송 데이터 확인
15  print_r($_POST);
16  echo "<Br>";
17
18  print_r($_GET);
19  echo "<Br>";
20
21  print_r($_REQUEST);
22  echo "</p>";
23
24  // 전송데이터(클라이언트) PHP 변수 할당
25  $id = $_POST["id"];
```

```php
26  $pw = $_POST["pw"];
27  $name = $_POST["name"];
28
29  if (empty($_POST["gender"])) {
30      $gender = "";
31  } else {
32      $gender = $_POST["gender"];
33  }
34
35  if (isset($_POST["hobby"])) {
36      $hobby = $_POST["hobby"];   // 1차원 인데스배열
37      $cnt = count($hobby);        // 배열 원소 수
38  } else {
39      $hobby = "";
40      $cnt = 0;
41  }
42
43  // 전송데이터 출력
44  echo "아이디 = $id<Br>";
45  echo "비밀번호 = $pw<Br>";
46  echo "이름 = $name<Br>";
47  echo "성별 = $gender<Br>";
48
49  echo "취미 = ";
50  if ($cnt > 0) {
51
52      for ($i = 0; $i < $cnt; $i++) {
53          echo $hobby[$i]." ";
54      }
55  }
56  echo "</p>";
57
58  // 페이지 이동 - <a> 엘리먼트
59  echo "<a href='./customer_form_input.html'>[ 입력 폼 ]</a>";
60  ?>
61
62  </body>
63  </html>
```

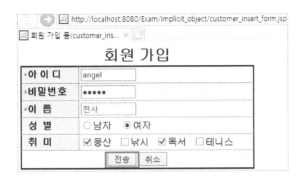

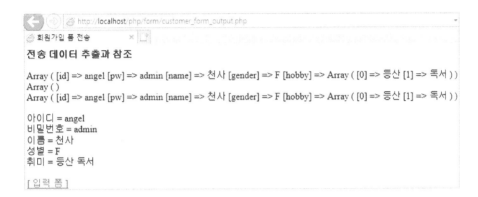

7.3 요청과 응답 정보처리 PHP 프로그래밍

앞 절에서 요청과 응답을 위한 인터페이스 폼 설계와 정보 전송 방식 및 전송 데이터의
참조에 대해 살펴보았다.

이 절에서는 이제까지 학습한 내용을 바탕으로 동적 웹 서비스를 위한 전송 데이터를 이
용한 PHP 프로그래밍에 대해 학습한다.

* 요청과 응답 인터페이스 폼 설계 - HTML, CSS

* 서버 응답처리 - PHP, HTML, CSS, Java Script
  - 자바 스크립트를 사용한 전송 데이터 확인 및 페이지 이동

예제 7-7

클라이언트가 요청한 2개의 정수(임의의 정수, 순서 무시)를 전송받아 주어진 정수 구간의 합을 구한 후 HTML 테이블 형식으로 응답하는 다음 프로그램을 작성하고 실습해 보자.

[처리 조건]

① 요청과 응답 인터페이스 폼 설계 - HTML, CSS

② get 방식의 전송과 데이터 유효성 확인 - HTML required 속성이 설정되었더라도 반드시 유효성을 확인한다.

③ 전송 데이터 교환(시작 수 > 끝 수 경우)과 정수 구간 합 - 함수 정의

④ 요청과 응답은 동일한 인터페이스 폼 사용 - 응답 경우 1줄(구간 합) 추가

⑤ 자바 스크립트 사용 - 전송 데이터 유효성 확인, 페이지 이동

■ table_200_50.css

```
1    /* ../common/css/table_200_50.css */
2
3    table {width:200px; text-align:center; border:2px solid black;
4         border-collapse:collapse;}
5    caption {font-size:15pt; font-weight:bold;}
6
7    th, td {border:1px solid grey; padding:3px;}
8    th {width:50%; background-color:#CFD0ED;}
9    td {background-color:#FAFAEE; text-align:left;}
```

■ form_sum_start_end.html

```
1   <!DOCTYPE html>
2   <html>
3   <head>
4    <title>정수 구간 합(form_sum_start_end.html)</title>
5    <meta charset="utf-8">
6    <link rel="stylesheet" href="../common/css/table_200_50.css">
7   </head>
8
9   <body>
10  <form name="sum_form" method="GET" action="form_sum_start_end.php">
11   <table>
12    <caption>정수 구간 합</caption>
13    <tr>
14     <th>시작 수</th>
15     <td><input type="text" name="s_su" size="10" maxlength="3" autofocus></td>
16    </tr>
17    <tr>
18     <th>끝 수</th>
19     <td><input type="text" name="e_su" size="10" maxlength="3"></td>
20    </tr>
21    <tr>
22     <td colspan="2" style="text-align:center;">
23        <input type="submit" value="전송">
24        <input type="reset" value="취소"></td>
25    </tr>
26   </table>
27  </form>
28
29  </body>
30  </html>
```

■ form_sum_start_end.php

```php
1   <?PHP
2   // form_sum_start_end.php
3   // 임의의 2개 정수구간 수의 합
4
5   // 정수 비교 및 교환 함수 정의(참조)
6   function compare_exchange(&$s_su, &$e_su) {
7
8       if ($s_su > $e_su) {
9
10          $temp = $s_su;
11          $s_su = $e_su;
12          $e_su = $temp;
13
14      }
15  }
16
17  // 정수 구간의 합 계산 함수 정의(값)
18  function su_sum($s_su, $e_su) {
19
20      $sum = 0;
21
22      for ($s_su; $s_su <= $e_su; $s_su++){
23          $sum = $sum + $s_su;
24      }
25      return $sum;
26  }
27
28  // 전송 데이터 확인
29  if (empty($_GET["s_su"]) || empty($_GET["e_su"])) {
30      echo "<script>alert('임의 정수를 모두 입력하시오!');
31                  history.go(-1);
32          </script>";
33      exit();
34  }
35
36  // 전송 데이터 변수 할당
```

```
37  $s_su = $_GET["s_su"];
38  $e_su = $_GET["e_su"];
39
40  // 정수 비교 및 교환
41  compare_exchange($s_su, $e_su);
42
43  // 정수 구간의 합 계산
44  $sum = su_sum($s_su, $e_su);
45
46  // 결과 출력
47  ?>
48
49  <!DOCTYPE html>
50  <html>
51  <head>
52   <title>정수 구간 합(form_sum_start_end.html)</title>
53   <meta charset="utf-8">
54   <link rel="stylesheet" href="../common/css/table_200_50.css">
55  </head>
56
57  <body>
58  <form name="sum_form">
59   <table>
60    <caption>정수 구간 합</caption>
61    <tr>
62     <th>시작 수</th>
63     <td><input type="text" size="10" value="<?= $s_su; ?>" readonly></td>
64    </tr>
65    <tr>
66     <th>끝 수</th>
67     <td><input type="text" size="10" value="<?= $e_su; ?>" readonly></td>
68    </tr>
69    <tr>
70     <th>구간 합</th>
71     <td><input type="text" size="10" value="<?= $sum; ?>" readonly></td>
72    </tr>
73    <tr>
74     <td colspan="2" style="text-align:center;">
```

```
75          <a href="./form_sum_start_end.html">[ 확인 ]</a>
76     </td>
77    </tr>
78    </table>
79   </form>
80
81   </body>
82   </html>
83
84   <?PHP
85   // 페이지 이동 - 자바 스크립트
86   echo "<script>
87            alert('이전 브라우저 url 페이지로 이동합니다!');
88            history.go(-1);
89         </script>";
90   ?>
```

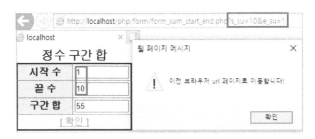

참고   자바 스크립트 페이지 이동

- history.go(), history.back() : history 객체의 go() 또는 back() 메소드를 사용하여 웹 브라우저가 가지고 있는 이전 페이지로 이동
- location.href="url" : location 객체의 href 속성 값(url) 페이지로 이동

예제 7-8

[예제 7-7]의 클라이언트 요청 프로그램(form_sum_start_end.html)의 10행(form 태그)을 아래와 같이 수정하고 저장한 후 다음 프로그램을 작성하고 실습해 보자.

클라이언트 요청 프로그램(form_sum_start_end.html)을 다시 실행하고 그 결과를 서로 비교해보자.

▪ form_sum_start_end.html

```
10  <!--
11  <form name="sum_form" method="GET" action="form_sum_start_end.php">
12  -->
13  <form name="sum_form" method="GET" action="form_sum_start_end_2.php">
```

▪ form_sum_start_end_2.php

```
1   <?PHP
2   // form_sum_start_end_2.php
3   // 임의의 2개 정수구간 수의 합
4
5   // 정수 비교 및 교환 함수 정의(참조)
6   function compare_exchange(&$s_su, &$e_su) {
7
8       if ($s_su > $e_su) {
9
10          $temp = $s_su;
11          $s_su = $e_su;
12          $e_su = $temp;
13
14      }
15  }
16
17  // 정수 구간의 합 계산 함수 정의(값)
18  function su_sum($s_su, $e_su) {
19
20      $sum = 0;
21
```

```
22      for ($s_su; $s_su <= $e_su; $s_su++){
23          $sum = $sum + $s_su;
24      }
25      return $sum;
26  }
27
28  // 전송 데이터 확인
29  if (empty($_GET["s_su"]) || empty($_GET["e_su"])) {
30      echo "<script>alert('임의 정수를 모두 입력하시오!');
31                  history.go(-1);
32          </script>";
33      exit();
34  }
35
36  // 전송 데이터 변수 할당
37  $s_su = $_GET["s_su"];
38  $e_su = $_GET["e_su"];
39
40  // 정수 비교 및 교환
41  compare_exchange($s_su, $e_su);
42
43  // 정수 구간의 합 계산
44  $sum = su_sum($s_su, $e_su);
45
46  // 결과 출력
47  ?>
48
49  <!DOCTYPE html>
50  <html>
51  <head>
52   <title>정수 구간 합(form_sum_start_end.html)</title>
53   <meta charset="utf-8">
54   <link rel="stylesheet" href="../common/css/table_200_50.css">
55  </head>
56
57  <body>
58  <form name="sum_form">
59   <table>
```

```
60    <caption>정수 구간 합</caption>
61    <tr>
62     <th>시작 수</th>
63     <td><?= $s_su; ?></td>
64    </tr>
65    <tr>
66     <th>끝 수</th>
67     <td><?= $e_su; ?></td>
68    </tr>
69    <tr>
70     <th>구간 합</th>
71     <td><?= $sum; ?></td>
72    </tr>
73    <tr>
74    <td colspan="2" style="text-align:center;">
75        <a href="./form_sum_start_end.html">[ 확인 ]</a>
76    </td>
77    </tr>
78    </table>
79   </form>
80
81   </body>
82   </html>
```

예제 7-9

[예제 6-5]와 [예제 6-12] 클라이언트가 요청한 3과목 점수(php, java, html)를 전송받아 각
점수에 대한 5단계(A~F) 평가와 총점 및 평균을 계산한 후 HTML 테이블 형식으로 응답하는
다음 프로그램을 작성하고 실습해 보자.

[처리 조건]

① 요청 인터페이스 폼 설계 : [예제 7-7] table_200_50.css

② 응답 인터페이스 폼 설계 : 웹 브라우저 화면 전체(100%) 활용, table_100.css

■ table_100.css

```
1   /* ../common/css/table_100.css */
2
3   table {width:100%; text-align:center; border:2px solid black; border-collapse:collapse;}
4   caption {font-size:15pt; font-weight:bold;}
5
6   th, td {border:1px solid grey; padding:3px;}
7   th {background-color:#CFD0ED;}
8   td {background-color:#FAFAEE; text-align:center;}
```

성적처리 결과 출력

php	java	html	총점	평균
89(B)	91(A)	59(F)	239	79.67
[점수입력]				

③ 데이터 유효성 확인

④ [예제 6-12] 학점 체크와 총점 및 평균 계산 – include 문 재사용(파일 복사)

■ form_sungjuk.html

```
1   <!DOCTYPE html>
2   <html>
3   <head>
4    <title>성적 처리(form_sungjuk.html)</title>
5    <meta charset="utf-8">
6    <link rel="stylesheet" href="../common/css/table_200_50.css">
7   </head>
8
9   <body>
10
11  <form name="sungjuk_form" method="post" action="form_sungjuk.php">
12   <table>
13    <caption>점수 입력</caption>
14    <tr>
15     <th>php</th>
16     <td><input type="text" name="jumsu[]" size="10" maxlength="3" required autofocus></td>
17    </tr>
18    <tr>
19     <th>java</th>
20     <td><input type="text" name="jumsu[]" size="10" maxlength="3" required></td>
21    </tr>
22    <tr>
23     <th>html</th>
24     <td><input type="text" name="jumsu[]" size="10" maxlength="3" required></td>
25    </tr>
26    <tr>
27     <td colspan="2" style="text-align:center;">
28         <input type="submit" value="전송">
```

```
29          <input type="reset" value="취소"></td>
30    </tr>
31    </table>
32  </form>
33
34  </body>
35  </html>
```

▪ form_sungjuk.php

```php
1   <?PHP
2   // form_sungjuk.php
3   // 폼 전송 데이터 성적처리
4   /*
5   fcn_array1_sungjuk_idx_inc.php - [예제 6-12]
6   include()문을 사용한 1차원 인덱스배열 성적처리
7   값에 의한 매개변수 전달(call by value)
8   */
9   // 과목별 학점체크 함수 정의
10  include ("../common/include/check_hakjum_val.php");
11
12  // 총점과 평균계산 함수 정의
13  include "../common/include/compute_tot_ave_val.php";
14
15  // 전송 데이터 확인
16  print_r($_POST);
17  echo "<Br>";
18
19  if (empty($_POST["jumsu"][0]) ||
20              empty($_POST["jumsu"][1]) ||
21                      empty($_POST["jumsu"][2])) {
22    echo "<script>alert('점수를 입력하시오!');
23              history.go(-1);
24        </script>";
25    exit();
26  }
27
28  // 전송 데이터 변수 할당
```

```php
29   $jumsu = $_POST["jumsu"];
30
31   // 과목별 학점체크 함수 호출(학점배열 리턴)
32   $hakjum = check_hakjum_val($jumsu);
33
34   // 총점과 평균계산 함수 호출
35   $jumsu = compute_tot_ave_val($jumsu);
36
37   // 성적처리 결과 출력
38   ?>
39   <!DOCTYPE html>
40   <html>
41   <head>
42    <title>성적 처리</title>
43    <meta charset="utf-8">
44    <link rel="stylesheet" href="../common/css/table_100.css">
45   </head>
46
47   <body>
48
49   <form name="sungjuk_form">
50    <table>
51     <caption>성적처리 결과 출력</caption>
52     <tr>
53      <th>php</th>
54      <th>java</th>
55      <th>html</th>
56      <th>총점</th>
57      <th>평균</th>
58     </tr>
59     <tr>
60
61     <?PHP
62     for($i = 0; $i < 5; $i++) {
63
64        echo "<td>";
65        if ($i < 3) {
66           printf("%5d(%s)", $jumsu[$i], $hakjum[$i]);
67        } elseif ($i == 3) {
```

```
68              printf("%8d", $jumsu[3]);
69                } else {
70                            printf("%8.2f", $jumsu[4]);
71        }
72        echo "</td>";
73      }
74      ?>
75
76    </tr>
77    <tr>
78    <td colspan="5" style="text-align:center;">
79        <a href="./form_sungjuk.html">[ 점수 입력 ]</a>
80    </td>
81    </tr>
82    </table>
83  </form>
84
85  </body>
86  </html>
```

7.4 파일 업로드

웹 서비스를 이용하는 휴대 폰, 이 메일, 게시판, 블로그 등에서 멀티미디어 파일을 업로드 해 본 경험이 있을 것이다. 이 절에서는 파일 업로드에 대해 살펴보기로 하자.

PHP에서 파일 업로드는 추가적인 도구를 사용하지 않고 다음과 같이 아주 쉽게 할 수 있다.

(1) 구성설정 파일 확인

우선 구성설정 파일(php.ini)을 확인하여 업로드 가능 여부(file_uploads=on)를 확인한다. 그리로 임시 저장 폴더, 최대 파일 크기, 최대 허용 업로드 파일 수를 확인한다.

```
811  ;;;;;;;;;;;;;;;;;;
812  ; File Uploads ;
813  ;;;;;;;;;;;;;;;;;;
814
815  ; Whether to allow HTTP file uploads.
816  ; http://php.net/file-uploads
817  file_uploads = On
818
819  ; Temporary directory for HTTP uploaded files (will
820  ; specified).
821  ; http://php.net/upload-tmp-dir
822  upload_tmp_dir = "C:/Bitnami/WAMPST~1.13-/php/tmp"
823
824  ; Maximum allowed size for uploaded files.
825  ; http://php.net/upload-max-filesize
826  upload_max_filesize = 40M
827
828  ; Maximum number of files that can be uploaded via
829  max_file_uploads = 20
```

(2) HTML 페이지 작성

• <form> 태그의 method와 enctype 속성 설정

• <input> 태그의 type과 name 속성 설정

• 저장 폴더 생성과 업로드 파일 저장 – move_uploaded_file() 함수

```
<form ... method="post" enctype="multipart/form-data" ...  >

<input type="file" name="upload">
```

<form> 태그의 전송 방식은 'post', 인코딩 형식은 'multipart/form-data'로 설정해 주어야 한다.

<input> 태그의 type 속성 값을 "file"로 설정한다. 그러면 다음과 같은 업노느 할 파일 선택 양식을 생성해 준다. 그리고 사용자가 정의하는 name 속성 값을 설정한다. 만일 'upload'로 설정하였을 경우 슈퍼 전역변수 $_FILES["upload"]를 통해 PHP에서 업로드 파일을 참조할 때 사용된다.

찾아보기...

(3) 업로드 전송 정보 참조

<input> 태그의 name 속성 값을 'upload'로 설정하였을 경우 PHP에서 참조하는 슈퍼 전역변수인 $_FILES 연관 배열의 업로드 파일에 대한 정보는 다음과 같다.

연관배열	설명
$_FILES["upload"]["name"]	업로드 파일 이름
$_FILES["upload"]["tmp_name"]	임시 저장 경로와 이름
$_FILES["upload"]["type"]	업로드 파일 MIME 타입
$_FILES["upload"]["size"]	업로드 파일 크기(byte)
$_FILES["upload"]["error"]	업로드 오류(오류 코드)

(4) 업로드 파일 저장

서버의 임시 저장 폴더(C:\Bitnami\wampstack- ... \php\tmp\)에 저장된 업로드 파일을 move_uploaded_file() 함수를 사용하여 사용자가 원하는 저장 폴더로 이동시켜 저장한다. 이때 업로드 파일을 저장 관리하려는 폴더는 미리 생성해 두어야 한다.

```
boolean  is_uploaded_file ( string $filename )
boolean  move_uploaded_file( string $filename, string $destination )
```

- is_uploaded_file() 함수

  매개변수로 전달받은 파일이 post 방식으로 전송(업로드) 되었는지 여부를 확인한다. 만일 정상적으로 업로드 되었으면 true를 그렇지 않으면 false를 리턴 한다.

- move_uploaded_file() 함수

  서버의 임시 저장 폴더에 저장된 업로드 파일을 사용자가 원하는 저장 위치로 이동시켜 저장한다. 만일 저장에 성공하면 true를 그렇지 않으면 false를 리턴 한다. 저장할 때 동일한 파일 이름이 존재하면 덮어 쓴다.
  임시 폴더에 저장된 파일은 스크립트가 종료하면 자동으로 삭제된다.

(5) 파일 업로드 과정에서 발생하는 오류코드와 상수는 다음과 같다.

오류코드(상수)	설명
UPLOAD_ERR_OK(0)	업로드 성공
UPLOAD_ERR_INI_SIZE(1)	최대 파일 크기 초과(php.ini)
UPLOAD_ERR_FORM_SIZE(2)	지정한 최대 파일 크기 초과(HTML Form 정의 크기)
UPLOAD_ERR_PARTIAL(3)	파일 부분 업로드
UPLOAD_ERR_NO_FILE(4)	업로드 파일 없음

예제 7-10

파일 업로드에 대한 다음 프로그램을 작성하고 실습해 보자. 단 업로드 파일의 저장 폴더 (./upload)는 미리 생성해 둔다.
실행 후 정상적으로 업로드 되었는지 저장 폴더를 확인해 보자.

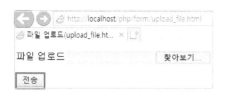

■ upload_file.html

```
1   <!DOCTYPE html>
2   <html>
3   <head>
4    <title>파일 업로드(upload_file.html)</title>
5    <meta charset="utf-8">
6   </head>
7
8   <body>
9
10  <form name="upload_form" method="post" enctype="multipart/form-data"
```

```
11                                          action="upload_file.php">
12    </p>파일 업로드
13
14    <input type="file" name="upload"></p>
15    <input type="submit" value="전송"></p>
16 </form>
17
18 </body>
19 </html>
```

■ upload_file.php

```
1   <!DOCTYPE html>
2   <html>
3   <head>
4    <title>파일 업로드(upload_file.html)</title>
5    <meta charset="utf-8">
6   </head>
7
8   <body>
9
10  <?PHP
11  // upload_file.php
12  // 파일 업로드
13
14  print_r($_FILES);
15  echo "</p>";
16
17  // 파일 업로드 확인
18  if(empty($_FILES['upload']['name'])) {
19      echo "<script>alert('업로드 파일이 선택되지 않았습니다!!');
20                  history.back(-1);
21          </script>";
```

```
22    exit();
23 }
24
25 // 업로드 전송 정보 참조
26 if (is_uploaded_file($_FILES["upload"]["tmp_name"])) {
27
28    echo "*** 업로드 파일 정보 ***</p>";
29    echo "업로드 파일이름 : ".$_FILES["upload"]["name"]."<Br>";
30    echo "임시저장 파일이름 : ".$_FILES["upload"]["tmp_name"]."<Br>";
31    echo "업로드 MIME 타입 : ".$_FILES["upload"]["type"]."<Br>";
32    echo "업로드 파일크기 : ".$_FILES["upload"]["size"]."(bytes)<Br>";
33    echo "업로드 오류코드 : ".$_FILES["upload"]["error"]."</p>";
34
35 } else {
36    echo "업로드 파일이 없습니다!!</p>";
37 }
38
39 // 업로드 상태 확인
40 switch($_FILES["upload"]["error"]) {
41
42    case 0 :
43          echo "업로드 성공!";
44          break;
45    case 1 :
46          echo "최대 파일 크기 초과(php.ini)!!";
47          break;
48    case 2 :
49          echo "HTML Form 정의 크기 초과!!";
50          break;
51    case 3 :
52          echo "파일 부분 업로드!!";
53          break;
54    case 4 :
55          echo "업로드 파일 없음!!";
56          break;
57    default :
58          echo "시스템 오류!!";
59 }
60 echo "</p>";
```

```
61
62  // 업로드 파일 저장경로와 이름
63  $dest = "./upload/".$_FILES["upload"]["name"];
64
65  if (move_uploaded_file($_FILES["upload"]["tmp_name"], $dest) ) {
66      $msg = "$dest 저장 성공!";
67  } else {
68      $msg = "$dest 저장 실패!!";
69  }
70  echo $msg."</p>";
71
72  echo "<a href=./upload_file.html>[ 확인 ]</a>";
73  ?>
74
75  </body>
76  </html>
```

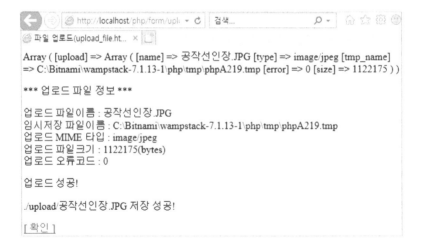

업로드 폴더

연습문제

1. 다음 테이블 폼을 출력하도록 HTML과 CSS를 사용하여 프로그램을 작성하시오.

테이블 폼

1줄 1칸	1줄 2칸	1줄 3칸
2줄 1칸	2줄 2칸	2줄 3칸
줄 칸 통합		

2. 정보 전송 방법인 post와 get 방식의 차이점을 비교 설명하시오.

3. 2개의 임의의 정수(순서 무시)를 입력하면 주어진 정수 구간의 합을 구하는 [예제 7-7] 프로그램을 include 문을 사용하는 동일한 프로그램으로 변경해 보시오.

4. 클라이언트가 요청한 3개의 정수를 전송받아 그 중 가장 큰 수를 찾아 출력하는 프로그램을 작성하시오.
   단 HTML과 CSS를 사용하여 요청과 응답 인터페이스 폼을 설계하고 post 방식으로 전송한다고 가정한다.
   ① 중첩 if 문을 사용한 큰 수 찾기 함수를 정의한 응답 처리
   ② 큰 수 찾기 함수를 외부 파일로 저장한 후 include 문을 사용한 응답 처리

5.   파일 업로드를 하기 위한 다음 HTML의 빈 칸을 채우시오.

```
1   <!DOCTYPE html>
2   <html>
3   <head>
4    <title>파일 업로드</title>
5    <meta charset="utf-8">
6   </head>
7
8   <body>
9
10  <form   method= ①         enctype= ②          action=" ... .php">
11    </p>파일 업로드
12
13    <input  type= ③         name="upload"></p>
14    <input type="submit" value="전송"></p>
15  </form>
16
17  </body>
18  </html>
```

CHAPTER 8

쿠키와 세션

8.1 HTTP

HTTP(HyperText Transfer Protocol)는 클라이언트와 웹 서버 간에 HTML과 같은 하이퍼텍스트 웹 페이지를 요청(request)과 응답(response) 형식으로 통신하는 통신규약이다.

다음 그림은 클라이언트와 웹 서버 간의 HTTP 서비스 요청과 이에 대한 응답 과정에 대한 설명이다. 그림에서 보는바와 같이 HTTP는 클라이언트가 URL을 통해 웹 서버에게 HTML 웹 페이지를 요청하면 웹 서버는 해당 HTML 문서를 클라이언트에게 전송한 후 접속을 종료한다.

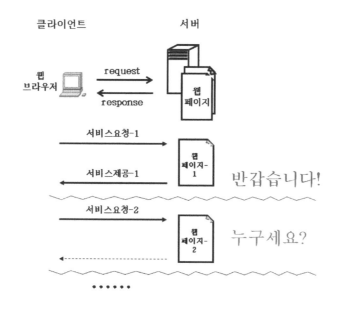

HTTP 웹 서비스

8.1.1 HTTP 특성

HTTP는 한 번의 클라이언트 요청에 대한 한 번의 웹 서버 응답으로 연결이 자동으로 종료하므로 매번 클라이언트의 서비스 요청을 새롭게 인식한다. 이러한 비 연결(connectionless) 특성은 클라이언트와 웹 서버 사이에 1:1 접속 상태를 계속 유지하지 않고 종료함으로써 웹 서버의 부담을 줄이고 여러 클라이언트에게 효율적인 서비스를 제공할 수 있는 장점을 갖는다.

그리고 HTTP는 비 연결 특성과 함께 클라이언트의 상태 정보를 유지하지 않는다. 이러한 비 상태유지(stateless) 특성은 특정 클라이언트의 연속적인 서비스 요청에 대해 이전 접속에 대한 정보가 웹 서버에 유지되지 않기 때문에 다수의 클라이언트로부터의 요청들 중에서 어떤 요청이 특정 클라이언트로부터 발생한 일련의 요청인지 인식하지 못하는 단점이 있다.

이러한 HTTP의 비 연결과 비 상태유지 특성에 따른 클라이언트와의 연결 상태를 유지할 수 없다는 단점을 쿠키(cookies)와 세션(session) 정보를 이용하여 해결한다.

쿠키와 세션은 HTTP의 문제점을 보완한다는 유사점이 있지만 차이점도 있다.

쿠키는 웹 서버에서 생성되어 클라이언트의 하드 디스크에 저장되며 웹 서버에게 요청할 때마다 쿠키의 속성 값을 참조 또는 변경할 수 있다. 그러므로 사용자에 의한 쿠키의 생성, 수정(변조), 삭제가 가능하여 해킹 등 보안상 위험 요소를 가지고 있으며 데이터 용량에도 한계가 있다. 또한 웹 서버는 사용자가 지속적인 연결 상태를 유지 또는 종료하였는지 알 수 없다는 단점이 있다.

세션은 웹 서버에 저장 관리되기 때문에 서버의 메모리 소모와 세션 관리라는 부담이 있지만 서버에서만 접근이 가능하기 때문에 쿠키 보다 보안상 안전하고 저장할 수 있는 데이터 용량에 한계가 없다는 장점이 있다.

따라서 중요한 정보를 다루는 분야에서는 쿠키보다는 세션 사용을 더 선호하고 있다.

8.1.2 HTTP 메시지 구조

클라이언트의 서비스 요청은 HTTP 요청 메시지를 통해 웹 서버에게 전송되고 웹 서버는 요청 메시지임을 판단하고 이 요청에 대한 HTTP 응답 메시지를 클라이언트에게 전송한다.

일반적으로 HTTP를 사용하는 클라이언트와 웹 서버간의 통신은 HTTP 헤더를 통해 클라이언트의 요청에 대한 정보와 웹 서버의 응답에 대한 정보를 요청과 응답 형식으로 이루어진다.

HTTP 요청과 응답 메시지 구조는 다음 그림과 같이 시작라인, 헤더(Header), 몸체(Body)의 3부분으로 구성되어 있다.

HTTP 메시지 구조

HTTP 요청 메시지의 시작라인은 요청방식, URI, HTTP 버전 정보를 포함하고 메시지 헤더는 "name : value" 형식의 헤더 정보를 포함한다. 그리고 메시지 몸체에는 웹 서버로 전송하는 추가 데이터(POST 방식 경우)를 포함할 수 있다.

HTTP 응답 메시지의 시작라인은 HTTP 버전, 웹 서버의 응답 상태코드와 이에 대응한 설명 정보를 포함하고 메시지 헤더는 "name : value" 형식의 헤더 정보를 포함한다. 그리고 몸체에는 전송 데이터를 포함한다.

다음은 클라이언트 요청에 대한 웹 서버의 응답 상태코드와 이에 대한 요약 설명이다.

웹 서버의 응답 상태코드	설명
1xx: Information	
2xx: Successful	
200 OK	클라이언트의 HTTP 요청 성공
3xx: Redirection	
4xx: Client Error	
400 bad request	잘못된 요청
401 unauthorized	서버 사용 인증 실패
403 forbidden	서버 응답 거부
404 not found	요청한 페이지 존재하지 않음
405 method not allowed	지원하지 않는 메소드
5xx: Server Error	
500 internal server error	서버 내부 오류
501 not implemented	실행 불가

8.2 쿠키

쿠키(cookie)는 HTTP의 비 연결과 비 상태유지 특성에 대한 문제점을 해결하는 방법 중 하나이다. 쿠키를 사용하면 클라이언트의 상태 정보를 웹 서버로 전송할 수 있으며 웹 서버는 전송받은 클라이언트의 상태 정보를 확인하여 이전의 클라이언트와 동일한 클라이언트인지 여부를 확인할 수 있다. 이때 메시지 헤더에 포함되어 전달되는 데이터 가 바로 쿠키이다.

8.2.1 쿠키 생성

클라이언트가 웹 브라우저를 통해 웹 서버에게 서비스를 요청하면 웹 서버는 쿠키를 생 성한 다음 HTTP 응답 메시지의 헤더에 포함시켜 클라이언트로 전송한다. 이때 전송된 쿠키는 클라이언트에 저장된다.

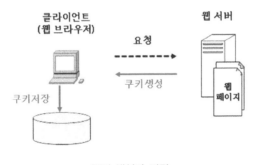

쿠키 생성과 저장

쿠키의 생성은 setcookie() 함수를 사용한다.

```
boolean setcookie ( string $name [, string $value [, integer $expire [, string
$path [, string $domain [, boolean $secure ]]]]] ) ;
```

- setcookie() 함수는 서버로부터 클라이언트로 전송하는 쿠키 이름($name), 쿠키 값 ($value), 만료 시간($expire, 초), 유효 경로($path), 유효 도메인($domain), 보안

($secure) 등을 정의한다. 만일 쿠키 생성이 성공이면 true, 실패하면 false를 리턴 한다. 일반적으로 쿠키를 생성할 경우 쿠키 이름, 쿠키 값, 만료 시간 매개변수를 주로 사용한다.

setcookie() 함수는 반드시 HTML 태그 앞에 위치해야 한다. 만일 setcookie() 함수를 호출하기 이전에 브라우저로 어떠한 데이터(HTML 또는 PHP 실행 결과)라도 먼저 출력되었을 경우에는 경고 오류 메시지와 함께 쿠키도 생성되지 않는다.

 **참고** setrawcookie() 함수

- setrawcookie() : 쿠키 값을 전송하거나 전송 받을 경우에 자동으로 URL 인코딩되기 때문에 임의의 URL 인코딩을 방지하기 위한 목적으로 사용하는 내장 함수이다.
  사용 형식은 setcookie()와 동일하다.

8.2.2 쿠키 검색

클라이언트가 웹 브라우저를 통해 웹 서버에게 또 다른 서비스를 요청할 경우에 웹 브라우저는 저장된 쿠키를 읽어 HTTP 요청 메시지의 헤더에 쿠키 정보를 포함시켜 전송한다.

웹 서버는 클라이언트로부터 전송된 쿠키를 확인함으로써 어떤 클라이언트로부터의 요청인지 알 수 있게 된다.

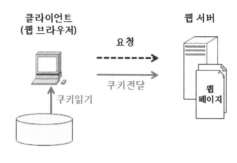

쿠키 검색

클라이언트가 전송한 요청 메시지의 쿠키 정보는 PHP의 슈퍼 전역변수인 $_COOKIE 연관 배열을 통해 참조할 수 있다.

예제 8-1

쿠키의 생성과 검색에 대한 다음 프로그램을 작성하고 실습해 보자. 단 쿠키의 만료 시간은 현재 시간 60초 후로 설정하였다.
실행 결과를 확인한 후 재실행(1분 후)시켜 보고 쿠키 사용법과 동작 원리를 이해하자.

■ setcookie_cre_ret.php

```php
1   <?PHP
2   // 쿠키 생성(만료시간 60초 후)
3
4   $cookie_name = "user_id";
5   $cookie_value = "angel";
6
7   setcookie($cookie_name, $cookie_value, time() + 60);
8   ?>
9
10  <!DOCTYPE html>
11  <html>
12  <head>
13   <meta charset="UTF-8">
14   <title>쿠키</title>
15  </head>
16  <body>
17   <b>쿠키 생성과 검색</b></p>
18
19  <?PHP
20  // setcookie_cre_ret.php
21  // 쿠키 생성과 검색
22
23  // 쿠키 검색과 출력
24  if (isset($_COOKIE["user_id"])) {
25      $msg = "쿠키 생성 성공!";
26  } else {
```

```
27    $msg = "쿠키 생성 실패!!";
28  }
29
30  echo $msg, "</p>";
31  echo "쿠키 이름 = $cookie_name<Br>";
32  echo "쿠키 값 = ".$_COOKIE["user_id"]."<Br>";
33  ?>
34
35  </body>
36  </html>
```

8.2.3 쿠키 갱신

쿠키의 갱신도 생성과 동일하게 setcookie() 함수를 사용한다. 이때 주의할 점은 쿠키를 생성할 때 사용했던 쿠키 이름은 동일하게 지정해 주어야 한다.

예제 8-2

쿠키의 갱신(쿠키 값)에 대한 다음 프로그램을 작성하고 실습해 보자.

■ setcookie_mod.php

```php
1   <?PHP
2   // 쿠키 갱신(쿠기 값)
3
4   $cookie_name = "user_id";
5   $cookie_value = "monster";
6
7   setcookie($cookie_name, $cookie_value, time() + 60);
8   ?>
9
10  <!DOCTYPE html>
11  <html>
12  <head>
13   <meta charset="UTF-8">
14   <title>쿠키</title>
15  </head>
16  <body>
17   <b>쿠키 갱신</b></p>
18
19  <?PHP
20  // setcookie_mod.php
21  // 쿠키 갱신
22
23  // 쿠키 검색과 출력
24  if (isset($_COOKIE["user_id"])) {
25      $msg = "구키 갱신 성공!";
26  } else {
27      $msg = "쿠키 갱신 실패!!";
28  }
29
30  echo $msg, "</p>";
31  echo "쿠키 이름 = $cookie_name<Br>";
32  echo "쿠키 값 = ".$_COOKIE["user_id"]."<Br>";
```

```
33  ?>
34
35  </body>
36  </html>
```

8.2.4 쿠키 삭제

생성된 쿠키는 클라이언트에 저장된 후 쿠키가 삭제되기 전 또는 브라우저를 종료하더라도 만료시간 이전에는 계속해서 웹 서버에 서비스를 요청할 때마다 헤더에 포함되어 전송된다.

만료 시간을 생략하였을 경우에는 기본 값으로 브라우저를 종료하면 자동으로 삭제된다.

쿠키의 삭제도 생성과 동일하게 setcookie() 함수를 사용한다.

쿠키를 삭제하는 방법은 만료 시간을 이미 지난 시간으로 설정하면 된다. 이때 주의할 점은 쿠키를 생성할 때 사용했던 쿠키 이름은 반드시 지정해 주어야 한다.

예제 8-3

쿠키의 삭제에 대한 다음 프로그램을 작성하고 실습해 보자. 단 쿠키의 만료 시간을 현재 시간 10분 전으로 설정하였다.

■ setcookie_del.php

```php
1   <?PHP
2   // 쿠키 삭제(만료시간)
3
4   $cookie_name = "user_id";
5   setcookie($cookie_name, "", time() - 600);
6   ?>
7
8   <!DOCTYPE html>
9   <html>
10  <head>
11   <meta charset="UTF-8">
12   <title>쿠키</title>
13  </head>
14  <body>
15   <b>쿠키 삭제</b></p>
16
17  <?PHP
18  // setcookie_del.php
19  // 쿠키 삭제
20
21  // 쿠키 검색과 출력
22  if (empty($_COOKIE["user_id"])) {
23      $msg = "쿠키 삭제 성공!";
24  } else {
25      $msg = "쿠키 삭제 실패!!";
26  }
27
28  echo $msg;
29  ?>
30
31  </body>
32  </html>
```

8.3 세션

세션(session)도 쿠키와 마찬가지로 HTTP의 비 연결과 비 상태유지 특성에 대한 문제점을 해결하기 위한 방법이다. 쿠키와 차이점은 클라이언트와 웹 서버와의 관계 유지 정보를 클라이언트에 저장하는 것이 아니라 웹 서버 상에 저장 관리한다.

클라이언트가 웹 브라우저를 통해 웹 서버에게 서비스를 요청하면 웹 서버는 저장된 세션 정보를 확인함으로써 동일한 클라이언트인지 여부를 식별한다.

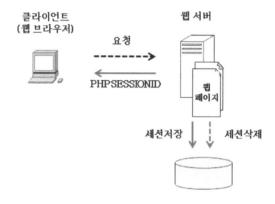

클라이언트의 서비스 요청에 따라 서버는 고유한 세션 아이디(SID)를 생성하고 클라이언트에 대한 세션 정보를 서버에 저장한다.

SID는 클라이언트를 구별하기 위해 서버가 무작위로 생성한 "PHPSESSID"라는 쿠키처럼 사용하는 세션 이름의 암호화된 문자열(26 문자)로 클라이언트에 저장되며 클라이언트가 서버에 연결을 요청할 때 자동으로 서버로 전송된다.

8.3.1 세션 시작과 세션 변수 설정

세션의 시작은 session_start() 함수를 사용한다. 그리고 세션이 정상적으로 시작되면 슈퍼 전역변수인 $_SESSION을 사용하여 원하는 세션 변수를 등록하고 참조할 수 있다.

세션을 시작하는 session_start() 함수는 쿠키와 동일하게 반드시 HTML 태그 앞에 위치해야 한다.

```
boolean session_start ( void ) ;
string session_id ([ string $string ]) ;
```

- session_start() 함수는 특정 웹 페이지에서 세션이 시작하면 요청한 클라이언트에 대한 SID를 검색하여 존재하는 경우는 현재의 세션을 계속 사용하고 존재하지 않는 경우는 새로운 SID를 생성하고 세션을 시작 한다. 세션이 성공적으로 시작되면 true 를 아니면 false를 리턴 한다.
- session_id() 함수는 현재 세션의 SID를 얻거나 설정할 때 사용하며 현재 세션의 SID를 리턴하거나 없는 경우 빈 문자열을 리턴 한다.

세션이 정상적으로 시작되면 슈퍼 전역변수인 $_SESSION에 원하는 변수를 등록하고 사용한다. 이는 마치 연관 배열을 정의하는 방법과 동일하다.

주로 사용하는 세션 변수는 사용자 아이디 또는 이름과 같이 고유한 식별 기능을 갖는 변수를 선택하는 것이 바람직하다.

예제 8-4

세션의 시작과 세션 변수 설정에 대한 다음 프로그램을 작성하고 실습해 보자.

- session_start_var.php

```
1   <?PHP
2   // 세션 시작
3
4   session_start();
5   ?>
6
7   <!DOCTYPE html>
8   <html>
9   <head>
10    <meta charset="UTF-8">
11    <title>세션</title>
12  </head>
```

```
13  <body>
14   <b>세션의 시작과 세션변수 설정</b></p>
15
16  <?PHP
17  // session_start_var.php
18  // 세션의 시작과 세션변수 설정
19
20  // 세션변수 설정 - 아이디, 이름
21  $_SESSION["cust_id"] = "1004";
22  $_SESSION["cust_name"] = "angel";
23
24  // 세션 검색과 출력
25  print_r($_SESSION);
26  echo "</p>";
27
28  echo "세션변수 cust_id = ".$_SESSION["cust_id"]."<Br>";
29  echo "세션변수 cust_name = ".$_SESSION["cust_name"]."</p>";
30
31  // 세션 아이디(SID)
32  echo "SID = ".session_id();
33  ?>
34
35  </body>
36  </html>
```

8.3.2 세션 갱신

세션이 정상적으로 시작되면 슈퍼 전역변수인 $_SESSION 연관 배열의 원하는 원소 값을 갱신하는 방법과 동일하게 세션정보를 갱신할 수 있다.

예제 8-5

세션의 갱신에 대한 다음 프로그램을 작성하고 실습해 보자.

■ session_mod.php

```
1  <!DOCTYPE html>
2  <html>
3  <head>
4   <meta charset="UTF-8">
5   <title>세션</title>
6  </head>
7  <body>
8   <b>세션 갱신</b></p>
9
10 <?PHP
11 // session_mod.php
12 // 세션 갱신
13
14 // 세션변수 설정과 출력
15 $_SESSION["cust_id"] = "1004";
16 $_SESSION["cust_name"] = "angel";
17
18 print_r($_SESSION);
19 echo "</p>";
20
21 // 세션 갱신과 출력
22 $_SESSION["cust_name"] = "monster";
23 print_r($_SESSION);
24 ?>
25
26 </body>
27 </html>
```

8.3.3 세션 삭제

세션의 종료는 현재 사용 중인 모든 슈퍼 전역변수와 서버에 저장된 세션 정보를 삭제함으로써 완료한다.

이를 수행하기 위해 session_unset() 함수와 session_destroy() 함수를 사용한다.

```
void session_unset ( void ) ;
boolean session_destroy ( void )
```

- session_unset() 함수는 현재 사용 중인 모든 세션 변수를 삭제한다.
- session_destroy() 함수는 현재 세션에 관련된 모든 데이터를 삭제한다. 만일 함수 실행을 성공할 경우 true를 실패할 경우 false를 리턴 한다.

웹 서버에 저장 관리되는 세션 정보는 명시적으로 삭제하거나 클라이언트가 브라우저를 종료하면 자동으로 삭제된다.

브라우저를 종료하지 않았더라도 웹 서버는 주기적으로 세션의 상태를 확인하여 특정 시간동안(기본 유효시간 24분(1440초) 클라이언트로부터 어떠한 서비스 요청이 발생하지 않을 경우 사용자가 연결을 종료한 것으로 간주하고 사용하지 않는 세션을 삭제한다.

> 🔍 **참고** 세션의 유효시간(php.ini)
>
> ```
> 1440   ; After this number of seconds, stored data will be seen as 'garbage' and
> 1441   ; cleaned up by the garbage collection process.
> 1442   ; http://php.net/session.gc-maxlifetime
> 1443   session.gc_maxlifetime = 1440
> ```

예제 8-6

세션의 삭제에 대한 다음 프로그램을 작성하고 실습해 보자.

■ session_del.php

```php
1  <?PHP
2  // 세션 시작
3
4  session_start();
5  ?>
6
7  <!DOCTYPE html>
8  <html>
9  <head>
10   <meta charset="UTF-8">
11   <title>세션</title>
12  </head>
13  <body>
14   <b>세션 삭제</b></p>
15
16  <?PHP
17  // session_del.php
18  // 세션 삭제
19
20  // 세션변수 설정
21  $_SESSION["cust_id"] = "1004";
22  $_SESSION["cust_name"] = "angel";
23
24  print_r($_SESSION);
25  echo "</p>";
26
27  // 세션 삭제(종료) 및 출력
28  // 세션변수 삭제
29  session_unset();
30  print_r($_SESSION);
31  echo "<Br>SID = ".session_id()."</p>";
32
```

```
33  // 세션정보 삭제
34  session_destroy();
35  print_r($_SESSION);
36  echo "<Br>SID = ".session_id();
37  ?>
38
39  </body>
40  </html>
```

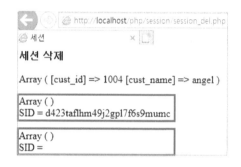

8.4 세션을 사용한 로그인과 로그아웃

이 절에서는 PHP 프로그램에서 사용자 로그인, 로그인 인증과 session 세션 변수의 설정 그리고 로그아웃에 따른 세션 정보의 삭제 과정을 살펴보기로 한다.

데이터베이스 환경에서 세션을 이용한 사용자 로그인과 로그아웃은 9장을 참조하기 바란다.

* 고객 정보 입력

* 로그인 인증과 세션 변수 설정

* 세션 정보 삭제(로그아웃)

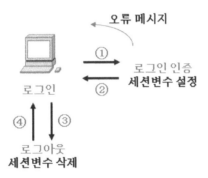

예제 8-7

사용자 로그인부터 로그아웃과정 까지 세션 정보의 관리에 대한 다음 프로그램을 작성하고 실습해 보자.
단 로그인 폼은 [예제 7-7]의 CSS(common/ css/table_200_50.css)를 사용하며 관리자 정보(아이디, 비밀번호, 이름)는 각각 "root", "admin", "관리자"로 한다.
실습하는 동안 세션에 따른 버튼(로그인, 로그아웃)의 변화(enable/disabled)를 유의하여 보기 바란다.

■ login_form.php

```php
1   <?PHP
2   // 세션 시작
3   session_start();
4   ?>
5
6   <!DOCTYPE html>
7   <html>
8   <head>
9    <title>세션 로그인 폼(login_form.php)</title>
10   <meta charset="UTF-8">
11   <link rel="stylesheet" href="../common/css/table_200_50.css">
12   </head>
13
14  <body>
15   <form name="login_form" method="POST" action="./login_ses_cre.php">
16    <table>
17     <caption>로그인 폼</caption>
18     <tr>
19      <th>아이디</th>
20      <td><input type="text" name="login_id" size="10" maxlength="10" required autofocus></td>
21     </tr>
22     <tr>
23      <th>비밀번호</th>
24      <td><input type="text" name="login_pw" size="10" maxlength="10" required></td>
25     </tr>
26     <tr>
27      <td colspan="2" style="text-align:center;">
28
29      <?PHP
```

```
30      if (empty($_SESSION)) {   // 로그인 버튼 활성화
31          echo "<input type='submit' value='로그 인'>";
32          echo "<input type='button' value='로그아웃' disabled></td>";
33
34      } else {                    // 로그아웃 버튼 활성화
35          echo "<input type='submit' value='로그 인' disabled>";
36          echo "<input type='button' value='로그아웃'";
37          echo "onClick=location.href='./login_ses_dest.php'></td>";
38      }
39      ?>
40
41      </tr>
42     </table>
43    </form>
44
45  <?PHP
46  if (!empty($_SESSION)) {
47      echo $_SESSION["ses_name"]."님 로그인 중 ... ";
48  }
49  ?>
50
51  </body>
52  </html>
```

■ login_ses_cre.php

```
1   <?PHP
2   // 세션 시작
3   session_start();
4   ?>
5
6   <!DOCTYPE html>
7   <html>
8   <head>
9    <meta charset="UTF-8">
10   <title>세션변수 설정</title>
11  </head>
```

```
12 <body>
13   <b>로그인 인증 - 세션변수 설정</b></p>
14
15 <?PHP
16 // login_ses_cre.php
17 // 로그인 인증과 세션변수 설정
18
19 // 데이터베이스 정보
20 $db_id = "root";
21 $db_pw = "admin";
22 $db_name = "관리자";
23
24 // 전송 데이터 확인
25 if (empty($_POST["login_id"]) || empty($_POST["login_pw"])) {
26
27    echo "<script>alert('아이디와 비밀번호를 입력하시오!!');
28                history.back();
29        </script>";
30 }
31
32 // 전송 데이터 변수 할당
33 $login_id = $_POST["login_id"];
34 $login_pw = $_POST["login_pw"];
35
36 // 로그인 체크 - 세션변수 설정
37 if ($login_id === $db_id) {
38
39    if ($login_pw === $db_pw) {
40
41      // 세션변수(아이디, 이름) 설정
42      $_SESSION["ses_id"] = $db_id;
43      $_SESSION["ses_name"] = $db_name;
44
45    } else {
46        echo "<script>alert('비밀번호 오류입니다!!');
47                    history.back();
48            </script>";
49    }
```

```
50
51  } else {
52
53      echo "<script>alert('아이디와 비밀번호가 맞지 않습니다!!');
54                      history.back();
55          </script>";
56  }
57
58  // 세션변수 출력
59  echo "세션변수(ses_id) = ".$_SESSION["ses_id"]."<Br>";
60  echo "세션변수(ses_name) = ".$_SESSION["ses_name"]."</p>";
61  ?>
62
63    <a href="./login_form.php">[ 로그인 폼 ]</a>
64  </body>
65  </html>
```

■ login_ses_dest.php

```
1   <?PHP
2   // 세션 시작
3   session_start();
4   ?>
5
6   <!DOCTYPE html>
7   <html>
8   <head>
9    <meta charset="UTF-8">
10   <title>세션변수 삭제</title>
11  </head>
```

```php
12 <body>
13  <b>로그아웃 - 세션변수 삭제</b></p>
14
15 <?PHP
16 // login_ses_dest.php
17 // 로그아웃과 세션변수 삭제(종료)
18
19 // 세션변수 확인
20 if (empty($_SESSION)) {
21     echo "<script>alert('등록된 세션 데이터가 없습니다!!');
22                 history.go(-1);
23         </script>";
24     exit();
25 }
26
27 print_r($_SESSION);
28 echo "</p>";
29
30 // 세션종료 및 로그아웃
31 // 세션변수 삭제
32 session_unset();
33
34 // 서버 세션정보 파일 삭제
35 session_destroy();
36
37 print_r($_SESSION);
38 echo "</p>";
39 ?>
40
41  <a href="./login_form.php">[ 로그인 폼 ]</a>
42 </body>
43 </html>
```

참고로 테스트하는 과정의 오류 메시지는 다음과 같다.

연습문제

1. HTTP와 관련하여 쿠키와 세션을 사용하는 목적에 대해 설명하시오.

2. 쿠키의 동작 원리를 설명하시오.

3. 세션의 동작 원리를 설명하시오.

4. 쿠키와 세션의 장·단점을 비교 설명하시오.

5. 다음 아이디(cust_id)와 이름(cust_name)을 세션 변수로 설정하는 부분 프로그램을 작성하시오.

```
1   <?PHP
2   // 세션 시작
3   ①
4
5   ?>
6
7   <!DOCTYPE html>
8   <html>
9   <head>
10   <meta charset="UTF-8">
11   <title>세션</title>
12   </head>
13   <body>
14   <b>세션의 시작과 세션변수 설정</b></p>
15
16   <?PHP
17   // session.php
18   // 세션의 시작과 세션변수 설정
19
```

```
20  // 세션변수 설정 - 아이디, 이름
21  ②
22
23  ?>
24
25  </body>
26  </html>
```

6. 세션변수(cust_id, cust_name)가 설정되어 있을 경우 다음 중 모든 세션 정보를 삭제하는 명령문을 고르시오.

① session.delete("cust_id", "cust_name");

② session_unset();

③ session_destroy();

④ session.remove("cust_id", "cust_name");

7. 다음 생성된 쿠키 정보를 삭제해 보시오.

```
1  <?PHP
2  // 쿠키 생성
3
4  $cookie_name = "admin";
5  $cookie_value = "angel";
6
7  setcookie($cookie_name, $cookie_value, time() + 3600);
8  ?>
```

CHAPTER 9

PHP와
MySQL 데이터베이스

9.1 데이터베이스 개요

9.1.1 데이터베이스

데이터베이스(database)라는 용어는 1963년 미국 산타모니카에서 개최한 심포지엄의 주제인 "컴퓨터 중심의 데이터베이스 개발과 관리(Development and Management of a Computer-centered Data Base)"에서 처음 사용되었다.

데이터베이스를 간단히 정의하면 데이터의 집합이라 할 수 있다.

- 운영 데이터(operational data)
- 통합 데이터(integrated data)
- 공용 데이터(shard data)
- 저장 데이터(stored data)

데이터베이스는 특정 조직의 고유 기능을 수행하는데 반드시 유지되어야 할 운영 데이터(operational data), 중복을 최소화한 통합 데이터(integrated data), 조직의 여러 구성원들이 다수 응용 업무에 공동으로 이용할 수 있는 공용 데이터(shard data) 그리고 방대한 양의 데이터는 컴퓨터가 인식하고 처리할 수 있는 저장 장치에 저장된 저장 데이터(stored data)의 집합체이다.

9.1.2 데이터베이스 관리 시스템

데이터베이스 시스템이 출현하기 전까지의 데이터 처리는 대부분 파일 시스템에 의해 이루어졌다. 그러나 조직의 규모가 커지고 취급하는 데이터의 양이 폭발적으로 증가함에 따라서 여러 가지 문제점이 나타나게 되었다.

방대한 양의 정보를 통합 저장하고 효율적인 이용을 지원하는 데이터베이스 관리 시스템이 출현하게 되었다.

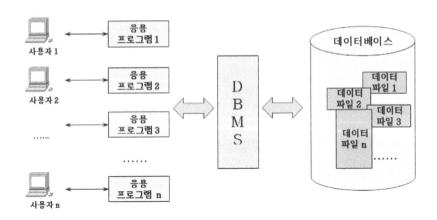

데이터베이스 관리 시스템

데이터베이스 관리 시스템(DBMS : DataBase Management System)은 응용 프로그램과 데이터베이스 사이의 중재자로서 모든 응용 프로그램 또는 사용자들이 데이터베이스를 공용할 수 있도록 관리해 주는 시스템 소프트웨어라고 정의할 수 있다.

그림에서 보는 바와 같이 데이터에 대한 중앙 집중 제어환경을 제공해 줌으로써 조직의 방대한 양의 데이터를 효율적으로 저장 관리하고 사용자에게는 보다 편리한 정보처리 환경을 제공해 주는 역할을 한다.

현재 사용 중인 대표적인 DBMS에는 오라클(Oracle), 인포믹스(Informix), 사이베이스 (Sybase), DB2, MS SQL, 엑세스(Access), MySQL, MariaDB 등이 있다. 이들은 모두 관계 데이터 모델을 지원하는 관계 데이터베이스이다.

참고   관계 데이터베이스

- 관계 데이터 모델 : 1970년 E. F. Codd가 릴레이션과 집합 이론을 기초로 제안한 모델
- 관계 데이터베이스(RDB : Relational DataBase) : 관계 데이터 모델을 기반으로 하며 데이터베이스의 논리적 구조가 릴레이션(relation) 또는 테이블(table) 구조를 갖는다.

데이터베이스 관리 시스템은 데이터베이스의 정의와 조작 그리고 제어하는 기능을 제공한다.

(1) 정의 기능

데이터베이스의 저장 구조, 액세스 방법 등을 정의하여 다양한 응용 프로그램과 데이터베이스 간의 인터페이스 수단을 제공한다.

데이터베이스 관리 시스템마다 고유한 데이터베이스 정의어(DDL : Data Definition Language)를 사용하여 기술한다.

(2) 조작 기능

사용자와 데이터베이스 간의 인터페이스 수단을 제공한다.

사용자의 데이터베이스 연산(검색, 삽입, 갱신, 삭제) 요구에 따라 체계적으로 데이터베이스 접근 및 조작을 도와주는 기능이다.

데이터베이스 연산은 데이터 조작어(DML : Data Manipulation Language)를 사용한다.

(3) 제어 기능

데이터베이스의 정확성과 안정성 등을 유지하는 기능으로 데이터 제어어(DCL : Data Control Language)를 사용한다.

9.1.3 데이터베이스 설계

데이터베이스 설계 과정은 일반 응용 프로그램개발과 병행하여 개발한다. 이 절에서는 데이터베이스 설계 과정만을 다루도록 한다.

데이터베이스 설계 과정은 그림과 같이 크게 개념적 설계와 논리적 설계의 두 단계로 구분한다.

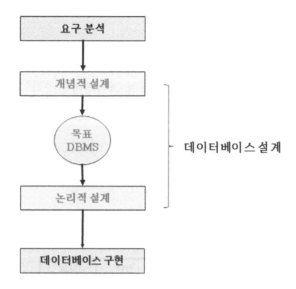

(1) 개념적 설계

개념적 설계(conceptual design)는 요구분석 명세를 기반으로 현실 세계를 사용자 입장에서 이해하고 현실 세계를 추상적 개념인 개체(entity)과 개체들 간의 관계(relationship)로 모델링한다. 사용자 입장에서 현실 세계를 이해하고 표현한 개념적 모델이다.

데이터베이스 설계 도구로 산업 표준인 E-R 다이어그램(Entity Relationship diagram)을 사용한다. 객체지향 기법의 클래스 다이어그램(class diagram)과 유사하다.

예 수강신청 E-R 다이어그램

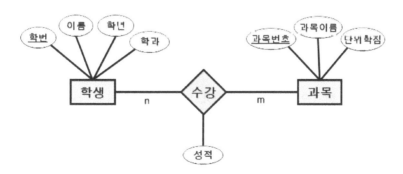

(2) 논리적 설계

논리적 설계(logical design)는 레코드와 레코드들 간의 관계를 모델링한다. 사용자 입장에서 표현한 데이터베이스의 논리적 구조로 특정 DBMS에 종속적인 설계이다.

앞에서 설계한 E-R 모델을 목표 DBMS(관계 DBMS)가 지원하는 논리적 구조인 릴레이션으로 스키마 변환 과정을 거친다.

예 수강신청 릴레이션

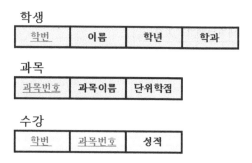

 데이터베이스 스키마와 기본 키

- 데이터베이스 스키마(DB schema, schema) : 데이터베이스의 논리적 구조와 제약조건
- 기본 키(PK, Primary Key) : 유일성, 최소성을 만족하는 속성으로 릴레이션(테이블) 내의 튜플(행)들을 유일하게 식별할 수 있는 식별자

9.1.4 MySQL과 PHP 프로그램 개발 환경

1장에서 통합 개발 환경으로 설치한 MySQL 데이터베이스의 특징과 MySQL과 연동한 PHP 프로그램의 개발 환경에 대해 간단히 살펴보면 다음과 같다.

- 다양한 플랫폼(운영체제나 웹 서버 등) 지원

- 다양한 프로그래밍 언어 지원(C, C++, Java, PHP, JSP 등)

- 표준 데이터베이스 질의어 SQL 지원

- 오픈 소스(open source)

- 무료 제공(free ware)

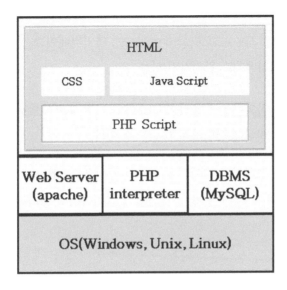

PHP 프로그램 개발 환경

9.2 SQL

9.2.1 SQL 개요

SQL(Structured Query Language)은 1974년 IBM San Jose 연구소의 실험적 관계 데이터베이스 시스템인 SYSTEM R을 위해 개발한 SEQUEL(Structured English QUEry Language)로 부터 유래되었다.

1986년 미국 표준 연구소(ANSI)와 국제 표준 기구(ISO)에서 SQL을 관계 데이터베이스의 표준 질의어로 채택하고 표준화 작업이 계속 진행되고 있다. 현재 사용하고 있는 DBMS는 모두 SQL을 지원한다.

SQL은 비 절차적 데이터 언어의 특징을 가지며 초기에는 검색 목적으로 개발되었으나 그 후 기능이 확장 되었다. SQL은 기능에 따라 데이터 정의어, 데이터 조작어, 데이터 제어어로 구분한다.

- 데이터 정의어(DDL: Data Definition Language) : 데이터베이스와 테이블 생성과 변경 및 삭제
- 데이터 조작어(DML: Data Management Language) : 데이터 삽입, 검색, 갱신 및 삭제
- 데이터 제어어(DCL: Data Control Language) : 데이터베이스 접근 제어 및 사용 권한 관리 등 주로 데이터베이스 관리자가 사용

SQL의 사용 형태는 질의문을 사용하여 DBMS와 직접 대화식으로 사용하거나 C, C++, PHP, JSP 등의 고급 언어에 삽입하여 사용할 수 있다.

이 절에서는 데이터 정의어와 데이터 조작어를 중심으로 DBMS와 직접 대화하는 방식으로 실습하도록 한다. 그리고 PHP 프로그램에 삽입하여 사용하는 방법은 다음 절에서 다루도록 한다.

 **데이터베이스 관리자**

- 데이터베이스 관리자(DBA : DataBase Administrator)
  - 데이터베이스 설계, 생성, 관리, 운영, 유지보수 등에 대한 총괄 책임자
  - DDL과 DCL을 사용하여 데이터베이스를 정의하고 제어한다.

9.2.2 SQL 질의문

데이터 정의어는 데이터베이스의 생성, 변경, 삭제 그리고 테이블의 생성, 변경, 삭제 기능을 제공하며 데이터 조작어는 테이블에 데이터의 삽입, 검색, 갱신, 삭제 기능을 제공한다.

(1) 데이터 정의어(DDL) 형식

① 데이터베이스 생성

```
CREATE {DATABASE | SCHEMA} 데이터베이스이름
        [[DEFAULT]  CHARACTER  SET  characterset_name ]
        [[DEFAULT]  COLLATE  collation_name ] ;
```

② 데이터베이스 변경

```
ALTER {DATABASE | SCHEMA} 데이터베이스이름
        [[DEFAULT]  CHARACTER  SET  characterset_name ]
        [[DEFAULT]  COLLATE  collation_name ] ;
```

③ 데이터베이스 삭제

```
DROP {DATABASE | SCHEMA} 데이터베이스이름 [RESTRICT | CASCADE] ;
```

④ 테이블 생성

```
CREATE  TABLE  테이블이름  (
        {열이름  데이터형 [NOT NULL] [DEFAULT 값], }+
        [PRIMARY  KEY  (열이름_리스트), ]
        {[UNIQUE  (열이름_리스트),] }*
        {[FOREIGN  KEY  (열이름_리스트) REFERENCES  테이블 [ (열이름_리스트) ]
                [ON DELETE   옵션] [ON UPDATE  옵션] ,] } *
        [CONSTRAINT 열이름] [CHECK (조건식)] ) ;
```

⑤ 테이블 변경

```
ALTER  TABLE  테이블이름
        {[ADD  열이름  데이터형 ] [DEFAULT 값] , }+  |
        {[DROP 열이름] [CASCADE]  , }+  |
        {[ALTER 열이름] [DROP DEFAULT | SET DEFAULT 값] , }+ ;
```

⑥ 테이블 삭제

```
DROP TABLE  테이블이름  [RESTRICT | CASCADE] ;
```

 참고   SQL 질의문 형식에서 사용하는 기호

- [ ]   생략 가능
- { }   반복(+ : 1회 이상, * : 0회 이상)
- | 선택
- ,   구분자
- ;   질의 명령문의 끝(대·소문자 구분 없음)

(2) 데이터 조작어(DML) 형식

① 테이블 데이터 삽입

```
INSERT
INTO     테이블이름 [(열이름_리스트)]
VALUES  {(열값_리스트) , } +  ;
```

② 테이블 데이터 검색

```
SELECT   [ALL | DISTINCT] 열이름_리스트
FROM     테이블이름_리스트
[WHERE    조건식]
[GROUP BY 열이름  [HAVING 조건식] ]
[ORDER BY 열이름  [ASC | DESC] ] ;
```

 참고   데이터 조작어 조건식 연산자

데이터 조작어의 조건식에는 관계 연산자(=, 〈〉(!=), 〉, 〈, 〉=, 〈=)와 논리 연산자(and, or, not) 그리고 BETWEEN, LIKE, IN을 사용할 수 있다

데이터 검색의 경우 select 절에 집계함수(aggregation function)인 count(), max(), min(), sum(), avg()를 사용하거나 where절에 like 키워드를 사용한 문자열 검색(pattern matching)도 할 수 있다.

③ 테이블 데이터 갱신

```
UPDATE   테이블이름
SET      {열이름 = 산술식 , } +
[WHERE   조건식] ;
```

④ 테이블 데이터 삭제

```
DELETE
FROM     테이블이름
[WHERE   조건식] ;
```

9.2.3 SQL 데이터 형

사용하는 DBMS에 따라 지원하는 데이터 형에 약간의 차이가 있으나 대부분 숫자, 문자열, 날짜와 시간 데이터 형을 지원한다.

MySQL이 지원하는 데이터 형은 다음과 같다.

① 숫자 데이터 형(number type)

데이터 형	표시범위 및 설명
TINYINT	-128~127(unsigned 0~255), 1byte
SMALLINT	-32768~32767(unsigned 0~65535), 2byte
MEDIUMINT	-8388608~8388607(unsigned 0~16777215), 3byte
INT 또는 INTEGER	-2147483648 ~ 2147483647(unsigned 0~4294967295), 4byte
BIGINT	-9223372036854775808~9223372036854775807 (unsigned 0~18446744073709551615), 8byte
FLOAT(M, D)	단정도 부동 소수점, 4byte -3.402823466E+38~3.402823466E+38
DOUBLE(M, D)	배정도 부동 소수점, 8byte -1.79769313486231517E+308~1.79769313486231517E+308
DECIMAL(M,D)	10진수

② 문자열 데이터 형(text type)

데이터 형	표시범위 및 설명
CHAR(M)	고정길이 문자열
VARCHAR(M)	가변길이 문자열
TINYBLOB/TINYTEXT	255개 문자 저장(BLOB : Binary Large Object)
BLOB/TEXT	65535개 문자 저장
MEDIUMBLOB/MEDIUMTEXT	16777215개 문자 저장
LONGBLOB/LONGTEXT	4294967295(4Giga)개 문자 저장
ENUM(val1, val2, … , etc.)	열거한 리스트 값으로 제한

③ 날짜와 시간 데이터 형(date type)

데이터 형	표시범위 및 설명
DATE	1000-01-01~9999-12-31(YYYY-MM-DD)
DATETIME	1000-01-01 00:00:00~9999-12-31 23:59:59 (YYYY-MM-DD HH:MM:SS)
TIMESTAMP	1970-01-01 00:00:00~2038-01-19 03:14:07 (YYYY-MM-DD HH:MM:SS)
TIME	-839:59:59 ~ 838:59:59(HH:MM:SS)
YEAR	1901 ~ 2155(YYYY)

9.2.4 SQL 질의문 실습

데이터 정의어와 데이터 조작어를 중심으로 DBMS와 직접 대화하는 방식으로 실습하기 위해 다음의 대학 데이터베이스와 학생 테이블 스키마를 사용한다.

실습하는 동안 SQL 질의문의 형식과 사용법에 대해 익히도록 하자.

■ 대학 데이터베이스 및 학생 테이블 스키마

데이터베이스/ 테이블 이름	속성 이름	데이터 형(길이)	키	참조 테이블	설명
univ					대학 DB
student					학생 테이블
	hakbun	int	not null, PK		학번
	name	char(5)			이름
	year	tinyint			학년
	dept	varchar(10)			학과
	addr	varchar(50)			주소

■ 학생 데이터베이스

학번	이름	학년	학과	주소
160001	한국인	4	컴공	서울
195712	조아라	1	멀티	부산
179752	홍길동	3	전상	광주
184682	나매력	2	전상	제주
172634	이천사	3	컴공	광주
183517	김보배	2	멀티	전남
160739	신입생	4	컴공	광주

SQL 질의문을 실습하는 동안 명령 프롬프트 상태에서 자주 사용하는 명령어중 몇 가지만 소개하면 다음 표와 같다.

명령어	설명
show databases;	데이터베이스 목록 출력
use database_name;	데이터베이스 목록 중 사용 데이터베이스 선택,
show tables;	데이터베이스 내 테이블 목록 출력
desc table_name;	지정 테이블 구조(스키마) 출력(describe의 축약형)
명령문 입력	기능 키(F1, F3), 방향 키(←, ↑, →, ↓) 활용

(1) MySQL 연결

명령 프롬프트에서 MySQL을 설치할 때 설정한 아이디(root)와 비밀번호(adminpw)를
다음과 같이 입력하여 서버에 로그인 한다.

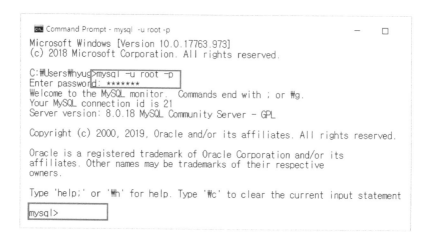

(2) 데이터베이스 생성 및 확인

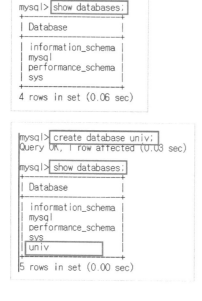

(3) 사용 데이터베이스 선택 및 테이블 생성

```
mysql> use univ;
Database changed
mysql> CREATE  TABLE student (
    ->    hakbun          int   not  null,
    ->    name            varchar(5),
    ->    year            tinyint,
    ->    dept            varchar(10),
    ->    addr            varchar(50),
    ->    primary  Key(hakbun) );
Query OK, 0 rows affected (0.06 sec)
```

```
mysql> desc student;
+--------+-------------+------+-----+---------+-------+
| Field  | Type        | Null | Key | Default | Extra |
+--------+-------------+------+-----+---------+-------+
| hakbun | int(11)     | NO   | PRI | NULL    |       |
| name   | varchar(5)  | YES  |     | NULL    |       |
| year   | tinyint(4)  | YES  |     | NULL    |       |
| dept   | varchar(10) | YES  |     | NULL    |       |
| addr   | varchar(50) | YES  |     | NULL    |       |
+--------+-------------+------+-----+---------+-------+
5 rows in set (0.01 sec)
```

(4) 테이블 데이터 삽입

```
mysql> INSERT
    -> INTO      student
    -> VALUES (160001, "한국인", 4, "컴공", "서울"),
    ->         (195712, "조아라", 1, "멀티", "부산"),
    ->         (179752, "홍길동", 3, "전산", "광주"),
    ->         (184682, "나매력", 2, "전상", "제주"),
    ->         (172634, "이천사", 3, "컴공", "광주"),
    ->         (183517, "김보배", 2, "멀티", "전남"),
    ->         (160739, "신입생", 4, "컴공", "광주")
;
Query OK, 7 rows affected (0.02 sec)
Records: 7  Duplicates: 0  Warnings: 0
```

(5) 테이블 검색

(예1) 모든 학생의 학생 정보를 검색하시오.

```
mysql> SELECT    *
    -> FROM      student  ;
+--------+--------+------+------+------+
| hakbun | name   | year | dept | addr |
+--------+--------+------+------+------+
| 160001 | 한국인 | 4    | 컴공 | 서울 |
| 160739 | 신입생 | 4    | 컴공 | 광주 |
| 172634 | 이천사 | 3    | 컴공 | 광주 |
| 179752 | 홍길동 | 3    | 전상 | 광주 |
| 183517 | 김보배 | 2    | 멀티 | 전남 |
| 184682 | 나매력 | 2    | 전상 | 제주 |
| 195712 | 조아라 | 1    | 멀티 | 부산 |
+--------+--------+------+------+------+
7 rows in set (0.00 sec)
```

예2) 모든 학생의 학번과 이름을 모두 검색하시오.

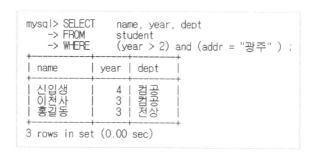

예3) 학년이 2학년 이상이고 주소가 "광주"인 학생의 이름, 학년, 학과를 검색하시오.

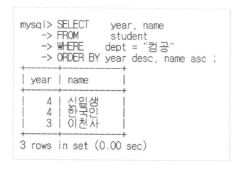

예4) 학과가 "컴공"인 학생의 학년과 이름을 검색하시오.(단 학년은 내림차순, 이름은 올림차순으로 정렬)

```
mysql> SELECT     year, name
    -> FROM       student
    -> WHERE      dept = "컴공"
    -> ORDER BY year desc, name asc ;
+------+--------+
| year | name   |
+------+--------+
|    4 | 신입생  |
|    4 | 한국인  |
|    3 | 이천사  |
+------+--------+
3 rows in set (0.00 sec)
```

예5) 대학에 개설된 학과 이름을 검색하시오.(단 중복 제거)

```
mysql> select    distinct  dept
    -> from     student ;
+--------+
| dept   |
+--------+
| 컴공   |
| 전상   |
| 멀티   |
+--------+
3 rows in set (0.00 sec)
```

예6) 대학에 재학 중인 학생 수를 검색하시오.

```
mysql> select    count(*)
    -> from     student ;
+----------+
| count(*) |
+----------+
|        7 |
+----------+
1 row in set (0.01 sec)
```

예7) 대학에 개설된 학과 수를 검색하시오.(단 중복 제거)

```
mysql> select    count( distinct dept )
    -> from     student ;
+-----------------------+
| count( distinct dept )|
+-----------------------+
|                     3 |
+-----------------------+
1 row in set (0.00 sec)
```

예8) 16년도 입학한 학생의 학번과 이름을 검색하시오.

```
mysql> select  hakbun, name
    -> from     student
    -> where   hakbun  like "16%" ;
+--------+--------+
| hakbun | name   |
+--------+--------+
| 160001 | 한국인 |
| 160739 | 신입생 |
+--------+--------+
2 rows in set (0.00 sec)
```

(6) 테이블 데이터 갱신

☞ 이장의 마지막 절에 소개한 phpMyAdmin을 이용하여 데이터베이스를 백업한 후 실습하기 바란다.

예9) 학번이 160001인 학생의 주소를 "광주"로 갱신하시오.

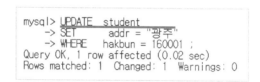

예10) 학생의 학년을 3학년으로 갱신하시오.

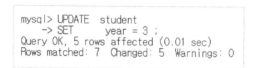

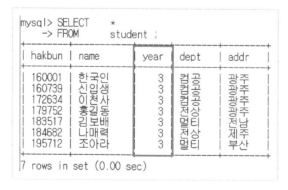

(7) 테이블 데이터 삭제

예11) 학번이 160001인 학생의 정보를 삭제하시오.

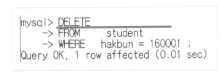

```
mysql> DELETE
    -> FROM      student
    -> WHERE    hakbun = 160001 ;
Query OK, 1 row affected (0.01 sec)
```

```
mysql> SELECT    *
    -> FROM      student ;
+--------+--------+------+------+------+
| hakbun | name   | year | dept | addr |
+--------+--------+------+------+------+
| 160739 | 신입생  |    3 | 컴공 | 광주 |
| 172634 | 이천사  |    3 | 컴공 | 광주 |
| 179752 | 홍길동  |    3 | 전상 | 광주 |
| 183517 | 김보배  |    3 | 멀티 | 전남 |
| 184682 | 나매력  |    3 | 전상 | 제주 |
| 195712 | 조아라  |    3 | 멀티 | 부산 |
+--------+--------+------+------+------+
6 rows in set (0.00 sec)
```

예12) 학생의 모든 정보를 삭제하시오.

```
mysql> DELETE
    -> FROM      student ;
Query OK, 6 rows affected (0.01 sec)
```

```
mysql> SELECT    *
    -> FROM      student ;
Empty set (0.00 sec)
```

(8) 테이블 삭제

```
mysql> DROP TABLE student ;
Query OK, 0 rows affected (0.06 sec)

mysql> show tables ;
Empty set (0.00 sec)
```

(9) 데이터베이스 삭제

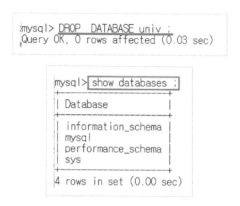

9.3 PHP와 MySQL 연동

9.3.1 데이터베이스 환경에서 PHP의 동작 원리

클라이언트가 요청하는 웹 페이지에 SQL 데이터베이스 질의를 포함하는 경우에 PHP의 동적 웹 서비스(dynamic web service)에 대한 동작 원리는 다음과 같다.

이때 PHP는 인터넷 상에 연결된 어떤 DBMS든지 위치에 상관없이 연동하여 서비스를 제공할 수 있다.

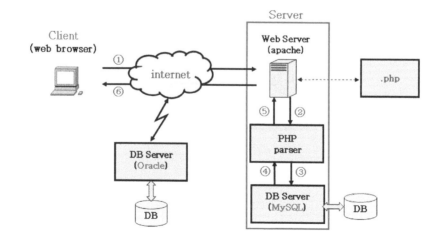

① 클라이언트가 웹 브라우저(URL)를 통해 웹 서버에게 웹 페이지(.php) 서비스를 요청한다.

② 웹 서버는 PHP 스크립트 페이지인 것을 확인하고 PHP 파서에게 스크립트 실행을 요청한다. 만일 존재하지 않는 경우에는 오류 메시지(404)를 클라이언트에게 전송한다.

③ PHP 파서는 PHP 스크립트를 해석하고 실행하는 도중 DBMS와 연동하여 질의문 처리를 요청한다.

④ DBMS는 질의문을 실행한 후 그 결과를 PHP 파서에게 리턴 한다.

⑤ PHP 파서는 DBMS 질의 처리 결과와 함께 PHP 스크립트 실행을 완료한 후 그 결과(HTML 페이지)를 웹 서버에게 전송한다.

⑥ 웹 서버는 웹 페이지(HTML)를 클라이언트에게 전송한다. 그리고 사용자는 웹 브라우저를 통해 요청 결과를 확인한다.

9.3.2 PHP MySQL API 함수

PHP와 MySQL 데이터베이스와의 연동은 함수의 정의와 호출 형식으로 이루어진다. PHP는 MySQL을 조작하기 위한 다양한 응용 프로그램 인터페이스(API : Application Program Interface) 함수들을 제공하고 있다.

그러므로 PHP가 제공하는 MySQL API 함수들의 종류와 사용법만 익히면 데이터베이스와 연동한 동적 웹 프로그램을 누구든지 쉽게 작성할 수 있다.

이 절에서는 PHP에서 제공하는 많은 MySQLi(MySQL improved) API 함수 중 기본적으로 사용하는 함수를 중심으로 살펴보기로 한다.

MySQLi는 절차지향(procedural) 방식과 객체지향(object oriented) 방식을 모두 지원하지만 사용법에 약간의 차이가 있다. 그러나 성능 면에서의 차이는 없다.

(1) 데이터베이스 연결 관련 API 함수

PHP에서 제공하는 데이터베이스 연결 관련 API 함수의 사용법과 설명은 다음과 같다.

```
object mysqli_connect ([ string $host[, string $username[, string $passwd[,
string $dbname[, integer $port[, string $socket)]]]]]] )

boolean mysqli_close ( mysqli $link )
integer mysqli_connect_errno ( void )
string mysqli_connect_error ( void )
boolean mysqli_select_db ( mysqli $link, string $dbname )
```

함수	설명
mysqli_connect()	서버 및 데이터베이스 연결
mysqli_close()	데이터베이스 연결 종료
mysqli_connect_errno()	데이터베이스 연결 오류 코드 리턴
mysqli_connect_error()	데이터베이스 연결 오류 메시지 리턴
mysqli_select_db()	사용 데이터베이스 선택/변경

① mysqli_connect()

매개변수로 서버이름, 사용자 아이디와 비밀번호, 데이터베이스 이름 등을 전달 받아 MySQL 서버와 지정한 데이터베이스에 연결하는 기능을 수행한다. 만일 연결을 성공하면 연결 정보를 객체로 리턴하고 실패하면 false를 리턴 한다.

매개변수 $host는 MySQL이 설치되어 있는 서버이름(IP주소)으로 클라이언트와 서버가 동일한 경우에는 "localhost"이다. 만일 원격 서버의 경우에는 서버의 도메인 이름 또는 IP 주소가 된다.

$username과 $passwd 및 dbname은 서버에 등록된 사용자 아이디와 비밀번호 그리고 연결하여 사용할 데이터베이스 이름이다. 이때 사용자는 서버와 데이터베이스에 대한 사용 권한을 가지고 있어야 한다.

마지막 매개변수는 서버에 연결할 포트 번호와 사용하는 소켓이다.

② mysqli_close()

사용 중인 데이터베이스와의 연결을 종료한다. 만일 연결 해제를 성공하면 true를 실패
하면 false를 리턴 한다.

③ mysqli_connect_errno()

MySQL 서버나 데이터베이스에 연결할 경우에 오류가 발생하면 오류에 해당하는 정수
오류 코드를 연결 오류가 없으면 0을 리턴 한다. mysqli_connect_error() 함수와 함께 디
버깅에 유용하게 사용된다.

④ mysqli_connect_error()

MySQL 서버나 데이터베이스에 연결할 경우에 오류 코드에 대한 문자열의 오류 메시지
를 연결 오류가 없으면 NULL을 리턴 한다.

⑤ mysqli_select_db()

현재 연결하여 사용할 데이터베이스($dbname)를 선택하는 기능을 수행한다. 만일 데이
터베이스 선택을 성공하면 true를 실패하면 false를 리턴 한다.

명령 프롬프트 use 명령어와 기능이 동일하다.

(2) 데이터베이스 처리 관련 API 함수

PHP에서 제공하는 데이터베이스 처리 관련 API 함수의 사용법과 설명은 다음과 같다.

```
mixed mysqli_query ( mysqli $link , string $query   , integer $resultmode ] )
integer mysqli_errno ( mysqli $link )
string mysqli_error ( mysqli $link )
void mysqli_free_result ( mysqli_result $result )
integer mysqli_num_rows ( mysqli_result $result )
integer mysqli_num_fields ( mysqli_result $result )
```

```
array mysqli_fetch_array ( mysqli_result $result [, integer $resulttype = MYSQLI_BOTH ] )
array mysqli_fetch_assoc ( mysqli_result $result )
array mysqli_fetch_row ( mysqli_result $result )
boolean mysqli_data_seek ( mysqli_result $result , integer $offset )
integer mysqli_affected_rows ( mysqli $link )
```

함수	설명 □
mysqli_query()	질의문 실행과 실행 결과 리턴
mysqli_errno()	호출한 mysqli 함수에 대한 오류코드 리턴
mysqli_error()	호출한 mysqli 함수에 대한 오류메시지 리턴
mysqli_free_result()	질의문(select)실행 결과 메모리 공간 해제
mysqli_num_rows()	검색된 레코드 셋의 레코드 수 리턴
mysqli_num_fields()	검색된 레코드 셋의 필드 수 리턴
mysqli_fetch_array()	검색된 레코드 셋으로 부터 인덱스배열과 연관배열 리턴
mysqli_fetch_row()	검색된 레코드 셋으로 부터 인덱스배열 리턴
mysqli_fetch_assoc()	검색된 레코드 셋으로 부터 연관배열 리턴
mysqli_data_seek()	검색된 레코드 셋의 포인터 이동
mysqli_affected_rows()	질의문(insert, update, delete)에 적용된 레코드 수 리턴

① mysqli_query()

연결된 데이터베이스에 대해 SQL 질의문을 실행한다. 만일 질의문 실행을 성공하면 true를 실패하면 false를 리턴 한다.

select 문의 경우는 질의문 실행을 성공하면 검색된 레코드 셋을 리턴 한다.

② mysqli_errno()

가장 최근에 호출한 mysqli 함수에 오류가 발생할 경우 오류에 해당하는 오류 코드를 오류가 없으면 0을 리턴 한다. mysqli_error() 함수와 함께 디버깅에 유용하게 사용된다.

③ mysqli_error()

가장 최근에 호출한 mysqli 함수에 오류가 발생할 경우 오류 코드에 대한 오류 메시지를 오류가 없으면 빈 문자열(empty string)을 리턴 한다.

④ mysqli_free_result()

SQL 질의문(select) 실행 결과 메모리 공간을 해제한다.

⑤ mysqli_num_rows()

mysqli_query() 함수 실행 결과 리턴 된 레코드 셋의 레코드(튜플) 수를 리턴 한다.

⑥ mysqli_num_fields()

mysqli_query() 함수 실행 결과 리턴 된 레코드 셋의 필드(행) 수를 리턴 한다.

⑦ mysqli_fetch_array(), mysqli_fetch_row(), mysqli_fetch_assoc()

mysqli_query() 함수 실행 결과 리턴 된 레코드 셋으로부터 하나의 레코드를 인덱스 배열 또는 필드 이름을 키로 갖는 연관 배열을 리턴 한다. 레코드 셋에 더 이상 레코드가 없을 경우 NULL을 리턴 한다.

질의문 처리 결과 리턴 된 레코드 셋의 반복 처리에 반복문과 함께 유용하게 사용된다.

- mysqli_fetch_array() 함수는 리턴 된 레코드 셋으로부터 하나의 레코드를 인덱스 배열과 필드 이름을 키로 갖는 연관 배열로 각각 리턴 한다.
- mysqli_fetch_row() 함수는 리턴 된 레코드 셋으로부터 하나의 레코드를 인덱스 배열로 리턴 한다.
- mysqli_fetch_assoc() 함수는 리턴 된 레코드 셋으로부터 하나의 레코드를 연관 배열로 리턴한다.

⑧ mysqli_data_seek()

리턴 된 레코드 셋의 레코드 포인터를 임의의 위치로 이동시키는 기능을 수행한다.

⑨ mysqli_affected_rows()

SQL 질의문(INSERT, UPDATE, DELETE)에 적용된 레코드(튜플) 수를 리턴 한다. 만일 실패하면 −1을 리턴 한다.

SELECT 질의어의 경우는 mysqli_num_rows() 함수와 동일하게 처리한다.

9.4 MySQL과 연동한 PHP 프로그래밍

9.4.1 PHP 데이터베이스 프로그래밍 단계

MySQL과 연동한 PHP 프로그램은 일반적으로 다음과 같은 일련의 과정을 거쳐 수행된다.

- 서버 및 데이터베이스 연결(connect server & database)
- SQL 질의 처리(perform SQL query(DDL,DML))
- 데이터베이스 연결 종료(close connection)

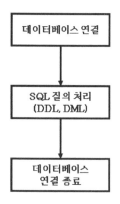

예 MySQL과 연동한 PHP 프로그램

```php
<?php


// MySQL 서버 및 데이터베이스 연결(connect server & database)


// SQL 질의 처리(perform SQL query(DDL,DML))


// 데이터 처리(data processing)


// 메모리 해제(free result set) - 검색 경우


// 데이터베이스 연결 종료(close connection)


?>
```

9.4.2 PHP 웹 데이터베이스 프로그래밍

이 절에서는 PHP가 제공하는 MySQL 데이터베이스 관련 API 함수와 SQL의 데이터
정의어(DDL) 및 데이터 조작어(DML)를 사용하여 데이터베이스 스키마를 구현하고 조
작하는 PHP 웹 데이터베이스 프로그래밍에 대해 예제를 통해 학습하노록 한다.

MySQL과 연동한 PHP 웹 프로그래밍 실습은 앞 절의 대학 데이터베이스를 사용한다.

(1) 대학 데이터베이스 스키마 구현

대학 데이터베이스 스키마를 구현하기 위해 PHP 프로그램에 데이터 정의어(DDL)를 삽입하여 대학 데이터베이스(univ) 와 학생 테이블(student)을 생성해 보자.

- 데이터베이스 생성

- 데이터베이스 삭제

- 테이블 생성

① 대학 데이터베이스 생성

예제 9-1

MySQL 서버와 연동하여 대학 데이터베이스를 생성하는 프로그램을 작성하고 실습해 보자. 재실행 후 오류 메시지를 확인해 보자. 그리고 SQL 질의문과 PHP MySQL API 함수 사용법을 익히자.

■ create_univ.php

```
1   <!DOCTYPE html>
2   <html>
3   <head>
4    <meta charset="UTF-8">
5    <title>데이터베이스 생성</title>
6   </head>
7   <body>
8    <b>대학 데이터베이스(univ) 생성</b></p>
9
10  <?php
11  // create_univ.php
12  // 대학 데이터베이스(univ) 생성
13
14  // MySQL 서버 연결(connect server)
15  $conn = mysqli_connect("localhost", "root", "adminpw");
16
17  if (mysqli_connect_errno()) {
```

```
18    printf("MySQL 서버 연결 실패!<Br>[%d]%s", mysqli_connect_errno(),
19                                    mysqli_connect_error());
20    exit();
21 } else {
22
23    // SQL 질의어 처리(perform SQL query(DDL, DML))
24    $sql = "CREATE DATABASE univ";
25    $result = mysqli_query($conn, $sql);
26
27    if ($result) {
28        printf("대학 데이터베이스 생성 성공!<Br>");
29    } else {
30        printf("대학 데이터베이스 생성 실패!!<Br>[%d]%s", mysqli_errno($conn),
31                                        mysqli_error($conn));
32    }
33 }
34
35 // 데이터베이스 연결 종료(close connection)
36 mysqli_close($conn);
37 ?>
38
39 </body>
40 </html>
```

② 대학 데이터베이스 삭제

예제 9-2

MySQL 서버와 연동하여 대학 데이터베이스를 삭제하는 프로그램을 작성하고 실습해 보자.
재실행 후 오류 메시지를 확인해 보자.

■ drop_univ.php

```
1   <!DOCTYPE html>
2   <html>
3   <head>
4    <meta charset="UTF-8">
5    <title>데이터베이스 삭제</title>
6   </head>
7   <body>
8    <b>대학 데이터베이스(univ) 삭제</b></p>
9
10  <?php
11  // drop_univ.php
12  // 대학 데이터베이스(univ) 삭제
13
14  // MySQL 서버 연결(connect server)
15  $conn = mysqli_connect("localhost", "root", "adminpw");
16
17  if (mysqli_connect_errno()) {
18      printf("MySQL 서버 연결 실패!<Br>[%d]%s", mysqli_connect_errno(),
19                                        mysqli_connect_error());
20      exit();
21  } else {
22
23      // SQL 질의어 처리(perform SQL query(DDL, DML))
24      $sql = "DROP DATABASE univ";
25      $result = mysqli_query($conn, $sql);
26
27      if ($result) {
28          printf("대학 데이터베이스 삭제 성공!<Br>");
29      } else {
30          printf("대학 데이터베이스 삭제 실패!!<Br>[%d]%s", mysqli_errno($conn),
31                                        mysqli_error($conn));
32      }
33  }
34
35  // 데이터베이스 연결 종료(close connection)
36  mysqli_close($conn);
```

```
37  ?>
38
39  </body>
40  </html>
```

③ 학생 테이블 생성

예제 9-3

대학 데이터베이스에 학생 테이블을 생성하는 프로그램을 작성하고 실습해 보자.
재실행 후 오류 메시지를 확인해 보자.

■ create_student.php

```
1   <!DOCTYPE html>
2   <html>
3   <head>
4    <meta charset="UTF-8">
5    <title>테이블 생성</title>
6   </head>
7   <body>
8    <b>학생 테이블(student) 생성</b></p>
9
10  <?php
11  // create_student.php
12  // 학생 테이블(student) 생성
13
14  // MySQL 서버와 데이터베이스 연결(connect server & database)
15  $conn = mysqli_connect("localhost", "root", "adminpw", "univ");
16
17  if (mysqli_connect_errno()) {
18      printf("MySQL 서버 연결 실패!<Br>[%d]%s", mysqli_connect_errno(),
```

```
19                                            mysqli_connect_error());
20    exit();
21  } else {
22
23    // SQL 질의어 처리(perform SQL query(DDL, DML))
24    $sql = "CREATE   TABLE student (
25                   hakbun    int   not  null,
26                   name      varchar(5),
27                   year      tinyint,
28                   dept      varchar(10),
29                   addr      varchar(50),
30                   primary   key(hakbun))";
31    $result = mysqli_query($conn, $sql);
32
33    if ($result) {
34       printf("학생 테이블 생성 성공!<Br>");
35    } else {
36       printf("학생 테이블 생성 실패!!<Br>[%d]%s", mysqli_errno($conn),
37                                     mysqli_error($conn));
38    }
39  }
40
41  // 데이터베이스 연결 종료(close connection)
42  mysqli_close($conn);
43  ?>
44
45  </body>
46  </html>
```

http://localhost/php/database/create_student.php

테이블 생성 ×

학생 테이블(student) 생성

학생 테이블 생성 성공!

http://localhost/php/database/create_student.php

테이블 생성 ×

학생 테이블(student) 생성

학생 테이블 생성 실패!!
[1050]Table 'student' already exists

(2) 대학 데이터베이스 조작

MySQL 서버 및 대학 데이터베이스에 연동한 후 PHP 프로그램에 데이터 조작어(DML)
을 삽입하여 학생 테이블에 학생 정보를 삽입한다. 그리고 학생 테이블에 저장된 학생
정보를 검색해 보자.

- 인터페이스 폼 설계 : 학생 정보 입력과 검색
- 데이터베이스 저장 : 학생 정보
- 데이터베이스 검색 : 학생 정보

예제 9-4

학생 테이블에 학생 정보를 차례로 입력(클라이언트)하여 데이터베이스에 저장(서버)하는 프로
그램을 작성하고 실습해 보자.

[처리 조건]

- **학생 정보 입력 폼** : [예제 7-1]의 고객정보 입력 폼(customer_form_input.html)을
  "database" 폴더로 복사한 후 수정한다. 그리고 common 폴더의 CSS(customer_
  form.css)를 공용 목적으로 사용하기 위해 다른 이름(common.css)으로 저장한다.
- 데이터베이스 저장 프로그램은 새로이 작성한다.

■ student_insert_form.html

```
1   <!DOCTYPE html>
2   <html>
3   <head>
4    <title>학생정보 입력 폼(student_insert_form.html)</title>
5    <meta charset="UTF-8">
6    <link rel="stylesheet" href="../common/css/common.css">
7   </head>
8
9   <body>
10  <form name="student_form"  method="post" action="student_insert_db.php">
11   <table>
12    <caption>학생정보 입력</caption>
13    <tr>
14     <th> 학 번 </th>
15     <td><input type="text" name="hakbun" size="10" maxlength="10" required autofocus></td>
16    </tr>
17    <tr>
18     <th> 이 름 </th>
19     <td><input type="text" name="name" size="10" maxlength="5" required></td>
20    </tr>
21    <tr>
22     <th> 학 년 </th>
23     <td><input type="radio" name="year" value="1" required>1학년 
24        <input type="radio" name="year" value="2" required>2학년 
25        <input type="radio" name="year" value="3" required>3학년 
26        <input type="radio" name="year" value="4" required>4학년</td>
27    </tr>
28    <tr>
29     <th> 학 과 </th>
30     <td><select name="dept" required>
31              <option selected value="">학과 구분</option>
32              <option value="경영">경영</option>
33              <option value="멀티">멀티</option>
34              <option value="물리">물리</option>
35              <option value="전상">전상</option>
36              <option value="전자">전자</option>
```

```
37              <option value="컴공">컴공</option>
38        </select></td>
39    </tr>
40    <tr>
41     <th> 주 소  </th>
42     <td><input type="text" name="addr" size="50" maxlength="50" required></td>
43    </tr>
44    <tr>
45     <td colspan="2" style="text-align:center;">
46        <input type="submit" value="전송">
47        <input type="reset" value="취소"></td>
48    </tr>
49   </table>
50  </form>
51
52  </body>
53  </html>
```

■ student_insert_db.php

```
1   <!DOCTYPE html>
2   <html>
3   <head>
4    <meta charset="UTF-8">
5    <title>데이터베이스 저장</title>
6   </head>
7   <body>
8    <b>학생정보 테이블 저장</b></p>
9
10  <?PHP
11  // student_insert_db.php
12  // 학생 테이블(student) 저장
13
14  // print_r($_POST);
15
16  // 전송 데이터 확인
17  if (empty($_POST["hakbun"])) {
```

```php
18      echo "<script>alert('학생 정보를 입력하시오!!');
19                      history.back(-1);
20          </script>";
21      exit();
22  }
23
24  // MySQL 서버와 데이터베이스 연결(connect server & database)
25  $conn = mysqli_connect("localhost", "root", "adminpw", "univ");
26
27  if (mysqli_connect_errno()) {
28      printf("MySQL 서버와 데이터베이스 연결 실패!!<Br>%s", mysqli_connect_error());
29      exit();
30  }
31
32  // 전송 데이터 변수 할당
33  $hakbun = $_POST["hakbun"];
34  $name = $_POST["name"];
35  $year = $_POST["year"];
36  $dept = $_POST["dept"];
37  $addr = $_POST["addr"];
38
39  // SQL 질의어 처리(perform SQL query(DML))
40  // 학생테이블(student) 튜플 삽입
41  $sql = "INSERT
42          INTO    student(hakbun, name, year, dept, addr)
43          VALUES ('$hakbun', '$name', '$year', '$dept', '$addr')";
44  $result = mysqli_query($conn, $sql);
45
46  if ($result) {
47      printf("학생테이블에 %d개 튜플 삽입 성공!<Br>", mysqli_affected_rows($conn));
48  } else {
49      printf("학생테이블에 튜플 삽입 실패!!<Br>%s", mysqli_error($conn));
50  }
51
52  // 데이터베이스 연결 종료(Close connection)
53  mysqli_close($conn);
54
55  // 학생정보 입력 폼 이동
```

```
56  echo "<a href='./student_insert_form.html'>[ 입력 폼 ]</a>";
57  ?>
58
59  </body>
60  </html>
```

예제 9-5

학생 테이블에 저장된 모든 학생 정보를 데이터베이스로부터 학번 순으로 정렬(올림 차순)하여
검색한 후 HTML 테이블 형태로 출력하는 프로그램을 작성하고 실습해 보자.

[처리 조건]

• 학생 정보 출력 폼 : [예제 7-9]에서 사용한 CSS(table_100.css)를 공용으로 사용한다.

■ student_retrieval_tbl.php

```
1   <?PHP
2   // student_retrieval_tbl.php
3   // 학생 테이블(student) 검색 - HTML 출력
4
5   // MySQL 서버와 데이터베이스 연결(connect server & database)
6   $conn = mysqli_connect("localhost", "root", "adminpw", "univ");
7
8   if (mysqli_connect_errno()) {
9       printf("MySQL 서버와 데이터베이스 연결 실패!!<Br>%s", mysqli_connect_error());
10      exit();
11  }
12
13  // SQL 질의어 처리(perform SQL query(DML))
14  // 학생테이블(student) 검색
15  $sql = "SELECT *
```

```
16          FROM    student
17          ORDER  BY hakbun ASC";
18 $result = mysqli_query($conn, $sql);
19
20 if (mysqli_num_rows($result) > 0) {
21
22 // 학생정보 검색 출력
23 ?>
24
25 <!DOCTYPE html>
26 <html>
27 <head>
28  <title>데이터베이스 검색</title>
29  <meta charset="utf-8">
30  <link rel="stylesheet" href="../common/css/table_100.css">
31 </head>
32
33 <body>
34
35 <form name="student_form">
36  <table>
37   <caption>학생 테이블 검색</caption>
38   <tr>
39    <th>학 번</th>
40    <th>이 름</th>
41    <th>학 년</th>
42    <th>학 과</th>
43    <th>주 소</th>
44   </tr>
45   <tr>
46
47 <?PHP
48   while($tuple = mysqli_fetch_array($result)) { // 인덱스배열, 연관배열
49 ?>
50
51   <tr>
52    <td><?PHP echo $tuple["hakbun"]; ?></td>
53    <td><?=$tuple["name"]; ?></td>
```

```
54    <td><?=$tuple["year"]; ?></td>
55    <td><?=$tuple["dept"]; ?></td>
56    <td><?=$tuple["addr"]; ?></td>
57   </tr>
58
59 <?PHP
60    }
61
62 echo "
63    </table>
64   </form>";
65
66    printf("학생테이블에 %d개 튜플 검색 성공!", mysqli_affected_rows($conn));
67
68    // 메모리 해제(free result set)
69    mysqli_free_result($result);
70
71 } else {
72    printf("학생테이블이 비어 있습니다!!");
73 }
74
75 // 데이터베이스 연결 종료(Close connection)
76 mysqli_close($conn);
77 ?>
78
79 </body>
80 </html>
```

학생 테이블 검색

학 번	이 름	학 년	학 과	주 소
160001	한국인	4	컴공	서울
160739	신입생	4	컴공	광주
172634	이천사	3	컴공	광주
179752	홍길동	3	전상	광주
183517	김보배	2	멀티	전남
184682	나매력	2	전상	제주
195712	조아라	1	멀티	부산

학생테이블에 7개 튜플 검색 성공!

9.4.3 데이터베이스와 세션을 사용한 로그인과 로그아웃

이 절에서는 사용자 로그인, 로그인 인증과 session 세션 변수의 설정 그리고 로그아웃에 따른 세션 정보의 삭제 과정을 데이터베이스 환경에서 살펴보기로 한다.

- 고객 정보 입력

- 데이터베이스 검색에 따른 로그인 인증과 세션 변수 설정

- 세션 정보 삭제(로그아웃)

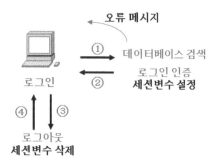

예제 9-6

데이터베이스 환경에서 세션을 사용한 로그인과 로그아웃에 대한 다음 프로그램을 작성하고 실습해 보자.
실습하는 동안 세션에 따른 버튼(로그인, 로그아웃)의 변화(enable/disabled)를 유의하여 보기 바란다.

[처리 조건]

- **로그인 정보 정보 입력 폼** : [예제 8-7]입력 폼(login_form.php)과 로그아웃(login_ses_dest.php) 모듈을 "database" 폴더로 복사한 후 수정(아이디 항목을 학번으로 수정하고 비밀번호 항목은 삭제) 한다([예제 8-7] 세션을 사용한 로그인과 로그아웃 참조).

- 로그인 인증과 세션변수 설정 프로그램(login_ses_cre.php) 새로이 작성한다.

■ login_form.php

```php
1   <?PHP
2   // 세션 시작
3   session_start();
4   ?>
5
6   <!DOCTYPE html>
7   <html>
8   <head>
9    <title>세션 로그인 폼(login_form.php)</title>
10   <meta charset="UTF-8">
11   <link rel="stylesheet" href="../common/css/table_200_50.css">
12  </head>
13
14  <body>
15   <form name="login_form" method="POST" action="./login_ses_cre.php">
16    <table>
17     <caption>로그인 폼</caption>
18     <tr>
19      <th>학번</th>
20      <td><input type="text" name="hakbun" size="10" maxlength="10" required autofocus></td>
21     </tr>
22     <tr>
23      <td colspan="2" style="text-align:center;">
24
25      <?PHP
26      if (empty($_SESSION)) {        // 로그인 버튼 활성화
27         echo "<input type='submit' value='로그 인'>";
28         echo "<input type='button' value='로그아웃' disabled></td>";
29
30      } else {                       // 로그아웃 버튼 활성화
```

```
31          echo "<input type='submit' value='로그 인' disabled>";
32          echo "<input type='button' value='로그아웃'";
33          echo "onClick=location.href='./login_ses_dest.php'></td>";
34        }
35      ?>
36
37    </tr>
38    </table>
39    </form>
40
41  <?PHP
42  if (!empty($_SESSION)) {
43      echo $_SESSION["ses_name"]."님 로그인 중 ... ";
44  }
45  ?>
46
47  </body>
48  </html>
```

■ login_ses_cre.php

```
1   <?PHP
2   // 세션 시작
3   session_start();
4   ?>
5
6   <!DOCTYPE html>
7   <html>
8   <head>
9    <meta charset="UTF-8">
10   <title>세션변수 설정</title>
11  </head>
12  <body>
13   <b>데이터베이스 검색 - 인증, 세션변수 설정</b></p>
14
15  <?PHP
16  // login_ses_cre.php
17  // 데이터베이스 검색 - 로그인 인증과 세션변수 설정
```

```php
18
19  // 전송 데이터 확인
20  if (empty($_POST["hakbun"])) {
21
22      echo "<script>alert('학번을 입력하시오!!');
23                    history.back();
24          </script>";
25  }
26
27  // 전송 데이터 변수 할당
28  $hakbun = $_POST["hakbun"];
29
30  // MySQL 서버와 데이터베이스 연결(connect server & database)
31  $conn = mysqli_connect("localhost", "root", "adminpw", "univ");
32
33  if (mysqli_connect_errno()) {
34      printf("MySQL 서버와 데이터베이스 연결 실패!!<Br>%s", mysqli_connect_error());
35      exit();
36  }
37
38  // SQL 질의어 처리(perform SQL query(DML))
39  // 학생테이블(student) 검색
40  $sql = "SELECT *
41          FROM   student
42          ORDER  BY hakbun ASC";
43  $result = mysqli_query($conn, $sql);
44
45  $tuple = mysqli_fetch_array($result);
46
47  // 로그인 체크 - 세션변수 설정
48  if ($hakbun === $tuple["hakbun"]) {
49
50      // 세션변수(학번, 이름) 설정
51      $_SESSION["ses_id"] = $hakbun;
52      $_SESSION["ses_name"] = $tuple["name"];
53
54  } else {
55      echo "<script>alert('존재하지 않는 학번입니다!!');
```

```
56                    history.back();
57           </script>";
58 }
59
60 // 세션변수 출력
61 echo "세션변수(ses_id) = ".$_SESSION["ses_id"]."<Br>";
62 echo "세션변수(ses_name) = ".$_SESSION["ses_name"]."</p>";
63 ?>
64
65  <a href="./login_form.php">[ 로그인 폼 ]</a>
66 </body>
67 </html>
```

■ login_ses_dest.php

```
1  <?PHP
2  // 세션 시작
3  session_start();
4  ?>
5
6  <!DOCTYPE html>
7  <html>
8  <head>
9   <meta charset="UTF-8">
10  <title>세션변수 삭제</title>
11 </head>
12 <body>
13  <b>로그아웃 - 세션변수 삭제</b></p>
14
15 <?PHP
16 // login_ses_dest.php
17 // 로그아웃과 세션변수 삭제(종료)
```

```
18
19  // 세션변수 확인
20  if (empty($_SESSION)) {
21      echo "<script>alert('등록된 세션 데이터가 없습니다!!');
22                   history.go(-1);
23          </script>";
24      exit();
25  }
26
27  print_r($_SESSION);
28  echo "</p>";
29
30  // 세션종료 및 로그아웃
31  // 세션변수 삭제
32  session_unset();
33
34  // 서버 세션정보 파일 삭제
35  session_destroy();
36
37  print_r($_SESSION);
38  echo "</p>";
39
40  /*
41  echo "<script>alert('로그아웃 하셨습니다!');
42                   location.href='./login_form.php';
43          </script>";
44  */
45  ?>
46
47   <a href="./login_form.php">[ 로그인 폼 ]</a>
48  </body>
49  </html>
```

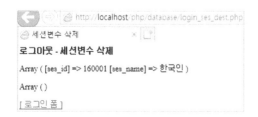

9.5 데이터베이스 백업과 회복(phpMyAdmin)

동작 중인 데이터베이스 시스템에 장애가 발생하게 되면 소중한 정보 자산의 손실과 조직 운영에 심각한 영향을 받게 된다.

이러한 예기치 못한 장애 발생을 대비하는 방법 중 하나가 백업(backup)이다. 그리고 회복(recovery)이란 데이터베이스에 장애가 발생하였을 경우에 장애 발생 이전의 상태로 복원하는 작업을 말한다.

우리가 사용하는 대부분의 DBMS는 안전하게 데이터베이스를 보호하고 비상 사태를 대비한 독자적인 고유한 방법의 백업과 회복 기능을 제공하고 있다.

이 절에서는 WAMP 통합 개발 환경이 제공하는 GUI phpMyAdmin 기능 중 데이터베이스 백업과 회복 방법에 대해 살펴보기로 한다.

• 사용자 계정 관리와 권한 부여 및 취소

• 데이터베이스/테이블 생성과 삭제

• 질의어 처리

• 데이터베이스 백업과 회복 등 다양한 기능 제공

(1) 내보내기

<u>01</u> phpMyAdmin 로그인

MySQL을 설치할 때 설정한 아이디(root)와 비밀번호(adminpw)를 사용하여 로그인 한다.

02 백업할 데이터베이스 선택 → [내보내기] 클릭

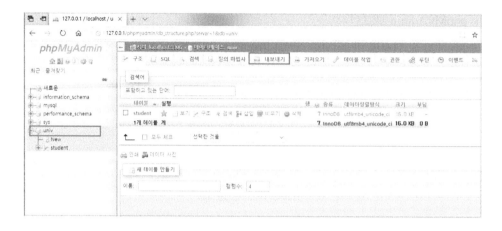

03 내보내기 → 옵션 선택 후 [실행]

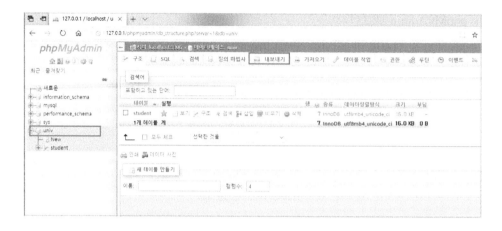

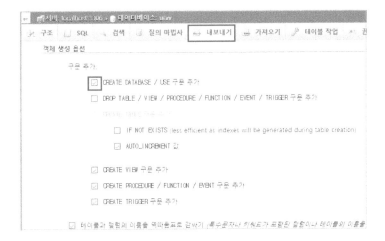

04 백업 폴더 생성과 저장

05 백업 완료

(2) 가져오기

<u>01</u> [가져오기] 클릭 → 백업 파일 선택 → [실행]

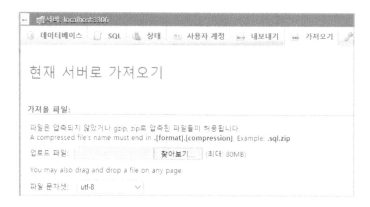

<u>02</u> 회복 완료

연습문제

1. 다음의 데이터베이스 관련 기본 용어에 대해 간단히 정의하시오.

   ① 데이터베이스(DB : DataBase)

   ② 데이터베이스 관리 시스템(DBMS : DataBase Management System)

   ③ 데이터베이스 스키마(database schema)

   ④ 데이터베이스 관리자 (DBA : DataBase Administrator)

   ⑤ 기본 키(PK : Primary Key)

2. 다음 중 데이터베이스 정의와 거리가 먼 것을 고르시오.

   ① 공용 데이터(shared data)

   ② 저장 데이터(stored data)

   ③ 자연 데이터(natural data)

   ④ 운영 데이터(operational data)

3. 다음 중 데이터베이스 관리 시스템의 3대 필수 기능에 속하지 않는 것을 고르시오.

   ① 데이터 정의 기능

   ② 데이터 수집 기능

   ③ 데이터 조작 기능

   ④ 데이터 제어 기능

4. SQL과 관계 데이터베이스에서 사용하는 용어와 개념적 차이에 대해 비교 설명하시오.

5. 9장의 대학 데이터베이스와 학생 테이블 스키마에 대한 다음 질의에 해당하는 SQL 질의문을 작성해 보시오.

① 학생 테이블에 새로운 학생 정보를 삽입하시오.

② 모든 2학년 학생을 3학년으로 갱신하시오.

③ BETWEEN 연산자를 사용하여 예3)의 질의문(학년이 2학년 이상이고 주소가 "광주"인 학생의 이름, 학년, 학과를 검색)과 동일한 질의문을 작성하시오.

④ 학년별로 그룹지어 학년과 학생의 수를 검색하시오.

⑤ 학생 테이블 스키마에 입학일(데이터 형 date) 속성(열)을 추가하여 학생 테이블 스키마를 변경하시오

6. 대학의 수강 신청에 대한 E-R 다이어그램을 참고하고 물음에 답 하시오(수강신청 릴레이션 참조).

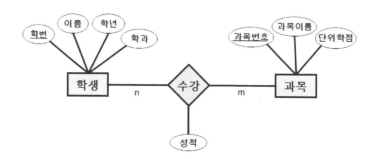

① 과목 테이블 스키마를 설계하고 DDL을 사용하여 코딩해 보시오.

② 수강 테이블 스키마를 설계하고 DDL을 사용하여 코딩해 보시오.

CHAPTER 10

실전 프로젝트
- 고객관리 시스템

10.1 고객관리 시스템 개요

이제까지 학습한 내용을 바탕으로 쇼핑몰 시스템의 일부분인 고객 관리를 중심으로 요구 분석 단계에서 부터 시스템 설계 그리고 구현 과정에 이르기 까지 단계적으로 자세히 살펴보기로 한다.

고객관리 시스템은 사용자를 위한 회원 가입, 회원 정보의 검색, 갱신, 탈퇴의 기본 기능을 제공하며 관리자(운영자)를 위해 고객 정보의 테이블 검색과 회원 정보의 갱신 및 삭제 기능을 제공한다. 그리고 테이블 검색의 불편함을 제거하기 위해 페이지 제어 기능을 추가한다.

이 장에서 다루는 고객 관리와 홈 페이지 관리는 현재 운영 중인 웹 사이트를 구축하기 위한 가장 기초적인 부분으로 개인 홈 페이지, 블로그 또는 카페의 게시판, 쇼핑몰 시스템 등 다양한 응용 업무 영역에 유용하게 활용될 수 있다.

다음은 고객관리 시스템에서 다루는 주요 기능 요소와 개발 환경의 폴더 구조이다.

- 고객관리 요구 분석
- 고객관리 시스템 설계
    - 시스템 구조 및 모듈 설계(모듈화)
    - 사용자 인터페이스 설계
    - 데이터베이스 스키마 설계
- 고객관리 시스템 개발
    - 데이터베이스와 테이블 스키마 생성
    - 회원정보 관리(가입, 검색, 갱신, 삭제)
    - 테이블 검색과 페이지 제어
- 홈 페이지 관리
    - 홈 페이지 레이아웃 설계(메뉴 관리)
    - 로그인 인증과 세션 생성
    - 로그아웃과 세션 삭제

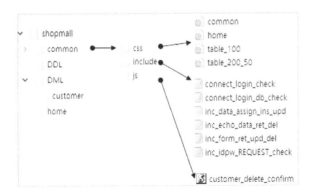

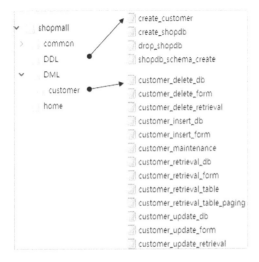

10.2 고객관리 요구 분석 및 설계

10.2.1 고객관리 요구 분석

(1) 쇼핑몰 문제 설명서

우리가 이용하는 인터넷 쇼핑몰 시스템의 문제 설명서(problem statement)의 주요 내용
을 살펴보고 이 절에서는 쇼핑몰 문제 설명서 중 고객정보 관리를 중심으로 분석한다.

[인터넷쇼핑몰 개요]

... (중략) ...

[자격과 권한]

쇼핑몰의 사용자는 회원과 비회원(일반 고객) 그리고 관리자(운영자)로 구분한다.
일반 고객은 상품 구매, 게시판 등 쇼핑몰이 제공하는 서비스를 이용하기 위해 회원으로 가입할 수
있다.
관리자는 쇼핑몰의 원활한 운영을 위해 상품 관리(등록, 갱신, 삭제)와 회원관리(검색, 갱신, 삭제)
등의 업무를 수행한다.

[상품 조회와 검색]

... (중략) ...

[상품구매와 결재]

... (중략) ...

[구매 상품의 배송과 반품 및 교환]

... (중략) ...

(2) 고객관리 요구 분석 명세서

쇼핑몰 문제 설명서 중 고객 관리를 위한 요구 분석 및 요구 분석 명세서(requirements specification)는 다음과 같다.

1. 고객은 쇼핑몰이 제공하는 서비스(상품 검색 및 구매, 게시판 글쓰기 등)를 이용하기 위해 회원으로 가입한다.

2. 기본 흐름
   ① 고객이 회원 가입을 신청한다.
   ② 고객은 회원 가입을 위해 필요한 정보(아이디, 비밀번호, 이름, 휴대전화번호, 주소, 성별, 이메일)를 입력한다.
      ㉠ 필수 입력 항목 : 아이디, 비밀번호, 이름, 휴대전화번호, 주소
      ㉡ 선택 입력 항목 : 성별(M/F), 이메일
   ③ 고객 정보는 데이터베이스에 저장되고 고객은 회원이 된다. 이때 가입일도 함께 저장한다.

3. 예외 흐름
   ① 만일 아이디가 중복되는 경우에는 오류 메시지를 출력하고 입력 폼으로 되돌아간다.

고객정보 관리를 위해 다음과 같은 기능이 요구된다.

- 회원 가입

- 회원정보 검색

- 회원정보 갱신

- 회원 삭제(탈퇴)

10.2.2 고객관리 시스템 구조 설계

고객관리 요구 분석 명세서를 기반으로 고객정보를 관리하기 위한 고객관리 시스템의 구조와 모듈 설계는 다음과 같다.

(1) 고객관리 시스템의 구조 설계

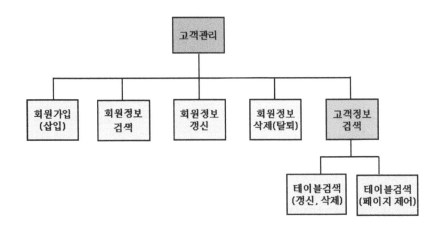

(2) 고객관리 시스템의 모듈 설계

구분		모듈 이름
고객관리		customer_maintenance.php
고객	회원가입	customer_insert_form.php customer_insert_db.php
	회원정보 검색	customer_retrieval_form.php customer_retrieval_db.php
	회원정보 갱신	customer_update_form.php customer_update_retrieval.php customer_update_db.php
	회원정보 삭제(탈퇴)	customer_delete_form.php customer_delete_retrieval.php customer_delete_db.php
관리자	고객정보 테이블 검색(갱신, 삭제)	customer_retrieval_table.php
	고객정보 테이블 검색(페이지 제어)	customer_retrieval_table_paging.php

(3) 프로그램 모듈화 설계

모듈을 설계하다 보면 서로 동일한 부분을 공통적으로 포함하고 있는 경우가 있다. 각 모듈 마다 동일한 내용을 포함하거나 데이터베이스와의 연결처럼 반복되는 부분이 존재한다.

특히 데이터베이스를 사용할 경우에 데이터베이스와의 연결을 포함하는 모든 페이지에 사용자의 아이디, 비밀번호, 데이터베이스 이름이 노출되는 보안상 문제가 있다.

이러한 공통 부분을 다음과 같이 모듈화하여 각각의 외부 파일로 저장하고 각 모듈마다 필요한 공통 모듈을 공유하여 재사용 하도록 설계한다.

이렇게 모듈화하여 재사용함으로써 프로그램의 소스 코드를 단순화하여 가독성을 향상 시키고 반복하여 코딩하지 않아 코딩하는 시간과 노력을 줄일 수 있다.

프로그램 모듈화 설계에 의한 공통 모듈은 다음과 같다.

공통모듈	설명
connect_login_check.php	MySQL 서버 인증
connect_login_db_check.php	MySQL 서버와 데이터베이스 인증
inc_form_ret_upd_del.php	입력 폼 단순 출력(검색, 갱신, 삭제)
inc_idpw_REQUEST_check.php	아이디, 비밀번호 전송 확인(가입, 검색, 갱신, 삭제)
inc_echo_data_ret_del.php	회원정보 단순 출력(검색, 삭제)
inc_data_assign_ins_upd.php	전송 데이터 변수 할당(가입, 갱신)

① MySQL 서버 인증 모듈(connect_login_check.php)

MySQL 서버에 대한 정당한 사용자인가 확인하는 인증 모듈로 아이디와 비밀번호를 매개변수로 사용한다.

명령 프롬프트에서 MySQL 서버에 로그인 하는 과정과 동일하다.

초기에 데이터베이스 스키마 생성 모듈에서 사용한다.

② MySQL 서버와 데이터베이스 인증 모듈(connect_login_db_check.php)

MySQL 서버와 특정 데이터베이스에 대한 정당한 사용자인가 확인하는 인증 모듈로 아이디, 비밀번호, 데이터베이스 이름을 매개변수로 사용한다.

명령 프롬프트에서 MySQL 서버에 로그인한 후 use 명령어를 사용하여 특정 데이터베이스를 선택하는 과정과 동일하다.

회원 가입과 회원정보 검색, 갱신, 삭제 모듈에서 공용으로 사용한다. 그리고 홈 페이지 관리에서도 재사용 한다.

③ 입력 폼 단순 출력 모듈(inc_form_ret_upd_del.php)

고객 관리를 위한 사용자 인터페이스는 회원 가입 폼 하나를 기본 폼으로 사용한다. 그러므로 회원 정보의 검색과 갱신 및 삭제의 경우에 필수 입력 항목(아이디와 비밀번호)을 제외한 나머지 항목(이름~이메일)은 단순하게 출력만 해 주는 부분으로 모듈화하고 각각 재사용한다.

이때 재사용 모듈에 속한 나머지 항목들은 모두 readonly 또는 disabled로 처리한다.

④ 아이디, 비밀번호 전송 확인 모듈(inc_idpw_REQUEST_check.php)

클라이언트가 전송한 아이디와 비밀번호의 전송 여부(empty)를 확인한다. 회원정보 입력 요소 중 아이디와 비밀번호는 필수 입력(required)으로 지정 하였지만 여러 개발자가 함께 작업하다 보면 누락되는 경우가 종종 발생하기 때문이다.

이를 위해 post 방식 또는 get 방식의 전송 정보를 모두 포함하는 슈퍼 전역변수인 $_REQUEST를 사용한다. 특히 관리자를 위한 개인 고객 정보의 갱신과 삭제는 GET 방식을 사용한다.

회원 가입과 회원정보 검색, 갱신, 삭제 모듈에서 공용으로 사용한다. 그리고 홈 페이지 관리에서도 재사용 한다.

⑤ 회원정보 단순 출력 모듈(inc_echo_data_ret_del.php)

데이터베이스 검색 질의문 처리 결과를 출력하는 모듈로 회원 정보의 검색과 삭제 모듈에서 공용으로 사용한다.

이때 출력하는 회원 정보는 모두 readonly 또는 disabled로 처리한다.

⑥ 전송 데이터 변수 할당 모듈(inc_data_assign_ins_upd.php)

클라이언트로부터 전송된 정보를 데이터베이스에 저장 또는 갱신하기 위해 PHP 변수에 할당하는 모듈로 회원 가입과 회원정보 갱신 모듈에서 공용으로 사용한다.

10.2.3 사용자 인터페이스 설계

고객 관리를 위한 사용자 인터페이스 설계는 회원 가입 폼을 기본 폼으로 설계하고 회원 정보의 검색과 갱신 및 삭제에서 공용으로 사용한다.

그리고 전체 고객 정보의 테이블 검색과 페이지 제어를 위한 검색 폼을 설계한다.

회원 정보의 검색과 갱신 및 삭제의 경우는 회원 가입 폼을 기본 폼으로 사용하기 때문에 아이디와 비밀번호를 제외한 나머지 입력 항목은 읽기 전용(readonly) 또는 비 활성화(disabled) 한다.

고객관리 시스템에서 사용하는 사용자 인터페이스 설계는 다음과 같다.

(1) 고객관리 주 메뉴 설계

(2) 고객관리 폼 설계

회원 가입 폼을 기본 폼으로 설계하고 회원 정보의 검색과 갱신 및 삭제에서 공용으로 사용한다.

① 회원 가입 폼

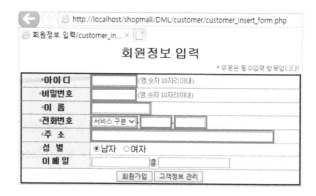

② 회원정보 검색 폼

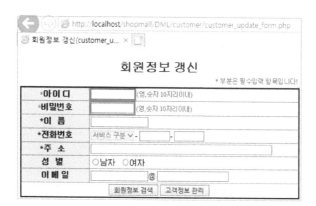

③ 회원정보 갱신 폼

④ 회원정보 삭제 폼

⑤ 고객관리 폼 CSS

고객관리 폼 설계의 CSS는 [예제 7-1]을 약간 수정하여 재사용 한다.

■ common.css

```
1    /* 쇼핑몰 고객정보 관리 스타일시트
2     * shopmall/common/css/common.css
3     */
4
5    table {width:600px; text-align:center; border:2px solid black;
6                                    border-collapse:collapse;}
7    caption {font-size:20pt; font-weight:bold;}
8
9    th, td {border:1px solid grey; padding:3px;}
10   th {width:25%; background-color:#CFD0ED;}
11   td {background-color:#FAFAEE; text-align:left;}
12   .msg_red {font-size:10pt; color:red;}
13   .msg_blue {font-size:10pt; color:blue;}
```

(3) 고객정보 테이블 검색과 페이지 제어 폼 설계

고객정보 테이블 검색과 페이지 제어 폼의 CSS는 웹 브라우저의 화면 전체를 사용 (100%)하도록 설계한다.

① 고객정보 테이블 검색 폼

② 고객정보 테이블 검색과 페이지 제어 폼

③ 고객정보 테이블 검색 CSS

고객정보 테이블 검색과 페이지 제어 폼의 CSS는 웹 브라우저의 화면 전체를 사용 (100%)하는 [예제 7-9] CSS를 재사용 한다.

■ table_100.css

```
1   /* 쇼핑몰 고객정보 관리 스타일시트
2    * shopmall/common/css/table_100.css
3    */
4
5   table {width:100%; text-align:center; border:2px solid black;
6                             border-collapse:collapse;}
7   caption {font-size:15pt; font-weight:bold;}
8
```

```
9      th, td {border:1px solid grey; padding:3px;}
10     th {background-color:#CFD0ED;}
11     td {background-color:#FAFAEE; text-align:center;}
```

10.2.4 데이터베이스 스키마 설계

현실 세계의 데이터를 컴퓨터 세계의 데이터베이스로 저장하기 위해서는 여러 단계의 데이터 모델링 과정이 필요하다. 먼저 사람 중심의 개념적 설계 후 특정 DBMS가 지원하는 논리적 설계 단계의 변환 과정을 거친다.

개념적 설계 도구로 구조적 기법의 개체 관계 모델(Entity Relationship model)과 객체 지향 기법의 UML(Unified Modeling Language) class diagram이 많이 사용되고 있으며 논리적 모델은 관계형 모델(Relational model)이 주류를 이루고 있다.

우리가 사용하는 MySQL은 관계 DBMS중 하나이다.

① 쇼핑몰 시스템 ER diagram

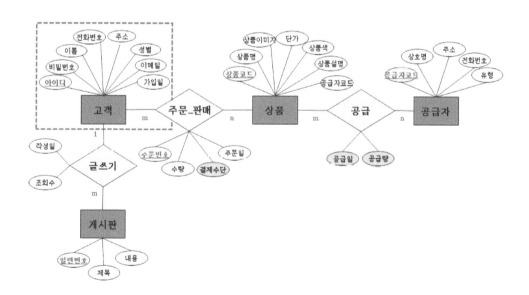

② 고객정보 데이터베이스 스키마 설계

데이터베이스/ 테이블 이름	애트리뷰트 이름	자료형/길이	키	참조	설명
shopdb					쇼핑목DB
customer					고객테이블
	*cust_id	varchar(10)	not null, PK		아이디
	*cust_pw	varchar(13)			비밀번호
	*cust_name	varchar(15)			이름(한글)
	*cust_tel_no	varchar(13)			휴대전화번호
	*cust_addr	varchar(100)			주소
	cust_gender	char(1)			성별(남:M,여:F)
	cust_email	varchar(30)			이메일
	cust_join_date	date			**가입일**

10.3 고객관리 시스템 개발

고객관리 시스템의 요구 분석과 설계에 대한 다음 설계 사양서(design specification)를 참조하면서 MySQL과 연동한 PHP 프로그램을 개발해 보자.

* 고객관리 요구 분석

* 고객관리 시스템 구조 설계

* 사용자 인터페이스 설계

* 데이터베이스 스키마 설계

10.3.1 데이터베이스와 테이블 생성

* 데이터베이스(shopdb) 생성

* 고객 테이블(customer) 생성

* 데이터베이스 삭제

(1) 데이터베이스 생성

■ create_shopdb.php

```
1   <!DOCTYPE html>
2   <html>
3   <head>
4    <meta charset="UTF-8">
5    <title>데이터베이스 생성</title>
6   </head>
7   <body>
8    <b>쇼핑몰 데이터베이스(shopdb) 생성</b></p>
9
10  <?php
11  // create_shopdb.php
12  // 쇼핑몰 데이터베이스(shopdb) 생성
13
14  // MySQL 서버 연결(connect server)
15  include "../common/include/connect_login_check.php";
16
17  // SQL 질의어 처리(perform SQL query(DDL, DML))
18  $sql = "CREATE DATABASE shopdb";
19  $result = mysqli_query($conn, $sql);
20
21  if ($result) {
22      printf("쇼핑몰 데이터베이스 생성 성공!");
23  } else {
24      printf("쇼핑몰 데이터베이스 생성 실패!!<Br>%s", mysqli_error($conn));
25  }
26
27  // 데이터베이스 연결 종료(close connection)
28  mysqli_close($conn);
29  ?>
30
31  </body>
32  </html>
```

(2) 고객 테이블 생성

■ create_customer.php

```
1   <!DOCTYPE html>
2   <html>
3   <head>
4     <meta charset="UTF-8">
5     <title>테이블 생성</title>
6   </head>
7   <body>
8     <b>고객테이블(customer) 생성</b></p>
9
10  <?php
11  // create_customer.php
12  // 고객테이블(customer) 생성
13
14  // MySQL 서버와 데이터베이스 연결(connect server & database)
15  include "../common/include/connect_login_db_check.php";
16
17  // SQL 질의어 처리(perform SQL query(DDL, DML))
18  $sql = "CREATE  TABLE customer (
19            cust_id        varchar(10) NOT NULL,
20            cust_pw        varchar(13),
21            cust_name      varchar(15),
22            cust_tel_no    varchar(13),
23            cust_addr      varchar(100),
24            cust_gender    char(1),
25            cust_email     varchar(30),
26            cust_join_date  date,
27            primary key(cust_id))" ;
28  $result = mysqli_query($conn, $sql);
29
```

```
30  if ($result) {
31      printf("고객테이블 생성 성공!");
32  } else {
33      printf("고객테이블 생성 실패!!<Br>%s", mysqli_error($conn));
34  }
35
36  // 데이터베이스 연결 종료(close connection)
37  mysqli_close($conn);
38  ?>
39
40  </body>
41  </html>
```

(3) 데이터베이스 삭제

- drop_shopdb.php

```
1   <!DOCTYPE html>
2   <html>
3   <head>
4     <meta charset="UTF-8">
5     <title>데이터베이스 삭제</title>
6   </head>
7   <body>
8     <b>쇼핑몰 데이터베이스(shopdb) 삭제</b></p>
9
10  <?php
11  // drop_shopdb.php
12  // 쇼핑몰 데이터베이스(shopdb) 삭제
13
14  // MySQL 서버 연결(connect server)
15  include "../common/include/connect_login_check.php";
16
```

```
17  // SQL 질의어 처리(perform SQL query(DDL, DML))
18  $sql = "DROP DATABASE shopdb";
19  $result = mysqli_query($conn, $sql);
20
21  if ($result) {
22      printf("쇼핑몰 데이터베이스 삭제 성공!");
23  } else {
24      printf("쇼핑몰 데이터베이스 삭제 실패!!<Br>%s", mysqli_error($conn));
25  }
26
27  // 데이터베이스 연결 종료(close connection)
28  mysqli_close($conn);
29  ?>
30
31  </body>
32  </html>
```

(4) 데이터베이스와 고객 테이블 생성

■ shopdb_schema_create.php

```
1   <!DOCTYPE html>
2   <html>
3   <head>
4    <meta charset="UTF-8">
5    <title>쇼핑몰데이터베이스 스키마 생성</title>
6   </head>
7   <body>
8    <b>쇼핑몰데이터베이스 스키마 생성(shopdb_customer)</b></p>
9
10  <?php
11  // shopdb_schema_create.php
```

```
12  // 쇼핑몰데이터베이스(shopdb) 생성
13  // 고객테이블(customer) 생성
14
15  // MySQL 서버 연결(connect server)
16  include "../common/include/connect_login_check.php";
17
18  // SQL 질의어 처리(perform SQL query(DDL, DML))
19  // 쇼핑몰데이터베이스(shopdb) 스키마 생성
20  $sql = "CREATE DATABASE shopdb";
21  $result = mysqli_query($conn, $sql);
22
23  if (mysqli_errno($conn)) {
24      printf("쇼핑몰데이터베이스 생성 실패!!<Br>%s", mysqli_error($conn));
25      exit();
26
27  } else {
28      printf("쇼핑몰데이터베이스 생성 성공!<Br>");
29
30      // 쇼핑몰데이터베이스(shopdb) 선택
31      mysqli_select_db($conn, "shopdb") or
32              die("선택한 쇼핑몰데이터베이스(shopdb) 찾기 실패!!".mysqli_error($conn));
33
34      // 고객테이블(customer) 스키마 생성
35      $sql = "CREATE TABLE customer(
36              cust_id         varchar(10) NOT NULL,
37              cust_pw         varchar(13),
38              cust_name       varchar(15),
39              cust_tel_no     varchar(13),
40              cust_addr       varchar(100),
41              cust_gender     char(1),
42              cust_email      varchar(30),
43              cust_join_date  date,
44              primary key(cust_id))" ;
45      $result = mysqli_query($conn, $sql);
46
47      if ($result) {
48          printf("고객테이블 생성 성공!<Br>");
49      } else {
```

```
50        printf("고객테이블 생성 실패!!%s<Br>", mysqli_error($conn));
51    }
52 }
53
54 // 데이터베이스 연결 종료(close connection)
55 mysqli_close($conn);
56 ?>
57
58 </body>
59 </html>
```

쇼핑몰데이터베이스 스키마 생성(shopdb_customer)

쇼핑몰데이터베이스 생성 성공!
고객테이블 생성 성공!

10.3.2 재사용 모듈 프로그램 개발

고객관리 시스템의 모듈 설계와 사용자 인터페이스 설계에 따라서 웹 페이지에서 공용으로 사용할 모듈을 다음과 같이 코딩하고 각각 외부 파일(확장자 .php)로 저장한다. 그리고 필요한 모듈에서 재사용 한다.

(1) MySQL 서버 인증

■ connect_login_check.php

```
1  <?php
2  // connect_login_check.php
3
4  // MySQL 서버 연결(connect server)
5   $conn = mysqli_connect("localhost", "root", "adminpw");
6
7  if (mysqli_connect_errno()) {
8
9     printf("MySQL 서버 연결 실패!<Br>%s", mysqli_connect_error());
```

```
10    exit();
11
12  }
13  ?>
```

(2) MySQL 서버와 데이터베이스 인증 모듈(가입, 검색, 갱신, 삭제)

■ connect_login_db_check.php

```php
1   <?php
2   // connect_login_db_check.php
3
4   // MySQL 서버와 데이터베이스 연결(connect server & database)
5    $conn = mysqli_connect("localhost", "root", "adminpw", "shopdb");
6
7   if (mysqli_connect_errno()) {
8
9       printf("MySQL 서버와 데이터베이스 연결 실패!!<Br>%s", mysqli_connect_error());
10      exit();
11
12  }
13  ?>
```

(3) 입력 폼 단순 출력 모듈(검색, 갱신, 삭제)

■ inc_form_ret_upd_del.php

```php
1   <!--
2    // shopmall/common/include/inc_form_ret_upd_del.php
3    // 입력 폼 단순 출력(회원정보 검색, 갱신, 삭제) - readonly, disabled
4    -->
5
6    <tr>
7     <th><span class="xmsg_red">*</span>이   름   </th>
8     <td><input type="text" name="cust_name" size="15" readonly></td>
9    </tr>
```

```
10    <tr>
11      <th><span class="xmsg_red">*</span>전화번호</th>
12      <td><select name="tel_no_gubun" disabled>
13                <option selected value="">서비스 구분</option>
14                <option value="010">010</option>
15                <option value="011">011</option>
16                <option value="016">016</option>
17                <option value="017">017</option>
18                <option value="018">018</option>
19                <option value="019">019</option>
20          </select>-
21          <input type="text" name="tel_no_guk" size="5" readonly>-
22          <input type="text" name="tel_no_seq" size="5" readonly></td>
23    </tr>
24    <tr>
25      <th><span class="xmsg_red">*</span>주   소   </th>
26      <td><input type="text" name="cust_addr" size="60" readonly></td>
27    </tr>
28    <tr>
29      <th>성   별    </th>
30      <td><input type="radio" name="cust_gender" value="M">남자  
31          <input type="radio" name="cust_gender" value="F">여자</td>
32    </tr>
33    <tr>
34      <th>이 메 일</th>
35      <td><input type="text" name="cust_email_1" size="15" readonly>@
36          <input type="text" name="cust_email_2" size="20" readonly></td>
37    </tr>
```

(4) 아이디, 비밀번호 전송 확인 모듈(가입, 검색, 갱신, 삭제)

- inc_idpw_REQUEST_check.php

```
1   <?PHP
2   // 프로그램 모듈화
3   // POST 또는 GET 전송 데이터(아이디, 비밀번호) 확인
4   // shopmall/common/include/inc_idpw_REQUEST_check.php
5
6   if (empty($_REQUEST["cust_id"]) || empty($_REQUEST["cust_pw"])) {
7       echo "<script>alert('아이디와 비밀번호를 확인하시오!');
8                     history.back(-1);
9           </script>";
10      exit();
11  }
12  ?>
```

(5) 회원정보 단순 출력 모듈(검색, 삭제)

- inc_echo_data_ret_del.php

```
1   <?PHP
2   // inc_echo_data_ret_del.php
3   // 회원정보 데이터베이스 검색 후 출력(read only)
4
5   ?>
6
7     <tr>
8     <th></span> 아 이 디</th>
9     <td><input type="text" name="cust_id" size="10"
10                        value="<?=$tuple['cust_id']; ?>" readonly></td>
11    </tr>
12    <tr>
13    <th> 비밀번호</th>
14    <td><input type="text" name="cust_pw" size="10"
15                        value="<?=$tuple['cust_pw']; ?>" readonly></td>
16    </tr>
17    <tr>
```

```
18    <th> 이   름   </th>
19    <td><input type="text" name="cust_name" size="10"
20                          value="<?=$tuple['cust_name']; ?>" readonly></td>
21    </tr>
22    <tr>
23    <th> 전화번호</th>
24    <td><select name="tel_no_gubun" disabled>
25    <?PHP
26     $cust_tel_no = explode("-", $tuple["cust_tel_no"], 3);
27
28     if ($cust_tel_no[0] == "010") {
29        echo '<option selected value="010">010</option>';
30     } elseif ($cust_tel_no[0] == "011") {
31            echo '<option selected value="011">011</option>';
32        } elseif ($cust_tel_no[0] == "016") {
33                echo '<option selected value="016">016</option>';
34            } elseif ($cust_tel_no[0] == "017") {
35                    echo '<option selected value="017">017</option>';
36                } elseif ($cust_tel_no[0] == "018") {
37                        echo '<option selected
38                                value="018">018</option>';
39                    } elseif ($cust_tel_no[0] == "019") {
40                            echo '<option selected
41                                value="019">019</option>';
42                        } else {
43                            echo '<option selected
44                                value="">서비스구분</option>';
45        }
46     ?>
47        </select>
48        <input type="text" name="tel_no_guk" size="5"
49                          value="<?= $cust_tel_no[1]; ?>" readonly>-
50        <input type="text" name="tel_no_seq" size="5"
51                          value="<?= $cust_tel_no[2]; ?>" readonly></td>
52    </tr>
53    <tr>
54    <th> 주   소   </th>
55    <td><input type="text" name="cust_addr" size="50"
```

```
56                              value="<?=$tuple['cust_addr']; ?>" readonly></td>
57   </tr>
58   <tr>
59   <th>성   별    </th>
60   <td>
61   <?PHP
62    if ($tuple["cust_gender"] == "M") {
63        echo '<input type="radio" name="cust_gender"
64                                value="M" checked disabled>남자 
65            <input type="radio" name="cust_gender" value="F" disabled>여자</td>';
66    } elseif ($tuple["cust_gender"] == "F") {
67            echo '<input type="radio" name="cust_gender"
68                                value="M" disabled>남자 
69                <input type="radio" name="cust_gender"
70                                value="F" checked disabled>여자</td>';
71        } else {
72            echo '<input type="radio" name="cust_gender"
73                                value="M" disabled>남자 
74                <input type="radio" name="cust_gender"
75                                value="F" disabled>여자</td>';
76        }
77    ?>
78   </tr>
79   <tr>
80   <th>이 메 일</th>
81   <td>
82   <?PHP
83    if (empty($tuple['cust_email'])) {
84        $cust_email[0] = "";
85        $cust_email[1] = "";
86    } else {
87        $cust_email = explode("@", $tuple['cust_email'], 2);
88    }
89    ?>
90        <input type="text" name="cust_email_1" size="15"
91                        value="<?=$cust_email[0]; ?>" readonly>@
92        <input type="text" name="cust_email_2" size="20"
93                        value="<?=$cust_email[1]; ?>" readonly></td>
```

```
94    </tr>
95    <tr>
96      <th><span style="color:red;"> 가 입 일</span></th>
97      <td><input type="text" name="cust_join_date" size="10"
98              value="<?=$tuple['cust_join_date']; ?>" readonly></td>
99    </tr>
```

(6) 전송 데이터 변수 할당 모듈(가입, 갱신)

■ inc_data_assign_ins_upd.php

```php
1   <?PHP
2   // 전송 데이터 변수 할당
3   // shopmall/common/include/inc_data_assign_ins_upd.php
4
5   // 전송 데이터 변수 할당
6   $cust_pw = trim($_POST["cust_pw"]);
7   $cust_name = $_POST["cust_name"];
8
9   // 전화번호 처리
10  $tel_no_gubun = $_POST["tel_no_gubun"];
11  $tel_no_guk = $_POST["tel_no_guk"];
12  $tel_no_seq = $_POST["tel_no_seq"];
13  $cust_tel_no = $tel_no_gubun."-".$tel_no_guk."-".$tel_no_seq;
14
15  $cust_addr = $_POST["cust_addr"];
16  $cust_gender = $_POST["cust_gender"];
17
18  // 이메일 처리
19  $cust_email_1 = $_POST["cust_email_1"];
20  $cust_email_2 = $_POST["cust_email_2"];
21
22  if ( empty($cust_email_1) && empty($cust_email_2) ) {
23      $cust_email = "";
24  } else {
25      $cust_email = $cust_email_1."@".$cust_email_2;
26  }
27  ?>
```

10.3.3 고객관리 주 메뉴

(1) 고객관리 주 메뉴(customer_maintenance.php)

■ customer_maintenance.php

```
1    <!DOCTYPE html>
2    <html>
3    <head>
4     <title>고객정보 관리(customer_maintenance.php)</title>
5     <meta charset="UTF-8">
6    </head>
7
8    <body>
9     <form name="customer_maintenance_form">
10    <b>고객정보 관리</b></p>
11    <a href="./customer_insert_form.php">회원 가입</a></p>
12    <a href="./customer_retrieval_form.php">회원정보 검색(아이디, 비밀번호 찾기)</a></p>
13    <a href="./customer_update_form.php">회원정보 갱신</a></p>
14    <a href="./customer_delete_form.php">회원정보 삭제(탈퇴)</a></p><Br>
15
16    <a href="./customer_retrieval_table.php">고객정보 테이블 검색(회원정보 갱신 및 삭제)</a></p>
17    <a href="./customer_retrieval_table_paging.php">고객정보 테이블 검색(페이지 제어)</a></p>
18
19       <input type="button" value="홈" onClick="location.href='../../home/index.php';"></p>
```

```
20    </form>
21
22  </body>
23  </html>
```

10.3.4 회원 가입

회원 가입을 위한 고려 사항과 주요 처리 과정을 살펴보면 다음과 같다.

- 회원 개인정보 입력
- 데이터베이스 저장

① 첫 번째 입력 항목(아이디)에 포커스(auto focus)

② 필수 입력 항목(required)

③ 중복 아이디를 확인하여 만일 아이디가 중복되는 경우에는 오류 메시지를 출력하고 입력 폼으로 되돌아간다.

④ 전송 정보와 함께 가입일(enter_join_date)을 데이터베이스에 저장한 후 메시지를 출력하고 고객정보 관리로 되돌아간다.

(1) 회원 개인정보 입력(customer_insert_form.php)

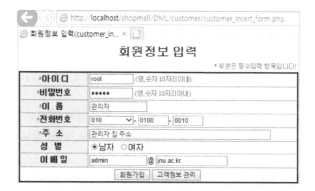

■ customer_insert_form.php

```
1   <!DOCTYPE html>
2   <html>
3   <head>
4    <title>회원정보 입력(customer_insert_form.php)</title>
5    <meta charset="UTF-8">
6    <link rel="stylesheet" href="../../common/css/common.css">
7   </head>
8
9   <body>
10  <form name="customer_form"  method="post" action="customer_insert_db.php">
11   <table>
12    <caption>회원정보 입력</caption>
13    <tr style="border-style:hidden hidden solid hidden;">
14     <td colspan="2" style="background-color:white; text-align:right;">
15        <span class="msg_red">* 부분은 필수입력 항목입니다!</span></td>
16    </tr>
17    <tr>
18     <th><span class="msg_red">*</span>아 이 디</th>
19     <td><input type="text" name="cust_id" size="10" maxlength="10" required autofocus>
20        <span class="msg_blue">(영,숫자 10자리이내)</span></td>
21    </tr>
22    <tr>
23     <th><span class="msg_red">*</span>비밀번호</th>
24     <td><input type="password" name="cust_pw" size="11" maxlength="10" required>
25        <span class="msg_blue">(영,숫자 10자리이내)</span></td>
26    </tr>
27    <tr>
28     <th><span class="msg_red">*</span>이   름   </th>
29     <td><input type="text" name="cust_name" size="15" maxlength="15" required></td>
```

```
30    </tr>
31    <tr>
32    <th><span class="msg_red">*</span>전화번호</th>
33    <td><select name="tel_no_gubun" required>
34            <option selected value="">서비스 구분</option>
35            <option value="010">010</option>
36            <option value="011">011</option>
37            <option value="016">016</option>
38            <option value="017">017</option>
39            <option value="018">018</option>
40            <option value="019">019</option>
41        </select>-
42        <input type="text" name="tel_no_guk" size="5" maxlength="4" required>-
43        <input type="text" name="tel_no_seq" size="5" maxlength="4" required></td>
44    </tr>
45    <tr>
46    <th><span class="msg_red">*</span>주   소   </th>
47    <td><input type="text" name="cust_addr" size="60" maxlength="60" required></td>
48    </tr>
49    <tr>
50    <th>성   별    </th>
51    <td><input type="radio" name="cust_gender" value="M" checked>남자  
52        <input type="radio" name="cust_gender" value="F">여자</td>
53    </tr>
54    <tr>
55    <th>이 메 일</th>
56    <td><input type="text" name="cust_email_1" size="15" maxlength="10">@
57        <input type="text" name="cust_email_2" size="20" maxlength="20"></td>
58    </tr>
59    <tr>
60    <td colspan="2" style="text-align:center;">
61        <input type="submit" value="회원가입">
62        <input type="button" value="고객정보 관리"
63            onClick="location.href = './customer_maintenance.php';"></td>
64    </tr>
65    </table>
66    </form>
67
```

```
68  </body>
69  </html>
```

(2) 데이터베이스 저장(customer_insert_db.php)

■ customer_insert_db.php

```php
1   <!DOCTYPE html>
2   <html>
3   <head>
4     <meta charset="UTF-8">
5     <title>회원정보 DB 저장</title>
6   </head>
7   <body>
8
9   <?php
10  // customer_insert_db.php
11  // 고객테이블(customer) 회원정보 저장
12
13  // POST 또는 GET 전송 데이터(아이디, 비밀번호) 확인
14  include "../../common/include/inc_idpw_REQUEST_check.php";
15
16  // MySQL 서버와 데이터베이스 연결(connect server & database)
17  include "../../common/include/connect_login_db_check.php";
18
19  // 전송 데이터 변수 할당
20  $cust_id = $_POST["cust_id"];
21
22  // SQL 질의어 처리(perform SQL query(DML))
23  // 중복아이디 확인
24  $sql = "SELECT * FROM customer WHERE cust_id = '$cust_id'";
25  $result = mysqli_query($conn, $sql);
26
27  if ((mysqli_num_rows($result) > 0 )) { // 검색 성공(중복 어이디)
28
29      echo "<script>alert('사용할 수 없는 아이디입니다.!');
30                     history.go(-1);
```

```
31        </script>";
32
33  } else {
34
35      // 전송 데이터 변수 할당(비밀번호, 아이디, 비밀번호, 이름, 전화번호, 주소, 성별, 이메일)
36      include "../../common/include/inc_data_assign_ins_upd.php";
37
38      // SQL 질의어 처리(perform SQL query(DML))
39      // 고객테이블(customer) 튜플 저장
40      $sql = "INSERT
41             INTO   customer(cust_id, cust_pw, cust_name, cust_tel_no, cust_addr,
42                         cust_gender, cust_email, cust_join_date)
43             VALUES ('$cust_id', '$cust_pw', '$cust_name', '$cust_tel_no',
44                    '$cust_addr', '$cust_gender', '$cust_email', now())";
45      $result = mysqli_query($conn, $sql);
46
47      if ($result) {
48          printf("고객테이블에 %d개 튜플 저장 성공!<Br>", mysqli_affected_rows($conn));
49      } else {
50          printf("고객테이블에 튜플 저장 실패!!<Br>%s", mysqli_error($conn));
51      }
52
53      // 데이터베이스 연결 종료(close connection)
54      mysqli_close($conn);
55
56      echo "<script>alert('회원정보가 저장되었습니다.!');
57                 location.href = './customer_maintenance.php';
58         </script>";
59
60  }
61  ?>
62
63  </body>
64  </html>
```

10.3.5 회원정보 검색

회원정보 검색을 위한 고려 사항과 주요 처리 과정을 살펴보면 다음과 같다.

- 아이디와 비밀번호 입력
- 데이터베이스 검색과 회원정보 출력

① 첫 번째 입력 항목(아이디)에 포커스(auto focus)

② 데이터베이스를 검색하여 만일 아이디와 비밀번호가 일치하지 않는 경우에는 오류 메시지를 출력하고 검색 폼으로 되돌아간다.

③ 데이터베이스 검색 결과 가입일을 포함한 모든 회원정보를 출력(readonly, disabled)한다.

(1) 아이디와 비밀번호 입력(customer_retrieval_form.php)

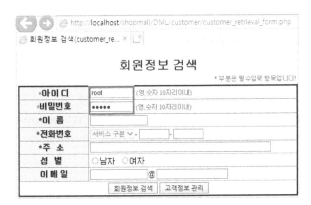

■ customer_retrieval_form.php

```
1   <!DOCTYPE html>
2   <html>
3   <head>
4    <title>회원정보 검색(customer_retrieval_form.php)</title>
5    <meta charset="UTF-8">
6    <link type="text/css" rel="stylesheet" href="../../common/CSS/common.css">
7   </head>
8
9   <body>
10   <form name="customer_form" method="post" action="customer_retrieval_db.php">
11   <table>
12    <caption>회원정보 검색</caption>
13    <tr style="border-style:hidden hidden solid hidden;">
14     <td colspan="2" style="background-color:white; text-align:right;">
15        <span class="msg_red">* 부분은 필수입력 항목입니다!</span></td>
16    </tr>
17    <tr>
18     <th><span class="msg_red">*</span>아 이 디</th>
19     <td><input type="text" name="cust_id" size="10" maxlength="10" required autofocus>
20        <span class="msg_blue">(영,숫자 10자리이내)</span></td>
21    </tr>
22    <tr>
23     <th><span class="msg_red">*</span>비밀번호</th>
24     <td><input type="password" name="cust_pw" size="11" maxlength="10" required>
25        <span class="msg_blue">(영,숫자 10자리이내)</span></td>
26    </tr>
27
28    <?PHP
29      // 데이터 입력(이름, 전화번호, 주소, 성별, 이메일)
```

```
30      include "../../common/include/inc_form_ret_upd_del.php";
31   ?>
32
33   <tr>
34    <td colspan="2" style="text-align:center;">
35       <input type="submit" value="회원정보 검색">
36       <input type="button" value="고객정보 관리"
37             onClick="location.href = './customer_maintenance.php';"></td>
38   </tr>
39  </table>
40 </form>
41
42 </body>
43 </html>
```

(2) 데이터베이스 검색과 회원정보 출력(customer_retrieval_db.php)

■ customer_retrieval_db.php

```
1   <!DOCTYPE html>
2   <html>
3   <head>
4    <title>회원정보 검색(customer_retrieval_db.php)</title>
5    <meta charset="UTF-8">
6    <link type="text/css" rel="stylesheet" href="../../common/CSS/common.css">
7   </head>
8
9   <?php
10  // customer_retrieval_db.php
11  // 고객테이블(customer) 회원정보 검색
12
13  // POST 또는 GET 전송 데이터(아이디, 비밀번호) 확인
14  include "../../common/include/inc_idpw_REQUEST_check.php";
15
16  // MySQL 서버와 데이터베이스 연결(connect server & database)
17  include "../../common/include/connect_login_db_check.php";
18
```

```
19  // 전송 데이터 변수 할당
20  $cust_id = $_POST["cust_id"];
21  $cust_pw = trim($_POST["cust_pw"]);
22
23  // SQL 질의어 처리(perform SQL query(DML))
24  // 고객테이블(customer) 튜플 검색
25  $sql = "SELECT *
26          FROM    customer
27          WHERE   (cust_id = '$cust_id')  and (cust_pw = '$cust_pw')";
28  $result = mysqli_query($conn, $sql);
29
30  if (!(mysqli_num_rows($result) > 0 )) {
31
32     echo "<script>alert('존재하지 않는 아이디와 비밀번호입니다.!');
33                   history.go(-1);
34          </script>";
35
36  } else {
37
38     $tuple = mysqli_fetch_assoc($result);    // 연관배열
39
40     // 메모리 해제(free result set)
41     mysqli_free_result($result);
42
43     // 데이터베이스 연결 종료(closing connection)
44     mysqli_close($conn);
45
46  // 회원정보 검색 출력
47  }
48  ?>
49
50  <body>
51   <form name="customer_form">
52   <table>
53    <caption>회원정보 검색</caption>
54    <tr style="border-style:hidden hidden solid hidden;">
55     <td colspan="2" style="background-color:white; text-align:right;"></td>
56    </tr>
```

```
57
58    <?PHP
59      // DB 검색 데이터 출력(read only)
60      include "../../common/include/inc_echo_data_ret_del.php";
61    ?>
62
63    <tr>
64      <td colspan="2" style="text-align:center;">
65        <input type="button" value="고객정보 관리"
66              onClick="location.href = './customer_maintenance.php';"></td>
67    </tr>
68    </table>
69    </form>
70
71    </body>
72    </html>
```

10.3.6 회원정보 갱신

회원정보 갱신을 위한 고려 사항과 주요 처리 과정을 살펴보면 다음과 같다.

- 아이디와 비밀번호 입력

- 데이터베이스 검색과 회원정보 출력 및 갱신정보 입력

- 데이터베이스 갱신

① 첫 번째 입력 항목(아이디)에 포커스(auto focus)

② 데이터베이스를 검색하여 만일 아이디와 비밀번호가 일치하지 않는 경우에는 오류 메시지를 출력하고 갱신 폼으로 되돌아간다.

③ 데이터베이스 검색 정보 출력 후 첫 번째 갱신 항목(비밀번호)에 포커스(auto focus)

④ 아이디와 가입일(readonly)을 제외한 모든 항목 갱신 가능

⑤ 데이터베이스의 회원 정보를 갱신한 후 메시지를 출력하고 고객정보 관리로 되돌아 간다. 갱신 취소의 경우에는 고객정보 관리로 되돌아간다.

(1) 아이디와 비밀번호 입력(customer_update_form.php)

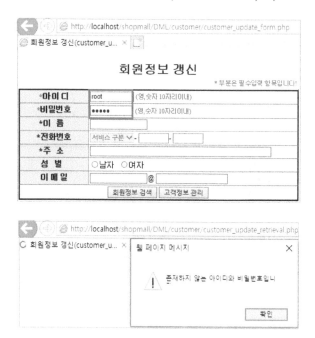

■ customer_update_form.php

```
1    <html>
2    <head>
3     <title>회원정보 갱신(customer_update_form.php)</title>
4     <meta charset="UTF-8">
5      <link type="text/css" rel="stylesheet" href="../../common/CSS/common.css">
```

```
6   </head>
7
8   <body>
9   <form name="customer_form" method="post" action="customer_update_retrieval.php">
10  <table>
11   <caption>회원정보 갱신</caption>
12   <tr style="border-style:hidden hidden solid hidden;">
13    <td colspan="2" style="background-color:white; text-align:right;">
14       <span class="msg_red">* 부분은 필수입력 항목입니다!</span></td>
15   </tr>
16   <tr>
17    <th><span class="msg_red">*</span>아 이 디</th>
18    <td><input type="text" name="cust_id" size="10" maxlength="10" required autofocus>
19       <span class="msg_blue">(영,숫자 10자리이내)</span></td>
20   </tr>
21   <tr>
22    <th><span class="msg_red">*</span>비밀번호</th>
23    <td><input type="password" name="cust_pw" size="11" maxlength="10" required>
24       <span class="msg_blue">(영,숫자 10자리이내)</span></td>
25   </tr>
26
27   <?PHP
28    // 데이터 입력(이름, 전화번호, 주소, 성별, 이메일)
29    include "../../common/include/inc_form_ret_upd_del.php";
30   ?>
31
32   <tr>
33    <td colspan="2" style="text-align:center;">
34       <input type="submit" value="회원정보 검색">
35       <input type="button" value="고객정보 관리"
36           onClick="location.href = './customer_maintenance.php';"></td>
37   </tr>
38  </table>
39  </form>
40
41  </body>
42  </html>
```

(2) 데이터베이스 검색과 회원정보 출력 및 갱신정보 입력(customer_update_ retrieval.php)

▪ customer_update_retrieval.php

```
1   <!DOCTYPE html>
2   <html>
3   <head>
4    <title>회원정보 갱신(customer_update_retrieval.php)</title>
5    <meta charset="UTF-8">
6    <link type="text/css" rel="stylesheet" href="../../common/CSS/common.css">
7   </head>
8
9   <?php
10  // customer_update_retrieval.php
11  // 고객테이블(customer) 회원정보 검색(갱신)
12
13  // POST 또는 GET 전송 데이터(아이디, 비밀번호) 확인
14  include "../../common/include/inc_idpw_REQUEST_check.php";
15
16  // MySQL 서버와 데이터베이스 연결(connect server & database)
17  include "../../common/include/connect_login_db_check.php";
18
19  // 전송 데이터 변수 할당(POST 또는 GET 전송)
20  $cust_id = $_REQUEST["cust_id"];
21  $cust_pw = trim($_REQUEST["cust_pw"]);
22
23  // SQL 질의어 처리(perform SQL query(DML))
24  $sql = "SELECT *
25          FROM   customer
26          WHERE  (cust_id = '$cust_id') and (cust_pw = '$cust_pw')";
27  $result = mysqli_query($conn, $sql);
28
29  if (!(mysqli_num_rows($result) > 0 )) {
30
31    echo "<script>alert('존재하지 않는 아이디와 비밀번호입니다.!');
32                 history.go(-1);
33        </script>";
34
35  } else {
```

```
36
37    $tuple = mysqli_fetch_assoc($result);    // 연관배열
38
39    // 메모리 해제(free result set)
40    mysqli_free_result($result);
41
42    // 데이터베이스 연결 종료(closing connection)
43    mysqli_close($conn);
44
45 // 회원정보 검색 출력
46 }
47 ?>
48
49 <body>
50  <form name="customer_form" method="post" action="customer_update_db.php">
51  <table>
52   <caption>회원정보 검색(갱신)</caption>
53   <tr style="border-style:hidden hidden solid hidden;">
54    <td colspan="2" style="background-color:white; text-align:right;">
55       <span class="msg_red">* 부분은 필수입력 항목입니다!</span></td>
56   </tr>
57   <tr>
58    <th><span class="mmsg_red">*</span>아 이 디</th>
59    <td><input type="text" name="cust_id" size="10" maxlength="10"
60                          value="<?=$tuple['cust_id']; ?>" readonly>
61       <span class="msg_blue">(영,숫자 10자리이내)</span></td>
62   </tr>
63   <tr>
64    <th><span class="msg_red">*</span>비밀번호</th>
65    <td><input type="text" name="cust_pw" size="10" maxlength="10"
66                          value="<?=$cust_pw; ?>" required autofocus>
67       <span class="msg_blue">(영,숫자 10자리이내)</span></td>
68   </tr>
69   <tr>
70    <th><span class="msg_red">*</span>이   름   </th>
71    <td><input type="text" name="cust_name" size="10" maxlength="5"
72                          value="<?=$tuple['cust_name']; ?>" required></td>
73   </tr>
```

```
74    <tr>
75    <th><span class="msg_red">*</span>전화번호</th>
76    <td><select name="tel_no_gubun">
77                <option selected value="">서비스 구분</option>
78                <option value="010">010</option>
79                <option value="011">011</option>
80                <option value="016">016</option>
81                <option value="017">017</option>
82                <option value="018">018</option>
83                <option value="019">019</option>
84    <?PHP
85      $cust_tel_no = explode("-", $tuple["cust_tel_no"], 3);
86
87      if ($cust_tel_no[0] == "010") {
88         echo '<option selected value="010">010</option>';
89      } elseif ($cust_tel_no[0] == "011") {
90            echo '<option selected value="011">011</option>';
91         } elseif ($cust_tel_no[0] == "016") {
92               echo '<option selected value="016">016</option>';
93            } elseif ($cust_tel_no[0] == "017") {
94                  echo '<option selected value="017">017</option>';
95               } elseif ($cust_tel_no[0] == "018") {
96                     echo '<option selected value="018">018</option>';
97                  } elseif ($cust_tel_no[0] == "019") {
98                        echo '<option selected value="019">019
99                                    </option>';
100                    } else {
101                          echo '<option selected value="">
102                                    서비스구분</option>';
103         }
104    ?>
105        </select>
106        <input type="text" name="tel_no_guk" size="5" maxlength="4"
107                    value="<?= $cust_tel_no[1]; ?>" required>-
108        <input type="text" name="tel_no_seq" size="5" maxlength="4"
109                    value="<?= $cust_tel_no[2]; ?>" required></td>
110    </tr>
111    <tr>
```

```
112    <th><span class="msg_red">*</span>주   소   </th>
113    <td><input type="text" name="cust_addr" size="50" maxlength="50"
114                         value="<?=$tuple['cust_addr']; ?>" required></td>
115  </tr>
116  <tr>
117   <th>성   별    </th>
118   <td>
119   <?PHP
120    if ($tuple["cust_gender"] == "M") {
121      echo '<input type="radio" name="cust_gender" value="M" checked>남자 
122           <input type="radio" name="cust_gender" value="F">여자</td>';
123    } elseif ($tuple["cust_gender"] == "F") {
124           echo '<input type="radio" name="cust_gender" value="M" >남자 
125               <input type="radio" name="cust_gender" value="F" checked>여자</td>';
126       } else {
127            echo '<input type="radio" name="cust_gender" value="M">남자 
128                <input type="radio" name="cust_gender" value="F">여자</td>';
129       }
130   ?>
131  </tr>
132  <tr>
133   <th>이 메 일</th>
134   <td>
135   <?PHP
136    if (empty($tuple['cust_email'])) {
137       $cust_email[0] = "";
138       $cust_email[1] = "";
139    } else {
140        $cust_email = explode("@", $tuple['cust_email'], 2);
141    }
142   ?>
143     <input type="text" name="cust_email_1" size="15" maxlength="10"
144          value="<?=$cust_email[0]; ?>">@
145     <input type="text" name="cust_email_2" size="20" maxlength="20"
146          value="<?=$cust_email[1]; ?>"></td>
147  </tr>
148  <tr>
149   <th><span style="color:red;">가 입 일</span></th>
```

```
150    <td><input type="text" name="cust_join_date" size="10"
151                        value="<?=$tuple['cust_join_date']; ?>" readonly></td>
152    </tr>
153    <tr>
154    <td colspan="2" style="text-align:center;">
155        <input type="submit" value="갱신하시겠습니까?">
156        <input type="button" value="갱신 취소"
157                onClick="location.href = './customer_maintenance.php';"></td>
158    </tr>
159  </table>
160 </form>
161
162 </body>
163 </html>
```

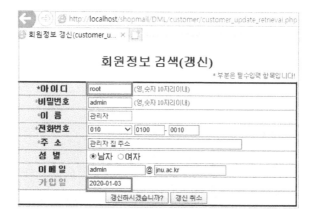

(3) 데이터베이스 갱신(customer_update_db.php)

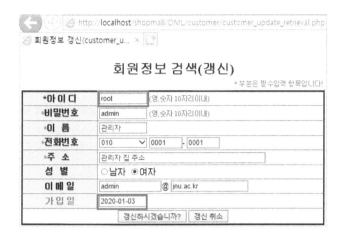

■ customer_update_db.php

```
1   <!DOCTYPE html>
2   <html>
3   <head>
4    <meta charset="UTF-8">
5    <title>회원정보 DB 갱신</title>
6   </head>
7   <body>
8
9   <?PHP
10  // customer_update_db.php
11  // 고객테이블(customer) 회원정보 DB 갱신
12
13  // POST 전송 데이터(아이디, 비밀번호) 확인
14  include "../../common/include/inc_idpw_POST_check.php";
15
16  // MySQL 서버와 데이터베이스 연결(connect server & database)
17  include "../../common/include/connect_login_db_check.php";
18
19  // 전송 데이터 변수 할당
20  $cust_id = $_POST["cust_id"];
21
22  // 전송 데이터 변수 할당(비밀번호, 이름, 전화번호, 주소, 성별, 이메일)
```

```
23  include "../../common/include/inc_data_assign_ins_upd.php";
24
25  // SQL 질의어 처리(perform SQL query(DML))
26  // 고객테이블(customer) 튜플 갱신
27  $query = "UPDATE customer
28          SET  cust_pw='$cust_pw', cust_name='$cust_name', cust_tel_no='$cust_tel_no',
29              cust_addr='$cust_addr', cust_gender='$cust_gender', cust_email='$cust_email'
30          WHERE  (cust_id = '$cust_id')";
31  $result = mysqli_query($conn, $query);
32
33  if ($result) {
34      printf("고객테이블의 %d개 튜플 갱신 성공!<Br>", mysqli_affected_rows($conn));
35  } else {
36      printf("고객테이블의 튜플 갱신 실패!!<Br>%s", mysqli_error($conn));
37  }
38
39  // 데이터베이스 연결 종료(closing connection)
40  mysqli_close($conn);
41
42  echo "<script>alert('회원정보가 갱신되었습니다.!');
43              location.href = './customer_maintenance.php';
44      </script>";
45  ?>
46
47  </body>
48  </html>
```

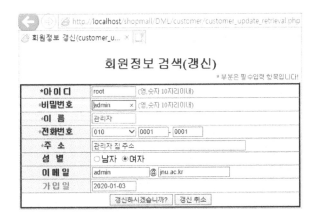

10.3.7 회원정보 삭제

회원정보 삭제를 위한 고려 사항과 주요 처리 과정을 살펴보면 다음과 같다.

- 아이디와 비밀번호 입력
- 데이터베이스 검색과 회원정보 출력
- 데이터베이스 삭제

① 첫 번째 입력 항목(아이디)에 포커스(auto focus)

② 데이터베이스를 검색하여 만일 아이디와 비밀번호가 일치하지 않는 경우에는 오류 메시지를 출력하고 삭제 폼으로 되돌아간다.

③ 데이터베이스 검색 결과 가입일을 포함한 모든 회원정보 출력(readonly, disabled) 한다.

④ 회원정보를 삭제할 경우에 삭제 여부 추가 확인(자바 스크립트 사용)

⑤ 탈퇴의 경우는 데이터베이스의 회원 정보를 삭제한 후 메시지를 출력하고 고객정보 관리로 되돌아간다. 탈퇴 취소의 경우에도 고객정보 관리로 되돌아간다.

(1) 아이디와 비밀번호 입력(customer_delete_form.php)

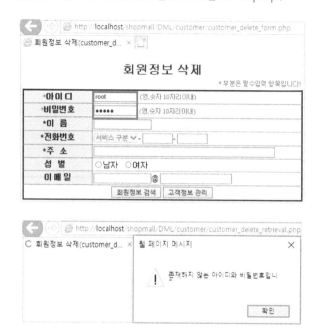

■ customer_delete_form.php

```
1   <!DOCTYPE html>
2   <html>
3   <head>
4    <title>회원정보 삭제(customer_delete_form.php)</title>
5    <meta charset="UTF-8">
6    <link type="text/css" rel="stylesheet" href="../../common/CSS/common.css">
7   </head>
8
9   <body>
10  <form name="customer_form" method="post" action="customer_delete_retrieval.php">
11   <table>
12    <caption>회원정보 삭제</caption>
13    <tr style="border-style:hidden hidden solid hidden;">
14     <td colspan="2" style="background-color:white; text-align:right;">
15        <span class="msg_red">* 부분은 필수입력 항목입니다!</span></td>
16    </tr>
17    <tr>
```

```
18    <th><span class="msg_red">*</span>아 이 디</th>
19    <td><input type="text" name="cust_id" size="10" maxlength="10" required autofocus>
20        <span class="msg_blue">(영,숫자 10자리이내)</span></td>
21   </tr>
22   <tr>
23    <th><span class="msg_red">*</span>비밀번호</th>
24    <td><input type="password" name="cust_pw" size="11" maxlength="10" required>
25        <span class="msg_blue">(영,숫자 10자리이내)</span></td>
26   </tr>
27
28   <?PHP
29    // 데이터 입력(이름, 전화번호, 주소, 성별, 이메일)
30    include "../../common/include/inc_form_ret_upd_del.php";
31   ?>
32
33   <tr>
34    <td colspan="2" style="text-align:center;">
35        <input type="submit" value="회원정보 검색">
36        <input type="button" value="고객정보 관리"
37            onClick="location.href = './customer_maintenance.php';"></td>
38   </tr>
39  </table>
40
41  </form>
42 </body>
43 </html>
```

(2) 데이터베이스 검색과 회원정보 출력(customer_delete_rctrieval.php)

■ customer_delete_retrieval.php

```
1  <!DOCTYPE html>
2  <html>
3  <head>
4   <title>회원정보 삭제(customer_delete_retrieval.php)</title>
5   <meta charset="UTF-8">
6   <link type="text/css" rel="stylesheet" href="../../common/CSS/common.css">
```

```
7    <script src="../../common/js/customer_delete_confirm.js"></script>
8    </head>
9
10   <?php
11   // customer_delete_retrieval.php
12   // 고객테이블(customer) 회원정보 검색(삭제)
13
14   // POST 또는 GET 전송 데이터(아이디, 비밀번호) 확인
15   include "../../common/include/inc_idpw_REQUEST_check.php";
16
17   // MySQL 서버와 데이터베이스 연결(connect server & database)
18   include "../../common/include/connect_login_db_check.php";
19
20   // 전송 데이터 변수 할당(POST 또는 GET 전송)
21   $cust_id = $_REQUEST["cust_id"];
22   $cust_pw = trim($_REQUEST["cust_pw"]);
23
24   // SQL 질의어 처리(perform SQL query(DML))
25   // 고객 테이블(customer) 튜플 검색
26   $sql = "SELECT *
27           FROM    customer
28           WHERE  (cust_id = '$cust_id') and (cust_pw = '$cust_pw')";
29   $result = mysqli_query($conn, $sql);
30
31   if (!(mysqli_num_rows($result) > 0 )) {
32
33      echo "<script>alert('존재하지 않는 아이디와 비밀번호입니다.!');
34                    history.go(-1);
35          </script>";
36
37   } else {
38
39      $tuple = mysqli_fetch_array($result);    // 인덱스배열, 연관배열
40
41      // 메모리 해제(free result set)
42      mysqli_free_result($result);
43
44      // 데이터베이스 연결 종료(closing connection)
```

```
45    mysqli_close($conn);
46
47  // 회원정보 검색 출력
48  }
49  ?>
50
51  <body>
52   <form name="customer_form" method="post" action="customer_delete_db.php">
53   <table>
54    <caption>회원정보 검색(삭제)</caption>
55    <tr style="border-style:hidden hidden solid hidden;">
56     <td colspan="2" style="background-color:white; text-align:right;"></td>
57    </tr>
58
59    <?PHP
60     // DB 검색 데이터 출력(read only)
61     include "../../common/include/inc_echo_data_ret_del.php";
62    ?>
63
64    <tr>
65     <td colspan="2" style="text-align:center;">
66        <input type="button" value="삭제하시겠습니까?" onClick="confirm_onClick();">
67        <input type="button" value="삭제 취소"
68               onClick="location.href = './customer_maintenance.php';"></td>
69    </tr>
70   </table>
71  </form>
72
73  </body>
74  </html>
```

■ customer_delete_confirm.js

```
1   /* shopmall/common/js/customer_delete_confirm.js
2    * 고객 탈퇴 확인 자바 스크립트
3    */
4
5   function confirm_onClick() {
6
7       var answer = confirm("정말로 탈퇴하시겠습니까 ?");
8
9       if (answer) {
10          document.customer_form.submit();
11      } else {
12          location.href = "./customer_maintenance.php";
13      }
14
15  }
```

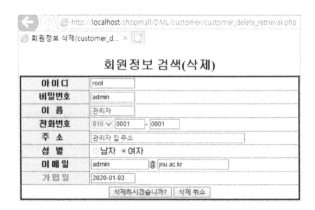

(3) 데이터베이스 삭제(customer_delete_db.php)

■ customer_delete_db.php

```php
1   <!DOCTYPE html>
2   <html>
3   <head>
4    <meta charset="UTF-8">
5    <title>회원정보 DB 삭제</title>
6   </head>
7   <body>
8
9   <?PHP
10  // customer_delete_db.php
11  // 고객테이블(customer) 회원정보 DB 삭제
12
13  // POST 또는 GET 전송 데이터(아이디, 비밀번호) 확인
14  include "../../common/include/inc_idpw_REQUEST_check.php";
15
16  // MySQL 서버와 데이터베이스 연결(connect server & database)
17  include "../../common/include/connect_login_db_check.php";
18
19  // 전송 데이터 변수 할당
20  $cust_id = $_POST["cust_id"];
21  $cust_pw = trim($_POST["cust_pw"]);
22
23  // SQL 질의어 처리(perform SQL query(DML))
24  // 고객테이블(customer) 튜플 삭제
25  $query = "DELETE
26          FROM   customer
27          WHERE  (cust_id = '$cust_id')  and (cust_pw = '$cust_pw')";
28
29  $result = mysqli_query($conn, $query);
30
31  if ($result) {
32     printf("고객테이블의 %d개 튜플 삭제 성공!<Br>", mysqli_affected_rows($conn));
33  } else {
34     printf("고객테이블의 튜플 삭제 실패!!<Br>%s", mysqli_error($conn));
35  }
```

```
36
37  // 데이터베이스 연결 종료(closing connection)
38  mysqli_close($conn);
39
40  echo "<script>alert('회원정보가 삭제되었습니다.!');
41              location.href = './customer_maintenance.php';
42      </script>";
43  ?>
44
45  </body>
46  </html>
```

10.3.8 고객정보 테이블 검색과 페이지 제어

관리자를 위한 고객정보 테이블 검색은 개인 회원 정보의 갱신 및 삭제 기능을 제공한다. 그러나 다량의 검색 정보에 대한 테이블 검색의 불편함(스크롤 바 조작)을 제거하기 위해 페이지 제어 기능을 추가한다.

특히 페이지 제어 기능은 쇼핑몰 시스템의 상품 검색, 게시판, 공지 사항 관리 등의 다양한 응용 분야에 활용할 수 있다.

(1) 고객정보 테이블 검색과 갱신 및 삭제(customer_retrieval_table.php)

고객정보 테이블 검색과 갱신 및 삭제를 위한 고려 사항과 주요 처리 과정을 살펴보면 다음과 같다.

① 아이디 오름차순 정렬(ascending sort) 검색한다.

② 회원 정보의 갱신(GET 방식 매개변수 전달)

  - 기존의 customer_update_retrieval.php, customer_update_db.php 모듈과 연결

③ 회원 정보의 삭제(GET 방식 매개변수 전달)

  - 기존의 customer_delete_retrieval.php, customer_delete_db.php 모듈과 연결

■ customer_retrieval_table.php

```
1   <!DOCTYPE html>
2   <html>
3   <head>
4    <title>고객정보 테이블 검색</title>
5    <meta charset="UTF-8">
6    <link rel="stylesheet" href="../../common/CSS/table_100.css">
7   </head>
8
9   <?php
10  // customer_retrieval_table.php
11  // 고객테이블(customer) 고객정보 테이블 검색
12
13  // MySQL 서버와 데이터베이스 연결(connect server & database)
14  include "../../common/include/connect_login_db_check.php";
15
16  // SQL 질의어 처리(perform SQL query(DML))
17  // 고객테이블(customer) 검색
18  $sql = "SELECT *
19          FROM   customer
20          ORDER  BY cust_id ASC";
21  $result = mysqli_query($conn, $sql);
22
23  if (mysqli_num_rows($result)) {
24
25  // 고객정보 테이블 검색 출력
26  ?>
27
28  <body>
```

```
29   <form name="customer_form_table">
30   <table>
31   <caption>고객정보 테이블 검색</caption>
32   <tr>
33   <th>아이디</th>
34   <th>비밀번호</th>
35   <th>이름</th>
36   <th>전화번호</th>
37   <th>주소</th>
38   <th>성별</th>
39   <th>이메일</th>
40   <th>가입일</th>
41   <th>갱신</th>
42   <th>삭제</th>
43   </tr>
44
45   <?PHP
46   while($customer = mysqli_fetch_array($result)) { // 인덱스배열, 연관배열
47   ?>
48   <tr>
49   <td><?PHP echo $customer["cust_id"]; ?></td>
50   <td><?=$customer["cust_pw"]; ?></td>
51   <td><?=$customer["cust_name"]; ?></td>
52   <td><?=$customer["cust_tel_no"]; ?></td>
53   <td><?=$customer["cust_addr"]; ?></td>
54   <?PHP
55     if ($customer["cust_gender"] == "M") {
56       $customer["gender"] = "남자";
57     } else {
58       $customer["gender"] = "여자";
59     }
60   ?>
61   <td><?=$customer["cust_gender"]."(".$customer['gender'].")"; ?></td>
62   <td><?=$customer["cust_email"]; ?></td>
63   <td><?=$customer["cust_join_date"]; ?></td>
64   <td style="text-align:center;">
65   <a href="./customer_update_retrieval.php?cust_id=<?=$customer["cust_id"];?>
66        &cust_pw=<?=$customer["cust_pw"]; ?>">[갱신]</a></td>
```

```php
67      <td style="text-align:center;">
68       <a href="./customer_delete_retrieval.php?cust_id=<?=$customer["cust_id"];?>
69              &cust_pw=<?=$customer["cust_pw"]; ?>">[삭제]</a></td>
70    </tr>
71
72 <?PHP
73    }
74
75    echo "
76    </table>
77   </form>
78
79 </body>
80 </html>";
81
82    printf("고객테이블 %d개 튜플 검색 성공!<Br>", mysqli_affected_rows($conn));
83
84    // 메모리 해제(free result set)
85    mysqli_free_result($result);
86
87 } else {
88    printf("고객테이블이 비어 있습니다!!<Br>");
89 }
90
91 // 데이터베이스 연결 종료(close connection)
92 mysqli_close($conn);
93
94 //echo '<Br><a href="./customer_maintenance.php">[ 고객정보관리 ]</a>';
95 ?>
96
97 <input type="button" value=" 고객정보관리 "
98            onClick="location.href = './customer_maintenance.php';">
```

(2)   고객정보 테이블 검색과 페이지 제어(customer_retrieval_table_paging.php)

고객정보 테이블 검색과 페이지 제어를 위한 고려 사항과 주요 처리 과정을 살펴보면 다음과 같다.

① 아이디 오름차순 정렬(ascending sort) 검색한다.

② 전체 회원 수 편집에 number_format() 함수(천 단위 콤마) 사용, 전체 쪽(페이지) 수와 현재 블록 번호 계산에 ceil() 함수 사용한다.

③ 사용하는 주요 상수와 변수 중 특히 쪽 당 줄 수(LINE_PER_PAGE, $line_per_ page (SQL 질의문 사용))와 블럭 당 쪽 수(PAGE_PER_BLOCK) 상수는 화면에 출력할 테이블의 줄 수와 검색 테이블 하단에 나타나는 블록의 쪽 갯수를 각각 정의한다.

이들 상수 값의 변경만으로 원하는 형태의 출력 화면으로 손쉽게 바꿀 수 있다.

프로그램에서 정의하는 주요 상수와 변수의 사용 용도는 다음과 같다.

상수와 변수	설명
LINE_PER_PAGE	쪽당 출력 줄 수
$line_per_page	쪽당 출력 줄 수(SQL 질의문에서 사용)
PAGE_PER_BLOCK	블럭당 쪽 수
$nbr_of_row	총 고객 수
$nbr_of_page	총 쪽 수
$cur_page_no	현재 쪽 번호
$start_pointer	DB 검색 시작 포인터
$nbr_of_block	현재 블럭번호
$block_startpage_no	현재블럭 시작 쪽번호
$block_endpage_no	현재블럭 끝 쪽번호
$previous_block_start_pageno	이전블럭 시작 쪽번호
$next_block_start_pageno	다음블럭 시작 쪽번호

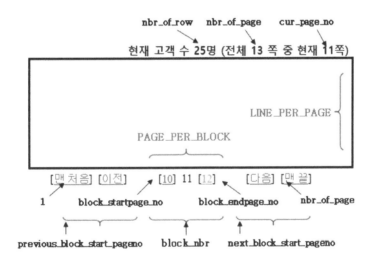

■ customer_retrieval_table_paging.php

```
1    <!DOCTYPE html>
2    <html>
3    <head>
4     <title>고객정보 테이블 검색(페이지 제어)</title>
```

```
5    <meta charset="UTF-8">
6    <link rel="stylesheet" href="../../common/CSS/table_100.css">
7    </head>
8
9    <?php
10   // customer_retrieval_table_paging.php
11   // 고객테이블(customer) 고객정보 테이블 검색(페이지 제어)
12
13   // ********************************************************
14   // 상수와 변수 정의
15   define("LINE_PER_PAGE", 2);      // 1쪽당 출력 줄 수
16   $line_per_page = 2;              // 1쪽당 출력 줄 수(SQL질의문 사용)
17   define("PAGE_PER_BLOCK", 3);     // 블럭당 쪽 수
18   // --------------------------------------------------------
19   // $nbr_of_row                   총 고객 수
20   // $nbr_of_page                  총 쪽 수
21
22   // $cur_page_no                  현재 쪽번호
23   // $start_pointer                DB 검색 시작포인터
24
25   // $nbr_of_block                 현재 블럭번호
26   // $block_startpage_no           현재블럭 시작 쪽번호
27   // $block_endpage_no             현재블럭 끝 쪽번호
28   // $previous_block_start_pageno  이전블럭 시작 쪽번호
29   // $next_block_start_pageno      다음블럭 시작 쪽번호
30   // ********************************************************
31
32   // MySQL 서버와 데이터베이스 연결(connect server & database)
33   include "../../common/include/connect_login_db_check.php";
34
35   // SQL 질의어 처리(perform SQL query(DML))
36   // 고객테이블(customer) 검색 - 고객(튜플) 수, 쪽(페이지) 수
37   $sql = "SELECT *
38          FROM   customer
39          ORDER  BY cust_id ASC";
40   $result = mysqli_query($conn, $sql);
41
42   // 전체 튜플(고객) 수 계산
```

```
43  $nbr_of_row = mysqli_num_rows($result);
44
45  // 전체 쪽(페이지) 수 계산
46  $nbr_of_page = ceil($nbr_of_row / LINE_PER_PAGE);
47
48  // 현재 쪽(페이지) 번호 계산
49  if (empty($_GET["pageno"])) {
50      $_GET["pageno"] = 1;
51  } elseif ($nbr_of_page < $_GET["pageno"]) {
52          $_GET["pageno"] = $nbr_of_page;
53  }
54  $cur_page_no = $_GET["pageno"];
55
56  // DB 검색 시작 포인터(시작위치 ~ 갯수)
57  $start_pointer = ($cur_page_no -1) * LINE_PER_PAGE;
58
59  // SQL 질의어 처리(perform SQL query(DML))
60  // 고객테이블(customer) 검색
61  $query = "SELECT *
62          FROM    customer
63          ORDER  BY cust_join_date DESC LIMIT $start_pointer, $line_per_page";
64  $result = mysqli_query($conn, $query) or die("고객테이블 검색 실패!!");
65
66  // 고객정보 테이블 검색(페이지 제어) 출력
67  ?>
68
69  <body>
70   <form name="customer_form_table">
71    <table>
72    <caption>고객정보 검색</caption>
73    <caption style='text-align:right; font-size:15px;'>현재 고객 수
74        <?= $nbr_of_row; ?>명 (전체<?= number_format($nbr_of_page); ?>
75        쪽 중 현재<?= $cur_page_no; ?>쪽)</caption>
76    <tr>
77    <th>아이디</th>
78    <th>비밀번호</th>
79    <th>이름</th>
80    <th>전화번호</th>
```

```
81      <th>주소</th>
82      <th>성별</th>
83      <th>이메일</th>
84      <th>가입일</th>
85      </tr>
86
87  <?PHP
88      while($customer = mysqli_fetch_array($result)) {    // 연관배열, 인덱스배열
89  ?>
90
91      <tr>
92      <td><?PHP echo $customer["cust_id"]; ?></td>
93      <td><?=$customer["cust_pw"]; ?></td>
94      <td><?=$customer["cust_name"]; ?></td>
95      <td><?=$customer["cust_tel_no"]; ?></td>
96      <td><?=$customer["cust_addr"]; ?></td>
97      <?PHP
98      if ($customer["cust_gender"] == "M") {
99          $customer["gender"] = "남자";
100     } else {
101         $customer["gender"] = "여자";
102     }
103     ?>
104     <td><?=$customer["cust_gender"]."(".$customer['gender'].")"; ?></td>
105     <td><?=$customer["cust_email"]; ?></td>
106     <td><?=$customer["cust_join_date"]; ?></td>
107     </tr>
108
109  <?PHP
110     }
111
112  // ********************************************************
113  // 페이지 리스트 제어
114  // 현재 블럭번호
115  $nbr_of_block = ceil($cur_page_no / PAGE_PER_BLOCK);
116  // 현재블럭 시작 쪽 번호
117  $block_startpage_no = (($nbr_of_block -1) * PAGE_PER_BLOCK) + 1;
118  // 현재블럭 끝 쪽 번호
```

```php
119 $block_endpage_no = ($block_startpage_no + PAGE_PER_BLOCK) - 1;
120
121 echo "<tr>
122        <td colspan='8' style='text-align:center;'>";
123
124 if ($nbr_of_block > 1) {                          // 이전 블록의 시작 쪽 번호
125    echo " [<a href='./customer_retrieval_table_paging.php?pageno=1'>";
126    echo        "맨 처음</a>] ";
127    $previous_block_start_pageno = $block_startpage_no - PAGE_PER_BLOCK;
128    echo " [<a href='./customer_retrieval_table_paging.php?pageno=";
129    echo        "$previous_block_start_pageno'>이전</a>] ";
130 }
131
132 for ($pgn = $block_startpage_no; $pgn <= $block_endpage_no; $pgn++) {
133
134    if ($pgn > $nbr_of_page) {
135       break;
136    }
137
138    if ($pgn == $cur_page_no) {
139       echo " ".$pgn." ";
140    } else {
141       echo " ["."<a href='./customer_retrieval_table_paging.php?pageno=";
142       echo        "$pgn'>$pgn</a>"."] ";
143    }
144 }
145
146 if ($block_endpage_no < $nbr_of_page) {           // 다음 블록의 시작 쪽 번호
147    $next_block_start pageno = $block_endpage_no + 1;
148    echo " [<a href='./customer_retrieval_table_paging.php?pageno=";
149    echo        "$next_block_start_pageno'>다음</a>] ";
150    echo        " [<a href='./customer_retrieval_table_paging.php?pageno=";
151    echo        "$nbr_of_page'>맨 끝</a>] ";
152 }
153 // ********************************************************
154
155 echo "
156    </td>
```

```
157    </tr>";
158
159  echo "
160    </table>
161  </form>
162
163 </body>
164 </html>";
165
166 // 메모리 해제(free result set)
167 mysqli_free_result($result);
168
169 // 데이터베이스 연결 종료(close connection)
170 mysqli_close($conn);
171 ?>
172
173 <input type="button" value=" 고객정보관리 "
174              onClick="location.href = './customer_maintenance.php';">
```

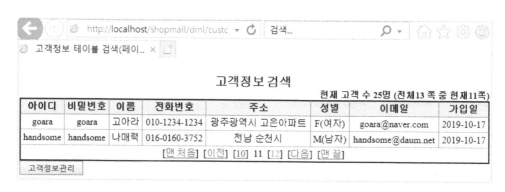

10.4 웹 사이트 구축을 위한 홈 페이지 관리

웹 사이트 구축과 운영을 위해 이 절에서는 간단한 홈 페이지에 대한 레이아웃과 모듈을 설계하고 구현해 본다.

그리고 이미 구현해 놓은 고객관리 시스템과 연동하여 세션을 사용한 사용자 로그인 인증과 함께 로그인 전·후의 메뉴 관리에 대해 살펴보기로 한다.

- 홈 페이지 레이아웃과 메뉴 설계

- 홈 페이지 모듈 설계

- 로그인 인증과 로그아웃

- 세션의 생성과 삭제

이러한 홈 페이지를 설계하고 구축한 경험은 독자 자신만의 홈 페이지 관리는 물론 다른 여러 응용 분야에 적용하여 활용할 수 있다. 미완성 부분은 독자의 몫으로 남겨 두기로 한다.

10.4.1 홈 페이지 레이아웃과 메뉴 설계

다음의 홈 페이지 레이아웃과 메뉴 설계는 대부분의 웹 사이트에서 사용하고 있는 가장 기초적인 패턴 중 하나이다.

(1) 홈 페이지 레이아웃 설계

■ home.css

```
1   /* 쇼핑몰 홈 페이지 스타일시트
2    * shopmall/common/CSS/home.css
3    */
4
5   #out_box {width:800px; margin:0px; padding:5px; border:2px solid black;}
6   #header {height:50px; padding:10px; margin-bottom:5px; border:1px solid black;}
7   #body_left {width:200px; height:300px; padding:5px; margin-bottom:5px;
8              float:left; border:1px solid black;}
9   #body_middle {width:355px; height:300px; padding:5px; margin-left:5px;
10               margin-bottom:5px; float:left; border:1px solid black;
11               text-align:left; overflow:auto;}
12  #body_right {width:200px; height:300px; padding:5px; margin-bottom:5px;
13               float:right; border:1px solid black; text-align:left; overflow:auto;}
14  #footer {height:20px; padding:20px; clear:both; border:1px solid black;}
15
16  table {width:200px; text-align:center; border-collapse:collapse;}
17  th, td {border:1px solid grey; padding:3px;}
18  th {width:50%; background-color:#CFD0ED;}
19  td {background-color:#FAFAEE; text-align:left;}
20
21  #menu_ul {padding:0;}
22  #menu_ul li {display:inline;}
23  #menu_ul li a {background-color:#FAFAEE; font-weight:bold; margin:0px; padding:1px;}
24  #menu_ul li a:hover {background-color:yellow; text-decoration:underline;}
```

(2) 홈 페이지 메뉴 설계

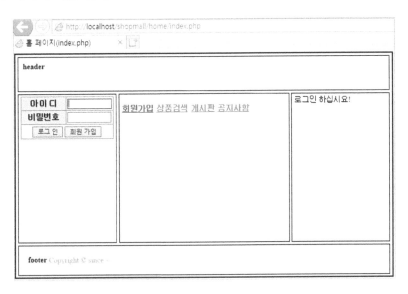

10.4.2 홈 페이지 모듈 설계

(1) 홈 페이지 관리 모듈

구분	모듈 이름
로그인과 메뉴 관리	index.php
세션 정보 생성	login_ses_create.php
로그아웃과 세션 정보 삭제	login_ses_destroy.php

(2) 재사용하는 공통 모듈

공통모듈	설명
connect_login_db_check.php	MySQL 서버와 데이터베이스 인증
inc_idpw_REQUEST_check.php	아이디, 비밀번호 전송 확인

10.4.3 세션을 이용한 로그인과 로그아웃

- 메뉴 관리
- 로그인 인증과 세션 생성
- 로그아웃과 세션 삭제

(1) 메뉴 관리

홈 페이지의 초기 화면은 로그인 전·후의 세션 정보를 확인함으로써 메뉴 관리 기능을 제공한다. 로그인 전과 후의 초기 화면은 다음과 같다.

이때 로그인 전·후의 버튼의 상태 변화와 메뉴의 변경, 출력 메시지를 눈여겨 살펴보기 바란다.

① 로그인 전 메뉴

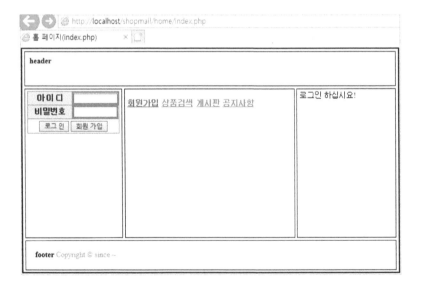

② 로그인 후 메뉴

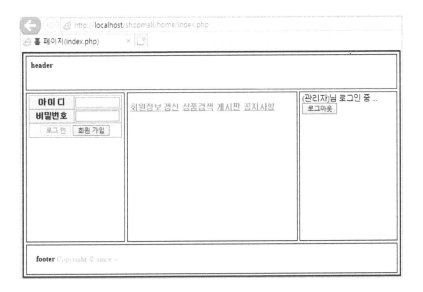

■ index.php

```php
1   <?PHP
2   // 세션 시작
3   session_start();
4   ?>
5
6   <!DOCTYPE html>
7   <html>
8   <head>
9    <meta charset="UTF-8">
10   <title>홈 페이지(index.php)</title>
11   <link rel="stylesheet" href="../common/CSS/home.css">
12  </head>
13  <body>
14
15  <!-- 가장자리_box -->
16  <div id="out_box">
17
18    <div id="header">
19     <b>header</b>
20    </div>
```

```
21
22   <!-- body_left -->
23   <div id="body_left">
24    <form name="login_form" method="POST" action="./login_ses_create.php">
25    <table>
26     <tr>
27      <th>아 이 디</th>
28       <td><input type="text" name="cust_id" size="10" maxlength="10"
29                        required autofocus></td>
30     </tr>
31     <tr>
32    <th>비밀번호</th>
33    <td><input type="password" name="cust_pw" size="11" maxlength="10"
34                    required></td>
35     </tr>
36     <tr>
37      <td colspan="2" style="text-align:center;">
38 <?PHP
39 if (empty($_SESSION)) {  // 로그인 전
40    echo "<input type='submit' value='로그 인'>
41        <input type='button' value='회원 가입'
42              onClick=location.href='../DML/customer/customer_insert_form.php'></td>";
43 } else {         // 로그인 후
44    echo "<input type='submit' value='로그 인' disabled>
45        <input type='button' value='회원 가입' disabled</td>";
46  }
47 ?>
48     </tr>
49    </table>
50    </form>
51   </div>
52
53
54   <!-- body_middle -->
55   <div id="body_middle">
56    <ul id="menu_ul">
57    <?PHP
58    if (empty($_SESSION)) {  // 로그인 전
59    ?>
```

```
60      <li><a href='../DML/customer/customer_insert_form.php'
61          target='_parent'>회원가입</a></li>
62   <?PHP
63   } else {               // 로그인 후
64   ?>
65      <li><a href='../DML/customer/customer_update_retrieval_db.php?cust_id=
66          <?= $cust_id; ?> &cust_pw=<?= $cust_pw; ?>'
67          target='_parent'> 회원정보 갱신</a></li>
68   <?PHP
69   }
70   ?>
71    <li><a href="../DML/order_sale/.php" target="_blank">상품검색</a></li>
72    <li><a href="../DML/board_auto/.php" target="_blank">게시판</a></li>
73    <li><a href="../DML/notice/.php" target="_blank">공지사항</a></li>
74   </ul>
75  </div>
76
77  <!-- body_right -->
78  <div id="body_right">
79   <?PHP
80   if (empty($_SESSION)) {   // 로그인 전
81     echo "로그인 하십시요!";
82   } else {                  // 로그인 후
83     echo "(".$_SESSION["ses_name"].")님 로그인 중 ...
84         <input type='button' value='로그아웃'
85             onClick=location.href='./login_ses_destroy.php'>";
86   }
87   ?>
88  </div>
89
90  <!-- footer -->
91  <div id="footer">
92   <b>footer </b><span style='color:green'>Copyright &copy since ~ </span>
93  </div>
94
95 </body>
96 </html>
```

(2) 로그인 인증과 세션 생성

전송받은 아이디와 비밀번호로 데이터베이스를 검색하여 존재하는 경우에는 고객의 아이디와 이름을 세션 변수 값으로 생성한다. 그리고 홈 페이지 방문 환영 메시지를 출력한 후 홈으로 되돌아간다.

만일 존재하지 않는 경우에는 오류 메시지를 출력한 후 홈으로 되돌아간다.

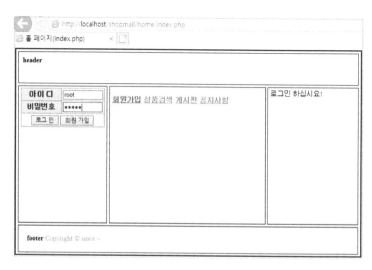

■ login_ses_create.php

```
1   <?PHP
2   // 세션 시작
3   session_start();
4   ?>
5
6   <!DOCTYPE html>
7   <html>
```

```php
8  <head>
9   <meta charset="UTF-8">
10  <title>로그인 인증 - 세션변수 설정</title>
11  </head>
12  <body>
13
14  <?PHP
15  // login_ses_create.php
16  // 로그인 인증과 세션변수 설정
17
18  // POST 또는 GET 전송 데이터(아이디, 비밀번호) 확인
19  include "../common/include/inc_idpw_REQUEST_check.php";
20
21  // MySQL 서버와 데이터베이스 연결(connect server & database)
22  include "../common/include/connect_login_db_check.php";
23
24  // 전송 데이터 변수 할당
25  $cust_id = $_POST["cust_id"];
26  $cust_pw = $_POST["cust_pw"];
27
28  // SQL 질의어 처리(perform SQL query(DML))
29  // 고객테이블(customer) 튜플 검색
30  $sql = "SELECT *
31         FROM   customer
32         WHERE  (cust_id = '$cust_id')  and (cust_pw = '$cust_pw')";
33  $result = mysqli_query($conn, $sql);
34
35  $tuple = mysqli_fetch_array($result);
36
37  // 로그인 인증 - 세션변수 설정
38  if ($cust_id === $tuple["cust_id"] && $cust_pw === $tuple["cust_pw"]) {
39
40     // 세션변수(아이디, 이름) 설정
41     $_SESSION["ses_id"] = $tuple["cust_id"];
42     $_SESSION["ses_name"] = $tuple["cust_name"];
43
44  } else {
45     echo "<script>alert('존재하지 않는 아이디와 비밀번호입니다!!');
```

```
46                    history.back();
47          </script>";
48 }
49
50 // 홈으로 이동
51 echo "<script>alert('홈 페이지 방문을 환영합니다!!');
52              location.href = './index.php';
53      </script>";
54 ?>
55
56 </body>
57 </html>
```

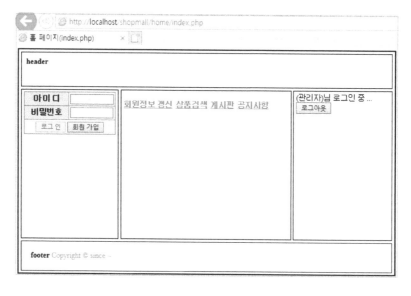

(3) 로그아웃과 세션 삭제

[로그아웃] 버튼을 클릭하면 세션 정보를 모두 삭제하고 로그아웃 메시지를 출력한 후 홈으로 되돌아간다.

▪ login_ses_destroy.php

```
1   <?PHP
2   // 세션 시작
3   session_start();
4   ?>
5
6   <!DOCTYPE html>
7   <html>
8   <head>
9    <meta charset="UTF-8">
10   <title>로그아웃</title>
11   </head>
12   <body>
13
14   <?PHP
15   // login_ses_destroy.php
16   // 로그아웃과 세션변수 삭제(종료)
17
18   // 세션변수 확인
19   if (empty($_SESSION)) {
20       echo "<script>alert('등록된 세션 데이터가 없습니다!!');
21                   history.go(-1);
22           </script>";
23       exit();
24   }
25
26
27   // 세션종료 및 로그아웃
28   // 세션변수 삭제
29   session_unset();
30
31   // 서버 세션정보 파일 삭제
```

```
32  session_destroy();
33
34  echo "<script>alert('로그아웃 하셨습니다!');
35              location.href='./index.php';
36      </script>";
37  ?>
38
39  </body>
40  </html>
```

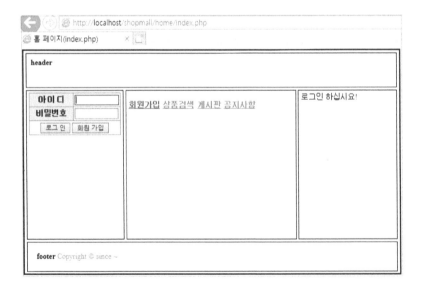

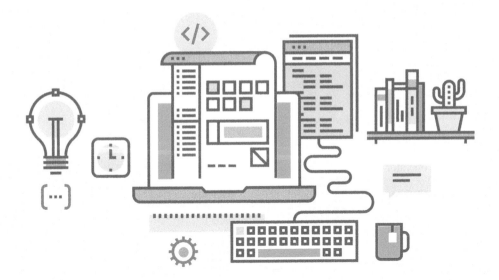

INDEX

예제로 배우는 웹 프로그래밍

1판 1쇄 인쇄 2020년 03월 09일
1판 1쇄 발행 2020년 03월 13일
저   자 조혁현 · 정희택
발 행 인 이범만
발 행 처 **21세기사** (제406-00015호)
　　　　　경기도 파주시 산남로 72-16 (10882)
　　　　　Tel. 031-942-7861   Fax. 031-942-7864
　　　　　E-mail : 21cbook@naver.com
　　　　　Home-page : www.21cbook.co.kr
　　　　　ISBN 978-89-8468-868-1

정가 30,000원